rowohlt
BERLIN

W0337713

Christiane Grefe,
Mathias Greffrath,
Harald Schumann

attac

Was wollen die Globalisierungskritiker?

Rowohlt · Berlin

Dieses Buch ist ein Gemeinschaftswerk. Dennoch zeichnen die einzelnen Autoren jeweils für folgende Kapitel verantwortlich:

Harald Schumann: «Die Globalisierung folgt dem falschen Programm»
Mathias Greffrath: «Attac – wie alles anfing» und «Demokraten aller Länder»
Christiane Grefe: «Attac Deutschland – Bildungswerk und ‹Kampfgruppe der NGOs›»

5. Auflage August 2002
Copyright © 2002 by Rowohlt · Berlin Verlag GmbH, Berlin
Alle Rechte vorbehalten
Umschlaggestaltung any.way, Walter Hellmann
Satz aus der Ehrhardt PostScript PageMaker
Pinkuin Satz und Datentechnik, Berlin
Druck und Bindung Clausen & Bosse, Leck
Printed in Germany
ISBN 3 87134 451 6

Die Schreibweise entspricht
den Regeln der neuen Rechtschreibung.

Inhalt

Etwas bewegt sich

«Widerspruch!» stand auf den T-Shirts, und auf den Spruchbändern: «Eine andere Welt ist möglich». 200 000 Männer und Frauen zogen am 20. Juli 2001 durch die Straßen von Genua. Siebenhundert Gruppen der internationalen Bürgerbewegung hatten zur Demonstration aufgerufen – Dritte-Welt-Organisationen, Initiativen für Schuldenerlass, Umweltgruppen, Gewerkschaften, christliche Nord-Süd-Initiativen, kritische Wissenschaftler aus allen europäischen Ländern, aus beiden Amerikas, aus Asien.

Mit Trillerpfeifen, Transparenten, Masken und Erdkugeln jeder Größe ausgerüstet, liefen sie Sturm gegen die weltweit aus dem Ruder geratene Ökonomie: 34 Millionen Arbeitslose allein in den reichen Nationen, zwei Milliarden Menschen, deren Einkommen unter zwei Dollar am Tag liegt, Tendenz steigend; das Missverhältnis zwischen den Profiten der Finanzjongleure, den in Steueroasen hinterzogenen Steuermilliarden der Privilegierten und den vergleichsweise geringen Beträgen, die nötig wären, um das gröbste Elend auf dem Planeten – Unterernährung, Unwissenheit, Krankheiten – zu bekämpfen. In Liedern und Sprechchören forderten die Demonstranten lautstark den Schuldenerlass für Entwicklungsländer, die Kontrolle der Finanzmärkte und eine Steuer auf Spekulation, einen Umbau der Welthandelsordnung, Maßnahmen gegen die Arbeitslosigkeit; sie protestierten gegen die Zerstörung des Sozialstaats, die Patentierung des Lebens, den Raubbau an der Natur. Kurz: gegen diese Globalisierung.

In den Säulenhallen des Palazzo Ducale tagten derweil die Adressaten des Protests: die politischen Führer der sieben reichsten Nationen der Welt mit ihrem russischen Partner. Abgeschirmt wie im Bürgerkrieg, berieten die Staatschefs, die Minister und ihre Beamten. An den Grenzen Italiens wurden Demonstrationsverdächtige, die einreisen wollten, kontrolliert, viele Unbescholtene zurückgeschickt. Vier Tage lang war der Flugverkehr nach Genua eingestellt, Züge umfuhren die Stadt großräumig. In Genua standen die U-Bahnen still, die

Anwohner der Innenstadt durften keinen Besuch empfangen und ihre Fenster nicht öffnen. 10 000 Polizisten und 5000 Soldaten standen bereit, Flugabwehrraketen sicherten den Konferenzort, Taucher das Luxusschiff «European Vision», auf dem die G8-Teilnehmer schliefen. Die Altstadt war zur «Roten Zone» erklärt worden und von einem vier Meter hohen Eisenzaun durchtrennt, hinter dem die Mächtigen der Welt ihre – in den Worten des deutschen Bundeskanzlers: «klotzhohlen» – Bekenntnisse zum Wohlstand für alle durch freien Welthandel und zur Bekämpfung der Armut ablegten und wo sie dann für die Aids-Bekämpfung in Afrika gerade einmal ein Viertel der Summe spendierten, die UN-Generalsekretär Kofi Annan eine Woche zuvor als unerlässlich gefordert hatte.

«Wer gegen den Freihandel ist, der ist gegen die Armen» – das war die Botschaft George W. Bushs an die Demonstranten[1]; sein Stellvertreter in Europa, Tony Blair, sprach ihnen die demokratische Legitimation ab[2]. «Die Frage nach der gerechteren Welt ist Thema des Gipfels. Eigentlich müsste man eine Demonstration der Freude veranstalten», diktierte ungnädig der grüne Außenminister Joschka Fischer den Journalisten in den Block[3]. Alle Politiker guten Willens wollen doch dasselbe, suggerierte Fischer mit diesem Satz – wozu also der Auflauf?

Ja, wozu? Sind die weltweiten Probleme nicht in der Tat weltweit erkannt? Selbst von den Topmanagern und Spitzenpolitikern werden die Kritiker angehört, zum Beispiel als Gäste beim jährlichen World Economic Forum im luxuriösen Davos, das in diesem Jahr nach New York umgezogen ist; aber auch in den Vorhallen der Welthandelskonferenzen. Gut, die Meinungen gehen dann auseinander – aber arbeitet man denn nicht am gleichen Ziel? Warum also gehen noch immer so viele Menschen verschiedenster Herkünfte und Altersgruppen das Risiko ein, in einem Atemzug genannt zu werden mit Krawallmachern und schwarzen Blöcken, reisen von einem Gipfel zum anderen, statt den Diskussionsprozess unter gewählten Repräsentanten abzuwarten, der längst eingeleitet ist? Warum misstrauen diese Bürger den Parlamentariern und Ministern, wenn diese doch über Lösungen nachdenken, Kompromisse zwischen den Nationen ausloten, wie die zunächst rein ökonomische Globalisierung politisch zu steuern sei?

Weil diese Bürger darin nur blumige Absichtserklärungen sehen.

Denn vorzuweisen haben die Führer der führenden Industrienationen bisher nichts, trotz aller Bekenntnisse: Nach der asiatischen Finanzkrise, die Millionen von Menschen in die absolute Armut stieß, versprachen sie eine Reform der Welt-Finanzordnung – bis heute ist nichts geschehen. Trotz aller Ankündigungen der Finanzminister aus den OECD-Staaten, dem Club der reichen Industrienationen, die Steueroasen auszutrocknen, scheiterten alle entsprechenden Initiativen, vor allem am Widerstand der USA. Und trotz unbestreitbarer Zahlen über die wachsenden Reichtumsunterschiede zwischen Nord und Süd wie in den wohlhabenden Nationen selbst verfolgen deren Regierungen mit Hilfe des von ihnen gelenkten IWF (Internationaler Währungsfonds) und der Welthandelsorganisation WTO nach wie vor ihren Kurs der Liberalisierung, Deregulierung und Privatisierung – zum Nutzen des Finanzkapitals und der transnationalen Konzerne.

Die Politik hat abgedankt. So sieht es für viele kritische Beobachter weltweit aus – und so mancher dieser Kritiker sitzt längst selbst in den Bürokratien der wirtschaftlichen Weltorganisationen. Auch in den Parteien, in den Kirchen: Eine Woche vor der Demonstration gegen den G8-Gipfel zogen fast hunderttausend katholische Laien und Verbände durch die Hafenstadt, angeführt von Kardinal Tettamanzi, und ihre Parolen waren identisch mit jenen, die am 20. Juli skandiert wurden. Selbst der Papst hatte einige Wochen zuvor die Herrschaft des Kapitals über die Welt kritisiert. Die Demonstration der Wertkonservativen verlief friedlich und stieß auf das Schweigen praktisch aller großen Medien. Zumindest in Deutschland, wo einzig ein zynischer Leitartikler der *FAZ* die «trübe Romantik» kritisierte, mit der die Ewiggestrigen immer noch nicht begriffen hätten, dass «die Politik nicht das Metier ist, das der Welt den Stempel aufdrückt».[4]

Am 20. Juli in Genua brach dann auch Gewalt aus: Mehrere tausend Demonstranten lieferten sich eine blutige Schlacht mit der Polizei. Der junge Italiener Carlo Giuliani starb an einer Polizeikugel, mehrere hundert Menschen landeten in Krankenhäusern. Eine Minderheit verunglimpfte die Anliegen der Mehrheit. Doch das hohe Maß an Desorganisation und Brutalität, mit der die Polizei in Genua Hunderte friedfertiger und unbewaffneter Demonstranten misshandelte, die Frage nach dem Anteil der Polizei an der Gewalt beschäftigten die europäische Presse wochenlang, bevor die ganze Debatte im Dunkel berlusconischer Untersuchungsausschüsse verschwand. In Brüssel wurden neue Richtlinien zur Gewaltbekämpfung verabschiedet und der nächste G8-Gipfel in ein kanadisches Bergdorf verlegt.

Die neue Bewegung kam nicht aus dem Nichts

Genua traf die europäische Politik wie ein Schock – aber die Konfrontation war keineswegs aus dem Nichts entstanden. Vielmehr waren die Proteste gegen die Machtanmaßung des G8-Clubs die vorerst letzte Etappe einer Spirale von Bürgerprotest, Gewalt, Aufklärung und öffentlicher Debatte seit dem Jahrtausendwechsel – die auch schon eine Vorgeschichte hat. Weitgehend unbemerkt vom politischen Mainstream formierte sich die neue Bewegung bereits in der ersten Hälfte der neunziger Jahre. Sie war – dank der neuen Kommunikationsmedien E-Mail und Internet – die erste wirklich internationale soziale Bewegung. Die locker verbundene Koalition aus Umwelt- und Dritte-Welt-Gruppen, Menschenrechtsorganisationen und Gewerkschaften zielte darauf, die Machtungleichheit zwischen den Vertretern öffentlicher und ökonomischer Interessen anzuprangern und die Aushöhlung der Demokratie durch internationale Institutionen. Ein Prozess, den die meisten Regierenden, selbst kritische Politiker und die Medien kaum oder gar nicht wahrgenommen hatten.

April 1998, im Hinterzimmer eines Berliner Prominentenrestaurants. Der Vorsitzende der SPD, damals noch Oskar Lafontaine, trifft sich mit einem Dutzend Schriftsteller und Journalisten, um über die Möglichkeiten linker Politik im Zeitalter der Globalisierung zu reden. Mit aufgeregter Miene kommt der Wirt durch die Tür, hinter ihm eine Gruppe schwarz gekleideter junger Menschen, die Männer mit sehr kurzen, die Frauen mit exotisch hochgetürmten Haaren. «Wir haben gehört, hier sind Volksvertreter», sagt sanft und bestimmt der Anführer. Die Bodyguards reagieren nervös. «Herr Lafontaine, Herr Thierse, was können Sie uns über das MAI sagen?» Der ostdeutsche SPD-Politiker gibt sofort und untaktisch zu, dass die Abkürzung ihm unbekannt sei. Der Vorsitzende und Finanzexperte der Sozialdemokratie redet etwas länger, aber viel hat er offenbar auch nicht zu sagen, denn geschickt stellt er eine Gegenfrage. Anschließend hört die Runde aus dem Munde des Schwarzgewandeten einen konzentrierten Kurzvortrag zu den Verhandlungen der OECD über das «Multilaterale Investitionsabkommen»[5], das weltweit das Recht von Investoren über die Arbeits-, Umwelt- und Sozialgesetze der Staaten stellen soll, also auf eine globale Übertragung staatlicher Souveränitätsrechte an die multinationalen Unternehmen hinausläuft.

Drei Jahre lang hatten Regierungsvertreter hinter den Türen der OECD in Paris verhandelt. Die Parlamentarier aller Länder waren ahnungslos und die Presse uninformiert über den geplanten globalen Staatsstreich der Kapitalgesellschaften. Dann, im Winter 1997/98, hatte eine kleine kanadische Feministinnengruppe sich den komplizierten, Hunderte von Seiten langen Vertragsentwurf besorgt und ihn ins Internet gestellt. Das deutsche «Komitee Widerstand gegen das MAI» – wenig mehr als der Freundeskreis der Kölner Feministin Maria Mies, einer emeritierten Soziologieprofessorin[6] – hatte eine Übersetzung verbreitet, aber die Presse zeigte noch immer kaum Interesse, ebenso wenig das Parlament. Gezündet hatte es nur bei vereinzelten Bürgerinitiativen, Kirchen- und Dritte-Welt-Gruppen – und bei diesen schwarz gewandeten Studenten der Humboldt-Universität.

Nicht nur das MAI sollte ohne die Bürger beschlossen werden, unbeeinflussbar, unbeachtet, unkontrolliert. Zuvor war schon eine weitgehende ökonomische Neuordnung der Welt ohne jede öffentliche Debatte ins Werk gesetzt worden. Auch ohne parlamentarische Kontrolle – obwohl die Welthandelsverträge die Verfassungstexte von Demokratien in Nord und Süd infrage stellen. 1995 in Washington, kurz bevor der US-Kongress die Uruguay-Verträge über den Freihandel, die zur Gründung der WTO führten, abstimmte, setzte Ralph Naders Organisation «Public Citizen» einen Preis von 10 000 Dollar aus für jedes Kongressmitglied, das mit seiner Unterschrift versichern könne, die Verträge gelesen zu haben, und in der Lage sei, zehn einfache Fragen zu beantworten. Es meldete sich niemand.

Der Streit gegen das MAI war also schon eine Reaktion auf diese Lektion. Diesmal gelang der Durchbruch, und zwar im Mutterland der bürgerlichen Freiheiten, im souveränitätsbewussten Frankreich, in dem die «Gauche Rouge» noch über ein paar medienstarke Intellektuelle und Publikationsorgane außerhalb der Nischen verfügt und die Sozialisten gerade an die Macht gekommen waren. Siebzig Organisationen – Gewerkschaften, Bürgerkomitees, NGOs – protestierten, die Regierung setzte eine Kommission ein, die den Vertragstext kritisch lesen ließ. Im Oktober zog sie sich aus den Verhandlungen der OECD zurück, das Abkommen war erledigt.

Nach dem Scheitern der MAI-Verhandlungen probten die Sieger, NGO-Vertreter aus Amerika, Asien und Europa, den Störfall zum zweiten Mal. Nie hatten die politischen Leitartikler damit gerechnet, dass amerikanische Gewerkschafter, darunter die nicht gerade für Internationalismus berühmten Lkw-Fahrer und Metallarbeiter, christliche Umweltgruppen, die seit Jahren die Ausbeutung des Südens durch den Norden analysierten, Entwicklungshilfeagenturen, die milde Gaben sammelten, Naturschützer, die gegen die Ausrottung der Meeresschildkröten durch Riesentrawler und gegen gentechnisch veränderte Sojapflanzen protestieren – dass all diese Gruppen miteinander eine Koalition eingehen könnten. Die protektionistischen Interessen US-amerikanischer Gewerkschafter und die Schutzbedürfnisse junger Industrienationen im Süden, die universalistischen Forderungen von Regenwaldschützern und Menschenrechtlern und die Wachstumshoffnungen sich entwickelnder Staaten – wie sollten sie zusammengehen?

Aber es reichte für eine starke Allianz. Am 1. Dezember 1999 demonstrierten 50 000 Menschen in den Straßen von Seattle, blockierten die Straßenkreuzungen und den Platz vor dem Kongresspalast: Umweltschützer und Gewerkschafter, Studenten und Christen, mexikanische Arbeiter und kalifornische Verbraucher, Biobauern und Zapatisten aus den mexikanischen Chiapas, Greenpeace, Hafenarbeiter und Teamsterbosse. Vier Tage später wurden die Verhandlungen der WTO-Außenminister abgebrochen, ergebnislos. Ein weiterer Sieg, aber diesmal für wen?

Nüchtern betrachtet waren nicht die Demonstrationen der Grund für das Scheitern der «Millenniumsrunde» der WTO, die den Durchbruch zum totalen Freihandel einleiten sollte, sondern die gegensätzlichen Interessen der verhandelnden Nationen: Die USA und die Europäer konnten sich nicht über Agrarsubventionen einigen, die Franzosen wollten ihre Filmindustrie schützen, die Entwicklungsländer lehnten die Einführung von Arbeitsschutznormen und das Verbot von Kinderarbeit ab, außerdem waren sie empört über die demütigende Verhandlungsführung und die Arroganz der Nordstaaten, die sie gänzlich unverhohlen und mit Tagesordnungstricks von wichtigen Diskussionen ausschlossen. Und doch: Seattle war, in den Worten der indischen Aktivistin Vandana Shiva, die seit Jahren gegen die Zerstörung der indischen Agrarkultur durch die Agrarmultis kämpft: «eine Wasserscheide». Gemeinsam forderten die 1500 NGOs aus aller Welt, die sich der Erklärung von Seattle anschlossen, vor allem «ein Moratorium in Bezug auf alle Verhandlungen, die die Reichweite und die Macht der WTO vergrößern. Während dieses Moratoriums muss es eine ausführliche und grundlegende Überprüfung der bestehenden Abkommen geben ... (um den Gesellschaften) ... die Gelegenheit zu bieten, den Kurs zu ändern und ein alternatives, humanes und nachhaltiges internationales System der Handels- und Investitionsbeziehungen zu entwickeln.» Dieser Arbeitsauftrag an die Parlamente und die Politiker der Nationen wird seit Seattle mit wachsendem Nachdruck bekräftigt:

- Im Januar 2000 protestierten 1000 Menschen gegen das Weltwirtschaftsforum in Davos.
- Im April 2000 versuchten 20 000 Bürger, durch Sitzblockaden und Menschenketten die Frühjahrstagung von Weltbank und Währungsfonds in Washington lahm zu legen.
- Im September 2000 versammelten sich rund 9000 Demonstranten in Prag gegen Weltbank und IWF.
- Im Dezember 2000 zeigten 60 000 Bürger ihren Protest gegen weitere Liberalisierungen in Europa beim EU-Gipfel in Nizza.
- Im April 2001 machten 25 000 Menschen beim Wirtschaftsgipfel 34 amerikanischer Staaten in Quebec Front gegen eine panamerikanische Freihandelszone.
- Im Juni 2001 gingen 20 000 Demonstranten in Göteborg wiederum anlässlich eines EU-Gipfels auf die Straße. Dort kam es auch zu gewalttätigen Konfrontationen mit der Polizei.

Als Folge dieser Demonstrationen – und der Flut globalisierungskritischer Bücher, die in der zweiten Hälfte der neunziger Jahre auf den Markt kamen – gewann die globalisierungskritische Bewegung zunehmend an Thematisierungsmacht: Die Ausbeutung der Genressourcen der Dritten Welt durch die Agrar- und Lebensmittelmultis und ihr Zusammenhang mit dem geplanten TRIPS-Abkommen der WTO; die verheerenden Auswirkungen der Liberalisierung der Finanzmärkte und die Privatisierung staatlicher Dienstleistungen – diese und andere zuvor ignorierte oder vernachlässigte Themen fanden allmählich den Weg in die Medien. Zumeist freilich nur im Schatten der Straßenschlachten zwischen dem gewalttätigen Rand der Demonstranten und der Polizei. Nicht erst in Genua wurden diese Konfrontationen von Regierungen regelrecht inszeniert. In Prag wurde die Bevölkerung von den Behörden aufgefordert, während der gesamten Konferenzdauer zu Hause zu bleiben und Lebensmittelvorräte anzulegen, die Schulen waren für eine Woche geschlossen, FBI und Scotland Yard drängten der tschechischen Regierung ihre Experten für den Kampf gegen die «Anarchisten» auf. Zum Zeitpunkt der Demonstration war die Stadt menschenleer, nur die Polizei vernahm die Parolen, und nur die Medien konnten sie verstärken.

Ohne Zweifel, die «Schwarzen Blöcke» der halbwüchsigen Demonstranten sind ein Problem, nicht zuletzt für die Veranstalter. Aber man muss kein Verschwörungshysteriker sein, um in der Panikmache von Presse und politischen Sprechern, in der Mobilisierung der Geheimdienste zur präventiven Überwachung «gewaltbereiter Milieus» und der Einschränkung der Reisefreiheit für unbescholtene Demonstranten auch die Absicht zu vermuten, dass von den Missständen, gegen die demonstriert wird, abgelenkt und Kritik in die kriminelle Ecke gestellt werden soll. «Es ist, als ob wir uns auf den Bürgerkrieg vorbereiten», kommentierte der tschechische Staatspräsident Václav Havel das Zusammenwirken von «Sicherheitsstrategen» und Presse. «Es gibt viele Menschen, die weder wissen, was der IWF und die Weltbank tun, noch von den Argumenten der Kritiker eine Ahnung haben; aber alle Welt ist darüber informiert, wie viele Knüppel und Wasserwerfer der Polizei zur Verfügung stehen.»

Wer ist, was will Attac?

Mitgetragen von diesem weltweiten politischen Sog, ihn zugleich verstärkend, sammelte in Frankreich eine Organisation namens Attac 110 000 Unterschriften für die Einführung einer weltweiten Spekulationssteuer und belebte die Debatte mit der Forderung nach dem Umbau der globalen Finanzinstitutionen. Attac – das steht für «Association pour une Taxation des Transactions Financières pour l'aide aux Citoyens», Vereinigung zur Besteuerung der Finanztransaktionen zum Nutzen der Bürger. Sie wurde 1998 gegründet und entwickelte sich innerhalb von zwei Jahren zu einer nicht mehr überhörbaren Stimme in der wirtschaftspolitischen Diskussion Frankreichs. «Man kann», so rief der im Januar 2002 verstorbene Soziologe Pierre Bourdieu es am 12. Dezember 1995 den streikenden Staatsangestellten an der Gare de Lyon zu, «die internationale Technokratie nur wirksam bekämpfen, wenn man sie auf ihrem ureigensten Gebiet herausfordert, dem der Wirtschaftswissenschaft, und indem man dem verstümmelten Wissen, dessen sie sich bedient, ein Wissen entgegenstellt, das mehr Respekt vor den Menschen und den Realitäten hat, denen diese gegenüberstehen.»[7] Das klingt ein wenig akademisch, aber Attac, als eine Bewegung von Intellektuellen initiiert, hat es in wenigen Jahren geschafft, Hunderttausende von Menschen über das angeblich nur Spezialisten zugängliche Reich der Weltfinanzen, der Handelsverträge, der Wechselkursspekulationen aufzuklären und zu immunisieren gegen die öffentliche Rede von der «Globalisierung als Schicksal».

Und nicht nur in Frankreich: In 41 Ländern haben sich bis heute Attac-Organisationen gegründet, vor allem in Europa und Lateinamerika, aber auch in Kanada, Senegal, Japan. Auf jeder Großdemonstration gegen die Ungerechtigkeiten und Verwüstungen der globalen Finanzunordnung sind die Fahnen von Attac zu sehen, das Netzwerk hat einen erheblichen Teil der 200 000 Protestierer in Genua mobilisiert. Außerdem ist Attac die wichtigste europäische Stimme auf dem Weltsozialgipfel von Porto Alegre, der in diesem Jahr zum zweiten Mal stattfindet und auf dem 100 000 Delegierte von NGOs aus aller Welt eine Alternative zur Globalisierung des Finanzkapitals und der transnationalen Konzerne suchen. Nach dem Schock von Genua wurde Attac zum Medienliebling: keine Diskussion über G8, Entwicklungspolitik, Finanzmärkte und Privatisierung, zu der die Sprecher nicht gebeten wurden. Attac Deutschland wuchs in wenigen Wochen um 300 Prozent.

Warum spielt gerade diese Gruppe im bunten Gewimmel der Organisationen eine derart herausragende Rolle? Warum beginnen so viele Menschen, teils hoch abstrakte politische und wissenschaftliche Zusammenhänge zu studieren, Verhältnisse in Ländern, die sie nie besucht haben? Warum werden sie politisch aktiv, treten mit anderen Gruppen in Verbindung, in Europa, gar in fernen Kontinenten? Und nicht nur jene, die ohnehin immer engagiert waren, sondern auch Bürger, die sich zuvor auf ihr Privatleben konzentriert haben? Welche Erfahrungen stecken dahinter, wenn sie jetzt rufen: «Die Welt ist keine Ware!»? Was wollen sie erreichen? Das sind die Fragen dieses Buches.

Doch zunächst wollen wir die wirtschaftlichen und politischen Hintergründe aufzeigen, die zum weltweiten Protest gegen die Globalisierung geführt haben. Das Buch beginnt daher mit einer Analyse der währungs- und finanzpolitischen Prozesse und Entscheidungen, die die dramatischen Krisen des letzten Jahrzehnts auslösten; die wachsende Armut auch in jenen Ländern der Dritten Welt, die sich erfolgreich auf den Weg der Entwicklung gemacht hatten, aber wachsende Ungleichheit und neue Unsicherheit auch im Norden. Im gleichen Kapitel werden die undemokratische Entstehung und die Folgen der globalen Wirtschaftsordnung diskutiert – sowie Sinn und Chancen der von Attac und anderen Globalisierungskritikern vorgeschlagenen Reformansätze. Im zweiten Kapitel beschreiben wir die französischen Wurzeln von Attac, im dritten die Erfolgsgeschichte von Attac in Deutschland, im vierten Perspektiven und Schwierigkeiten für den Aufbau einer internationalen Attac-Bewegung. Im fünften Kapitel folgen Kommentare in Interviews von prominenten «Zeitzeugen» der neuen Bewegung: Thomas Fischer, dem «Chief Risk Officer» der Deutschen Bank; von der Attac-Ideengeberin Susan George, dem thailändischen Soziologen und renommierten Vertreter des «Focus on the Global South» Walden Bello sowie von Daniel Cohn-Bendit, dem grünen Europaparlamentarier, der die Vereinigung Attac aus Frankreich und Deutschland gleichermaßen kennt.

Attac und andere Gruppen werden von denen, die sich mit ihren Anliegen nicht auseinander setzen wollen, gerne als «Globalisierungsgegner» disqualifiziert. Tatsächlich sind sie Kritiker einer Globalisierung, die weltweit das Recht der Stärkeren durchsetzt. Dagegen setzen sie ihre Forderung einer Demokratisierung der globalen Institutionen, von denen die Regeln für das Zusammenwachsen der Menschheit geschrieben werden. Oder, in den Worten des französischen Attac-Präsidenten Bernard Cassen: «Es geht um nichts weniger, als unsere Zukunft wieder selbst in die Hand zu nehmen.»

Die Globalisierung folgt dem falschen Programm

Überflüssig. Als ihn ein deutscher Kollege am frühen Morgen telefonisch alarmiert, lässt Harald Guttmann alle Illusionen fahren: «Die Perspektive ist null», weiß er sofort. Er wird künftig nicht mehr gebraucht. Wer nach 33 Jahren als Schlosser und späterer Betriebsrat in einer Reifenfabrik seinen Job verliert, hat nicht mehr viele Optionen im Arbeitsleben. Nach einem Jahr Arbeitslosengeld mit rund 60 Prozent des bisherigen Gehalts droht der Absturz in die Sozialhilfe.

Guttmanns Wut ist ebenso groß wie hilflos: «Willkür, das ist reine Willkür.» Aus dem Stand kann er eine Stunde lang die Unternehmensgeschichte herunterbeten. «Noch vergangenes Jahr hat der Vorstandschef uns das Gegenteil versprochen. Wir haben alle Kürzungen mitgemacht, und jetzt machen sie uns den Laden dicht», erzählt er und kann seine Sicht der Verhältnisse nur mit einem historischen Begriff beschreiben: «Die herrschen wie die Feudalfürsten.»[1]

Traiskirchen, Österreich, 6. Dezember 2001: Ohne nähere Begründung hat der Vorstand des Reifenkonzerns Continental in Hannover beschlossen, die 105-jährige Geschichte des Werkes in der 14000-Einwohner-Stadt zwanzig Kilometer südlich von Wien zu beenden. Rund 1500 Menschen werden in den kommenden anderthalb Jahren ihren Job verlieren, nochmal tausend werden in den Zulieferbetrieben gehen müssen. Die Arbeitslosenquote im Bezirk wird sich verdoppeln. Das gleiche Schicksal trifft zeitgleich weitere 800 Conti-Reifenwerker im schwedischen Werk Gislaved. In den Vormonaten war der Hammer schon in zwei anderen europäischen Werken gefallen. In Herstal, Belgien, mussten sich 500, im schottischen Newsbridge 800 Reifenproduzenten neue Arbeit suchen.

Dabei hat der Konzern in Österreich einen goldenen Schnitt gemacht. Für nur 440 Millionen Schilling, das entspricht rund 40 Millionen Euro nach heutigem Wert, hatte die Continental AG einst das Traiskirchener Werk aus dem österreichischen Staatsbesitz gekauft und dazu noch einmal die dreifache Summe an staatlichen Subventionen kassiert. Die Bilanzen des Unternehmens wiesen bis zum Vorjahr rund eine halbe Milliarde Euro Gewinn aus. «Mit dem Geld bauen sie jetzt das Hightech-Werk in Otrokovice in der Slowakei, weil die Aktionäre den Hals nicht voll kriegen», protestiert Guttmann – und offenbart mit wenigen Worten die klare Machtverteilung zwischen modernen Konzernführern und ihren Mitarbeitern in aller Welt.

Denn die Reifenjobs verschwinden keineswegs ersatzlos. In Tschechien, der Slowakei und Rumänien, wo bis zu 90 Prozent weniger Lohn gezahlt wird, sind längst neue große Werke im Aufbau. Weltweit beschäftigt der Konzern knapp 60 000 Mitarbeiter an über 135 Standorten von China bis nach Argentinien. Mindestens zwei Drittel der Reifenproduktion sollen künftig an Niedriglohnstandorten gefertigt werden – aus Sicht des Konzernvorstands ein «unvermeidlicher Schritt». Der globale Wettbewerb schreibt die Spielregeln.

Gegenwehr ist zwecklos, glaubt selbst der deutsche Conti-Betriebsrat Michael Deister. Der «Wettlauf nach unten» habe schon «vor Jahren begonnen». Erst kommen die Schließungsdrohungen, dann mache eine Belegschaft Angebote zur Kostensenkung, anschließend frage der Vorstand bei den anderen Werken an: «Und was habt ihr anzubieten?» Irgendwann sei dann eben Schluss. «Hochkostenstandorte» seien nur mit «Hochqualitätsprodukten» zu halten, weiß Deister, normale Reifen zählen nicht dazu. Würden diese Werke nicht geschlossen, «dann wäre der ganze Konzern in Gefahr». «Aber wo führt das hin?», entgegnet Deisters Betriebsratskollege in Österreich bitter. Ganze Regionen sieht er «zum Armenhaus verkommen», und der Rest müsse «arbeiten wie in Amerika: halber Lohn, doppelte Arbeit. Das soll die Zukunft Europas sein?»

Warum nicht? Es gibt Schlimmeres. Die Argentinier etwa haben solche Überlegungen längst hinter sich. An ihrem Frontabschnitt der Globalisierung geht es für viele Millionen nur noch um Nahrung und Unterkunft für den nächsten Tag.

Buenos Aires, 12./13. Dezember 2001: Ohrenbetäubender Lärm aus Hunderttausenden aneinander geschlagenen Topfdeckeln, aus Autohupen und Sirenen schallt durch die Straßen. Der Lärmprotest, einst eine Aktionsform gegen die Diktatur der Generäle, ist der Auftakt zum Generalstreik, dem neunten schon innerhalb der vergangenen zwei Jahre. Taxis und Lastwagen von Streikbrechern brennen. Hungernde Familien plündern Supermärkte, Bankfilialen gehen in Flammen auf. Die Flughäfen sind geschlossen, Busse und Bahnen stehen still, der Müll stapelt sich auf den Straßen.

Massive Lohnkürzungen, über 30 Prozent Arbeitslosigkeit, Ausfall der Rentenzahlungen und der Zusammenbruch des öffentlichen Gesundheitswesens treiben die Menschen des einst siebtreichsten Landes der Welt zur Verzweiflung. Mit wachsender Wut stemmt sich die argentinische Bevölkerung in immer neuen Protestwellen gegen den wirtschaftlichen Niedergang ihres Landes.

Der ist das Resultat einer marktradikalen Wirtschafts- und Währungspolitik im Dienste der Privilegierten. Wider alle ökonomische Vernunft hatte ein Bündnis aus Technokraten des Internationalen Währungsfonds und machtversessenen argentinischen Politikern den argentinischen Peso seit zehn Jahren im Verhältnis eins zu eins an den Kurs des Dollar geknüpft. Für jeden umlaufenden Peso musste ein Dollar Devisenreserve aus Exporteinnahmen auf den Konten der Zentralbank gebucht sein. Damit war der Festkurs objektiv garantiert. Diese Strategie bremste zwar die Inflation. Doch gleichzeitig wurden die Importzölle drastisch gesenkt, und in der Flut der importierten Waren ging die heimische Produktion in die Knie. Die Freigabe des Geldverkehrs öffnete zudem der Kapitalflucht der Privilegierten Tür und Tor. Jahr für Jahr flossen zweistellige Milliardenbeträge auf Konten im Ausland.

Der Urheber der «Schocktherapie», ein Marktfundamentalist mit Harvard-Diplom namens Domingo Cavallo, war sechs Jahre lang Wirtschafts- und Finanzminister und erfreut sich bei der globalen Finanzindustrie höchster Wertschätzung. Denn parallel zur Auslieferung des Landes an den permanenten Währungsschock hat seine Regierung fast den gesamten Staatsbesitz privatisiert. Telefonunternehmen, Ölgesellschaften, Banken, große Teile der staatlichen Infrastruktur, sogar das Fernstraßennetz, gingen zu Schleuderpreisen an private Monopolisten über und liegen nun großteils in ausländischer Hand.

Um auch nach dem Ende des Ausverkaufs und trotz der Kapitalflucht sowie des Rückgangs der Exporteinnahmen das Festkursregime zu halten, nahm die Regierung in gigantischem Umfang Schulden in Hartwährungen auf. Die Zinslast auf über 130 Milliarden Dollar Auslandschuld frisst einen stetig wachsenden Anteil der schrumpfenden Einnahmen. Folglich strichen die Regenten – stets unter Anleitung des IWF – die Staatsausgaben radikal zusammen, in erster Linie auf Kosten des Bildungs-, Sozial- und Gesundheitssystems.

«Keine Nation ist jemals in Zeiten des Friedens ihrer Reichtümer so rücksichtslos beraubt worden wie wir Argentinier», beklagt der Ökonom Enrique Blasco den skrupellosen Bereicherungskurs seiner Berufskollegen an der Macht.[2] Als Wirtschaftsminister Cavallo und seine Regierungskumpane schließlich unter dem Druck der anhaltenden Massendemonstrationen in der Weihnachtswoche ihre Regierungsposten räumen, hinterlassen sie ein Trümmerfeld. Hunderttausende beantragen Visa für Europa und die USA, das einstige Einwanderungsland verliert seine besten Köpfe.

So geht Argentinien daran zugrunde, dass seine Integration in den Weltmarkt einseitig zugunsten der Mächtigen organisiert wurde. Doch im Nachrichtenstrom aus der globalisierten Ökonomie ist das kaum mehr als eine Episode. Historische Dimensionen dagegen bescheinigen Politiker und Wirtschaftsführer weltweit zum selben Zeitpunkt einem anderen Ereignis. China, so schreibt das US-Magazin *Business Week*, «wird zur Supermacht der Produktion».

Peking, 11. Dezember 2001: Nach über einem Jahrzehnt der Verhandlungen mit den Industriestaaten wird China an diesem Tag offiziell Mitglied der Welthandelsorganisation (WTO). Mit einem Trommelfeuer aus Sondersendungen, Schulungsprogrammen und Ansprachen stimmen die noch immer Kommunisten genannten Führer der bevölkerungsreichsten Nation der Erde ihr Volk auf eine neue Epoche ein. «Von jetzt an führt kein Weg mehr zurück», erklärt das Parteiblatt *Volkszeitung*.

Binnen fünf Jahren, so schreibt es das neue Abkommen fest, wird das Milliardenland den größten Teil seines Marktes für ausländische Produkte öffnen. Zugleich sollen Unternehmen aus aller Welt im Telekomsektor, der Autoproduktion, bei Banken und Versicherungen und in weiteren bislang streng regulierten Sektoren, ja selbst in der Medienbranche künftig weitgehend frei investieren dürfen.

Im Gegenzug, so hoffen die von der Weltpresse stürmisch als «Reformer» gefeierten ZK-Bosse, sollen noch weit mehr Waren als bisher aus Chinas Fabriken auf die Weltmärkte fluten. Künftig dürfen alle WTO-Mitgliedsstaaten keine Sonderzölle und -regeln mehr gegen Chinas Exporte aufstellen.

Die Konsequenzen, so erwarten Fachleute aller politischen Richtungen, werden die Weltökonomie ebenso tief erschüttern wie China selbst. In kaum zwanzig Jahren hat das Riesenreich zuvor mit einer Mischung aus interner Liberalisierung und staatlicher Investitionslenkung seine Wirtschaftsleistung vervierfacht. All das geschah unter strikter Abschottung gegen die globalen Finanzmärkte und mit harten Auflagen für ausländische Investoren. Trotzdem investierten Auslandschinesen und Unternehmen aus den USA, Japan und Europa über 360 Milliarden Dollar in chinesische Produktionsstätten. Bei Monatslöhnen zwischen 100 und 200 Dollar sind Chinas Arbeiter unschlagbar effizient und stellen schon 3,5 Prozent der weltweiten Exporte her.

Jetzt, mit der Befreiung von Zöllen und Regeln, erwarten die Wirtschaftslenker einen Ausbau dieses Anteils auf 20 Prozent. «China wird die verlängerte Werkbank der Welt», frohlockt darum nicht nur Jörg Wuttke, Statthalter des BASF-Konzerns in Peking. «Entwicklung und Design finden in Europa statt, die Produktion wandert nach China», so lautet seine Vision, und darin weiß er sich mit zahllosen westlichen Managern einig.

Wenn sich solche Prognosen bewahrheiten, dann stehen nicht nur den alten Industrienationen harte Brüche bevor, weil sie womöglich mehr Jobs in der Produktion verlieren, als sie mit den Bestellungen aus China gewinnen. Weit größer noch sind die Befürchtungen anderer Entwicklungsländer, die ihre ökonomische Zukunft ebenso auf billige Arbeitskraft bauen, aber nicht annähernd vergleichbare Märkte und Infrastruktur zu bieten haben. Von den Fertigungsbetrieben in den Staaten Mittelamerikas über die Eisenhütten in Südafrika bis in die vielen tausend Nähereien von Indien und Bangladesch reicht der Bogen der Angst vor dem Preisdruck aus China. Dort selbst müssen Tausende von Staatsbetrieben entweder radikal rationalisieren oder im Wettbewerb mit der ausländischen Konkurrenz untergehen. Gut 30 Millionen Arbeitsplätze gelten als akut gefährdet. Diese Perspektive münzte der künftige VW-Chef Bernd Pischetsrieder in eine ungewollt finstere Prophezeiung: Der WTO-Beitritt werde «auf China einen ähnlichen Effekt haben wie der Fall der Mauer auf die DDR», sagte er bei der Vorstellung des neuen Polo-Modells in Schanghai – ein Umbruch, der den Giganten am Gelben Fluss schnell zerreißen könnte.

Denn auch einem großen Teil der nach wie vor 900 Millionen Köpfe zählenden chinesischen Landbevölkerung droht brutale Entwurzelung. Billige Nahrungsmittelimporte aus den USA und anderen Überschussländern können Abermillionen Bauern um ihr ohnehin kärgliches Einkommen bringen. Schon jetzt ziehen aber an die 80 Millionen Heimatlose auf der Suche nach Arbeit durch die Städte. Während eine kleine neureiche Mittelschicht ihren Aufstieg mit Streifzügen durch die neuen Shopping Malls von Schanghai oder Schenzen feiert, fällt für vier Fünftel der Bevölkerung vom weltweit gefeierten chinesischen Wachstumswunder kaum mehr ab als das blanke Überleben. «Vor fünfzehn Jahren gab es in China nur geringfügige Einkommensunterschiede. Heute sind wir beim Gegensatz zwischen Arm und Reich Weltspitze», konstatiert Wang Hui, Chefredakteur der Zeitschrift *Dushu*, eines der wenigen kritischen Blätter im Land.[3]

Standort Erde, im Dezember 2001: Wachsende Arbeitslosigkeit, soziale Spaltung, immer größere wirtschaftliche Unsicherheit für eine ständig wachsende Zahl von Menschen – so lauten weltweit die Botschaften aus der globalisierten Ökonomie. Von Lateinamerika über Westeuropa und die islamische Welt bis nach Japan formiert sich daher Widerstand gegen die globale Integration – allerdings mit höchst unterschiedlicher Zielsetzung. Attac und viele hundert weitere Initiativen und Organisationen in Nord und Süd fechten für politische Reformen der Welthandels- und Weltfinanzordnung, die das Zusammenwachsen der Weltmärkte so gestalten, dass es möglichst allen Menschen nutzt.

Doch die Erfolge dieser Globalisierungskritiker sind noch bescheiden, verglichen mit der Durchschlagskraft einer ganz anderen Bewegung: Quer durch fast alle Industriestaaten, und erst recht in zahlreichen Entwicklungsländern, verzeichnen Nationalisten und Rechtspopulisten Zulauf wie nie zuvor. Fremdenfeindliche Gesetzgebung und Abschottung gegen ausländische Produkte erscheinen vielen verunsicherten Bürgern das Gebot der Stunde. Sicherheitsdenken und Abwehrstimmung bestimmen die politische Agenda. Und unter dem Eindruck wachsender Gewalt innerhalb und zwischen den Nationen suchen Regierungen aller Couleur Zuflucht im Ausbau der Polizeiapparate und der Umlenkung der staatlichen Ressourcen in die militärische Aufrüstung. Mit der «wachsenden Fragmentierung kehrt die Welt der Globalisierung den Rücken», warnt Stephen Roach, der renommierte Chefökonom der Wall-Street-Bank Morgan Stanley. Es drohe ein globaler Rückschlag für das Zusammenwachsen der Nationen und ihrer Märkte.[4]

Dabei hätte doch alles ganz anders kommen sollen. Globalisierung, das sei «die Chance, mit offenen Märkten wirtschaftliches Wachstum zu fördern, Ressourcen effizienter zu nutzen, Lebensbedingungen und Wohlfahrt der Menschen zu verbessern», formuliert Rolf-E. Breuer, sechs Jahre als Chef der Deutschen Bank Führer eines der mächtigsten Finanzinstitute der Welt, das Credo der Globalisierer in Konzernen und Regierungen.[5]

Dies ist auch keineswegs falsch. Die grenzenlose Verschmelzung von Märkten, Unternehmen und Informationsflüssen birgt tatsächlich das Potenzial, die Spaltung der Menschheit in Arm und Reich zu überwinden und die Ursachen für Kriege zu beseitigen. Der phantastische Erfolg früherer Armutsländer wie Südkorea, Taiwan oder Malaysia belegt, dass unternehmerisch organisierter Kapital- und Technologietransfer aus den Wohlstandsnationen in die Staaten des Südens mehr zur Überwindung der Unterentwicklung beitragen kann als alle staatliche Entwicklungshilfe – vorausgesetzt, den Regierungen dort bleibt die Möglichkeit, den Prozess mit Hilfe von Zollschranken und der Kontrolle des Kapitalverkehrs in ihrem Interesse zu steuern.

Das Gleiche gilt für die Friedenssicherung. Die wirtschaftliche Integration Europas war zweifellos das wirksamste Friedensprogramm der Menschheitsgeschichte. Dass deutsche Soldaten noch einmal Polen oder Frankreich überfallen, ist im integrierten Europa eine so abwegige Idee, dass sie nicht einmal von rechtsradikalen Spinnern verfochten wird. Das kann auch anderswo gelingen – vorausgesetzt, die Früchte der ökonomischen Integration kommen nicht nur einer kleinen Elite, sondern breiten Bevölkerungsschichten zugute.

Doch diese enormen Chancen der Globalisierung drohen verloren zu gehen, weil die Regierungen der wirtschaftlich starken Nationen in Europa und Nordamerika den Prozess der globalen Vernetzung nicht so gestalten, dass die Vorteile der weltweiten Arbeitsteilung tatsächlich zu wirtschaftlichem Erfolg und steigendem Wohlstand für alle führen.

Stattdessen ist das Gegenteil eingetreten. Zwar hat das Zusammenwachsen der Weltwirtschaft eine Dimension erreicht, die alle historischen Erfahrungen sprengt. Im Jahr 2000 entsprach der Wert aller grenzüberschreitend gehandelten Waren und Dienstleistungen bereits mehr als einem Viertel der gesamten weltweiten Produktion. Noch 1970 lag dieser Anteil bei gerade mal 10 Prozent. Parallel dazu entwickelten sich die transnational operierenden Konzerne zu Netzwerken von wahrhaft globaler Reichweite. Im Jahr 2000 zählte die UNCTAD, die UN-Organisation für Wirtschaft und Entwicklung, bereits 63 000 solcher Konglomerate mit weltweit 800 000 Niederlassungen. Allein im Jahr 2000 investierten sie 1,3 Billionen Dollar über die Grenzen hinweg. Unter den 100 größten wirtschaftlichen Einheiten der Welt sind mittlerweile 52 Konzerne, aber nur noch 48 Staaten. Die 15 größten Unternehmen der Welt kontrollieren, gemessen am Wert ihrer Umsätze, sogar mehr Wirtschaftsleistung als die 60 ärmsten Staaten der Welt.[6]

Doch die Ausweitung des Handels ging einher mit einer drastischen Verlangsamung des tatsächlichen wirtschaftlichen Fortschritts. Zwischen 1960 und 1980 stieg das weltweite durchschnittliche Pro-Kopf-Einkommen noch um 83 Prozent. In den beiden folgenden Jahrzehnten sank der Zuwachs auf gerade noch 33 Prozent. Diese Wachstumsbremse traf die Entwicklungsländer besonders hart. In Lateinamerika, wo das Pro-Kopf-Einkommen von 1960 bis 1980 um 75 Prozent zulegte, brachten die folgenden 20 Jahre gerade noch 6 Prozent. In Schwarzafrika fiel der Bruch noch radikaler aus. Wuchs dort die Wirtschaftsleistung in den 20 Jahren bis 1960 noch um über ein Drittel, so ist sie seitdem sogar um 15 Prozent gefallen. Selbst in den Erfolgsnationen Südostasiens sanken die Wachstumsraten in den letzten beiden Jahrzehnten weit unter jene in der Zeit davor.[7]

Der Mangel an Zuwachs ließ weltweit die Verteilungskämpfe eskalieren – und das fast immer auf Kosten der Schwächeren. Mit Konjunkturzyklen lässt sich dieses Phänomen nicht erklären. Die Ölpreisschocks der siebziger Jahre verursachten sogar weit größere Krisen als vergleichbare Einbrüche in den beiden folgenden Dekaden. Was also ist schief gegangen?

Das Finanzsystem – der programmierte Kurzschluss

Die gleiche Frage stand vor 57 Jahren schon einmal auf der Tagesordnung der internationalen Staatengemeinschaft. Ende Juni 1944 kamen in dem Erholungsort Bretton Woods im US-Bundesstaat New Hampshire 730 Delegierte aus 44 Nationen zusammen, um über eine krisenfeste Weltwirtschaftsordnung zu verhandeln. Spiritus Rector der Konferenz war der britische Ökonom John Maynard Keynes, der gemeinsam mit dem US-Finanzstaatssekretär Harry Dexter White die Grundlinien der späteren Verträge entwarf.

Beide Männer hielten die unkontrollierten Kapitalströme für eine der zentralen Ursachen der dramatischen Weltwirtschaftskrise der dreißiger Jahre. Vor deren Ausbruch hatten Amerikaner und Europäer eisern die Freiheit des Kapitalverkehrs verteidigt, im Glauben, nur der Interessenschutz für die Vermögenden und Kapitalbesitzer könne Investitionen und Märkte wieder ankurbeln – ein Glaube, der auch heute vielen Ökonomen und den meisten Regierungen wieder als unumstößliches Dogma gilt.

Die ständige Verschiebung gewaltiger Kapitalmengen zwischen den Währungsräumen erzeugte jedoch erst den Boom und dann den Absturz. Anstatt aus dem damaligen Handelsüberschussland USA ins defizitäre Europa zu fließen, nahm das «spekulative Kapital», wie Keynes es nannte, die umgekehrte Richtung genau zu dem Zeitpunkt, als es in Europa am dringendsten benötigt wurde.

Darum, so schrieb Keynes, sei «nichts sicherer, als dass die freie Bewegung von Kapitalfonds reguliert werden muss». Andernfalls würden sie stets «mit dem Tempo eines Zauberteppichs [das Ziel] wechseln, und diese Bewegungen haben die Wirkung, jedes ordentliche Geschäft durcheinander zu bringen». Die notwendigen Kontrollen, stellte sein US-Partner White klar, «bedeuten jedoch weniger Freiheit für die Besitzer liquiden Kapitals. Aber diese Beschränkung würde eben im Interesse der Völker ausgeübt.»[8]

Das war einer der Kernpunkte des Vertragswerkes, das die Diplomaten und Ökonomen nach drei Wochen intensiver Arbeit paraphierten. Die Währungen aller Mitgliedsländer wurden auf einen Festkurs zum Dollar festgelegt, und es entstand der Internationale Währungsfonds (IWF), der Staaten bei zu großen Handels- und Zahlungsbilanzdefiziten Überbrückungskredite bereitstellte. Artikel IV des IWF-Vertrages forderte ausdrücklich von jedem Staat, der solche Mittel beanspruchte, er müsse Kontrollen ausüben, um einen fluchtartigen Kapitalabfluss zu verhindern. «Alles in allem», berichtete Keynes anschließend, «haben wir eine außerordentliche Harmonie erreicht. Als Experiment internationaler Kooperation war die Konferenz ein herausragender Erfolg.»

Der Optimismus war berechtigt. Die stabile Finanzordnung ermöglichte einen Aufschwung ohnegleichen. In den folgenden 25 Jahren wuchs die Wirtschaftsleistung in den westlichen Industriestaaten mit jährlich vier Prozent auf das Dreifache. Und die Unfreiheit des Kapitalverkehrs beflügelte die Freiheit des Warenhandels mit Zuwachsraten, die noch weit darüber lagen.

Gleichwohl trug das System den Keim des Scheiterns in sich. Denn anders als von Keynes vorgeschlagen, verhinderte die gerade zur Supermacht aufsteigende US-Regierung, dass auch die US-Notenbank auf die Stabilisierung der Wechselkurse verpflichtet wurde. Das Bretton-Woods-System kettete die westliche Marktwirtschaft auf Gedeih und Verderb an den guten Willen der Amerikaner, ihre Geldpolitik nicht an nationalen Interessen auszurichten. Mit der Eskalation des Vietnamkrieges ließ jedoch der damalige Präsident Richard Nixon ab 1969 die Rüstungslasten mit der Notenpresse bezahlen und flutete die Welt mit billigen Dollars. Parallel dazu förderte die britische Regierung den Aufbau eines unkontrollierten, damals so genannten Euro-Kapitalmarkts in der Londoner Banken-City.

Die Inflationierung der Leitwährung und die Mobilisierung von liquidem Kapital für spekulative Zwecke sprengte schließlich das

System. Die Banken boten europäischen Unternehmen zinsbillige Dollar-Kredite an, den diese zum festen Kurs in Mark tauschten. So gerieten die Mark und andere EG-Währungen unter steten Aufwertungsdruck, den die Bundesbank mit immer neuen Dollar-Käufen auszugleichen suchte. Als die Abwehr der spekulativen Wellen nicht mehr zu finanzieren war, trugen die EG-Regierungen 1973 den Währungspakt mit den USA offiziell zu Grabe und gaben Wechselkurse sowie den Kapitalverkehr frei.

Der Zusammenbruch des Bretton-Woods-Systems machte den Weg frei für den explosiven Aufstieg eines Wirtschaftszweiges, der wie kein anderer das Schicksal der Menschheit beeinflusst: die globale Finanzindustrie. Befreit von allen Grenzkontrollen, entwickelten Banken, Versicherungen, Fondsgesellschaften sowie die Finanzabteilungen der transnationalen Konzerne den Handel mit Devisen und Wertpapieren zum mit Abstand umsatzstärksten Gewerbe der Welt. Das Internet war noch nicht geboren, da verfügten die Akteure an den Finanzmärkten schon längst über eine weltumspannende elektronische Vernetzung, einen Cyberspace der Weltfinanz, wo im Sekundentakt Vermögen in Milliardenhöhe aus einem Währungsraum in den anderen, von einer Anlageform in die nächste verschoben werden.

Langfristige gegen kurzfristige Schulden, Dollar-Bonds gegen Euro-Anleihen, niedrig verzinste Yen-Kredite gegen Dollar oder auch Wetten auf den künftigen Kurs des koreanischen Won: Jede nur denkbare Transaktion ist möglich und wird – Gewinnchancen vorausgesetzt – auch getätigt. Der Markt ist börsentäglich 24 Stunden in Betrieb. Von Tokio und Hongkong über Frankfurt und London nach New York und Chicago zieht das Spiel mit den Werten jeden Tag einmal rund um den Planeten.

Allein der Handel mit Anleihen, also verbrieften Schulden von Staaten und Unternehmen, erreichte so bis zum Jahr 1999 ein jährliches Volumen von 23 Billionen Dollar, das 250fache der Umsätze des Jahres 1970. Im selben Jahr verzeichneten die Devisenhändler im Durchschnitt an jedem Handelstag Umsätze von 1,2 Billionen Dollar.[9] Dabei geben die hohen Umsatzzahlen, wie Fachleute zu Recht anmerken, nicht die Menge verfügbaren liquiden Kapitals wieder. Vielfach schieben die Händler dasselbe Geld mehrmals pro Tag mal in die eine, mal in die andere Richtung. Unter einem steten Trommelfeuer von unterschiedlichsten Informationen erfordert der Prozess der Preisfindung ständige Aktion, ein Vorgang, den die Beteiligten selbst gerne als «educated gambling» bezeichnen, ein Zockerspiel für Ausgefuchste.

Gleichwohl signalisieren die hohen Umsätze die ungeheure Menge an verfügbarem, nicht in der Realwirtschaft gebundenem Kapital, dass nach Schätzungen des Beratungsunternehmens McKinsey ein Volumen von über 80 000 Milliarden, also 80 Billionen Dollar erreicht hat, mehr als das Dreifache des gemeinsamen jährlichen Bruttoinlandsprodukts der 31 in der OECD organisierten Industrieländer.[10] Die unproduktive Geldschwemme ist Ergebnis eines ökonomischen Teufelskreises, der mit der Liberalisierung losgetreten wurde. Sie koppelte die beteiligten Volkswirtschaften aneinander, erzeugte Währungsunsicherheit und trieb die realen Zinsen an den Kapitalmärkten nach oben. In der Folge stiegen die Kapitaleinkommen, während die Löhne stagnierten und die Investitionen sogar sanken. So wuchsen die Geldvermögen bei Unternehmen und Privatleuten weit schneller als die Wirtschaft insgesamt. Der Überhang an liquidem Kapital, das weder investiert noch konsumiert wird, lieferte den Rohstoff für die Aufblähung der Finanzbranche und die immer häufigere Bildung von spekulativen Blasen an den Wertpapiermärkten.

Befragt nach dem Nutzen ihres täglichen Billionenspiels, reklamieren die Finanzjongleure aus den Handelssälen der Finanzindustrie stets, dass nur durch ihre Arbeit das verfügbare Kapital immer dahin fließe, wo es am produktivsten investiert werde und so die höchste Rendite bringe. Doch das ist nicht einmal die halbe Wahrheit. Denn die Verflechtung der globalen Finanzmärkte hat längst einen Grad von Komplexität erreicht, den auch die erfahrensten Händler nicht mehr durchschauen können. Die große Mehrzahl der Kursänderungen folgt nicht etwa den tatsächlichen wirtschaftlichen Entwicklungen in den verschiedenen Ländern, sondern den kollektiven (Vor-)Urteilen der Händler und den Vorgaben der führenden politischen Marktlenker, vor allem jenen des Präsidenten der US-Notenbank, des jeweiligen amerikanischen Finanzministers sowie den Bewertungen des IWF und der privaten Rating-Agenturen, die – zuweilen nach Gutdünken – die Kreditwürdigkeit von Staaten und Unternehmen bewerten.

Dabei ist es ganz gleich, ob die jeweiligen Informationen und Analysen tatsächlich fundiert sind oder nicht. Für die meisten Akteure zählt auch nicht, was sie selbst darüber denken. «Entscheidend ist die Erwartung darüber, was denken die anderen?», erklärt ein erfahrener Händler der Deutschen Bank in Frankfurt. Denn die Summe aller Urteile wird am Ende den Kurs bestimmen. Im Ergebnis legen Tausende hochqualifizierter Finanzexperten rund um den Globus das Geld ihrer Auftraggeber nach dem Lemming-Prinzip an: Immer der Masse folgen, sonst verlierst du. So entspringt die jeweilige Anlageentscheidung des einzelnen Händlers durchaus rationalem Kalkül. Aber im Kollektiv bringt die elektronische Händlerarmee regelmäßig völlig irrationale Kursverläufe hervor – ein Phänomen, dass Ökonomen gerne verharmlosend als «Überschießen der Märkte» bezeichnen. Das allzu simple Spiel geht darum regelmäßig schief. Gleich einer Art immer wiederkehrendem Kurzschluss unterbricht oder zerstört der übermäßige Zufluss und der anschließende abrupte Abzug von international mobilem Kapital ein ums andere Mal den wirtschaftlichen Aufbau in ganzen Weltregionen.

Arthur Burns, damals Chef der US-Zentralbank Federal Reserve, warnte 1972 vor dem Zusammenbruch des Bretton-Woods-Regimes vergeblich, die Entfesselung der Finanzmärkte werde «mit Sicherheit Elend über die Menschheit bringen» und würde, «einmal begonnen, nur schwer wieder zu beenden sein».[11] 28 Jahre und 88 Währungs- und Finanzkrisen später findet die düstere Prognose brutale Bestätigung. Allein seit 1995 haben Finanzmarktkrisen in mindestens zehn Staaten mehrere hundert Millionen Menschen in Arbeitslosigkeit und Armut gestürzt.[12]

Nicht zufällig, sondern als Konsequenz aus dieser jahrzehntelangen Misswirtschaft entzünden sich der Protest der Globalisierungskritiker daher zuallererst an der dramatischen Fehlentwicklung des Systems der Weltfinanzmärkte und der Institutionen, die dafür verantwortlich sind. Die Argumente für eine radikale Reform dieses zerstörerischen Systems sind überwältigend.

Die Mutter aller Krisen

Die Fahrt ins Zeitalter der Finanzkrisen begann gleich nach der Freigabe des Kapitalverkehrs und der Wechselkurse. Zwischen 1974 und 1982 schnellten die grenzüberschreitenden Ausleihungen der westlichen Banken im Gefolge der neuen Geldfreiheit von 200 Milliarden Dollar um das Fünffache auf über eine Billion empor. Über die Hälfte davon war – mit tatkräftiger Unterstützung der westlichen Regierungen – an die Diktaturen Südamerikas und Afrikas vergeben worden, die in ambitionierte Industrialisierungsprojekte investierten und dafür im großen Stil Anlagen und Technik in den Industrieländern orderten.

Doch ab dem 13. August 1982 waren alle diese Prestigetempel der Diktatoren nur noch die in Beton gegossenen Symbole einer gigantischen Fehlspekulation. An diesem Tag erklärte der damalige mexikanische Finanzminister Silva Herzog seinem US-Kollegen Don Regan unmissverständlich, dass er Dollars benötigte, viele Dollars. Andernfalls würde sein Präsident am folgenden Montag ein unbefristetes Zahlungsmoratorium erklären. «Die Sache war klar», erzählte später Regans Stellvertreter McNamara, «wenn ihre Banken am Montag nicht mehr öffnen würden, dann wären unsere Banken ab Dienstag geschlossen.»[13]

Das war der Auftakt zur ersten globalen Finanzkatastrophe der Nach-Bretton-Woods-Ära: der lateinamerikanischen und afrikanischen Schuldenkrise, die bis heute nicht beendet ist. In den Folgemonaten meldete eines der Schuldenländer nach dem anderen Hilfebedarf an. Die Hälfte aller internationalen Kredite stand infrage, und die westliche Bankenwelt driftete über mehr als ein Jahr am Rande des Kollapses entlang. «Wenn eine der US-Banken zusammengebrochen wäre, wäre das ganze weltweite Zahlungssystem zum Stillstand gekommen», konstatierte der damalige Chef der Deutschen Bank Wilfried Guth.

Dabei hatten die Banker keineswegs unbedacht irgendwelche Kredite vergeben. Sie hatten die neue globale Geldfreiheit lediglich dazu genutzt, das Vermögen ihrer Kundschaft dorthin zu bringen, wo es die höchsten Erträge versprach. Und die meisten Schuldner konnten durchaus als solide gelten. Mexiko erzielte gute Einnahmen mit seinem Öl, Brasilien und Argentinien mit ihren boomenden Agrarsektoren nicht minder.

Nicht einkalkuliert waren jedoch die transnationalen Wechselwirkungen im neuen freien Welthandel mit Geld. Denn zur gleichen Zeit betrieb die US-Notenbank einen radikalen Kurs der Inflationsbekämpfung, indem sie den Basiszins auf über 20 Prozent hochtrieb. Damit sollten die Preisschübe infolge der Ölkrisen und die verbreitete Inflationsmentalität gebrochen werden, die vor allem den Besitzern großer Vermögen Unbilden bereitete. Der Zinsschock erzeugte aber nicht nur eine Rezession in den Industrieländern und drückte so die Nachfrage nach Rohstoffen und deren Preise, also den Exportgütern der Schuldenländer. Zur selben Zeit verdreifachte die Hochzinspolitik die Kosten für die Dollar-Schulden. Noch schwerer wog, dass die hohen Zinsen einen weltweiten Run auf Dollars auslösten. Wo immer Geldvermögen flüssig war, wurde es in Dollar-Anlagen umgeschichtet. Allein im Jahr 1981 wertete die US-Währung gegenüber allen anderen Devisen um 34 Prozent auf – im Durchschnitt. Kleinere Staaten und ihre Währungen traf es weit härter. Der mexikanische Peso verlor wegen der Flucht in den Dollar in nur sechs Monaten sogar 60 Prozent seines Außenwertes. Plötzlich musste die mexikanische Regierung zur Schuldenbedienung mehr als doppelt so viele Einnahmen in Peso erwirtschaften wie zuvor.

In der späteren politischen Auseinandersetzung über diese erste Schuldenkrise wurden zumeist die korrupten Regierungen Lateinamerikas und Afrikas und ihre unrentablen Prestigeprojekte als Hauptschuldige genannt. Doch damit lenkten vor allem Amerikas Führer von ihrer eigenen Mitschuld ab: Ohne die rücksichtlose Hochzinspolitik der damaligen Reagan-Administration hätte die Krise gar nicht stattgefunden. Die Verdreifachung der Zinslast, die Kapitalflucht und der Kursturz der eigenen Währungen: Mit der Kombination dieser drei von der US-Geldpolitik verursachten Faktoren war es unausweichlich, dass Entwicklungsländer, die wie Mexiko im großen Stil auf Kredit in ihre Industrialisierung investiert hatten, in den Staatsbankrott steuerten. Das Gleiche wäre selbst dann eingetreten, wenn alle Projekte ordentlich kalkuliert und ohne Schmiergeldverluste durchgeführt worden wären.

Auf diese Weise lernten die Apologeten der freien Währungskonkurrenz innerhalb kurzer Zeit, wie das von ihnen geschaffene Nichtsystem durch die national orientierte US-Geldpolitik in eine internationale Krise gestürzt wurde – ein Muster, das sich seitdem in der einen oder anderen Form stetig wiederholt. Von der Superdollar-Rezession und der Schuldenkrise der achtziger Jahre über die japanische Bankenmisere nach 1990 und die zweite Mexiko-Katastrophe im Jahr 1995 bis zum Asien-Debakel 1998: Stets waren es die einsamen Entscheidungen von demokratisch nicht kontrollierten und lediglich an nationalen Interessen orientierten Notenbank- und Finanztechnokraten der USA, Japans und der EU, welche die Entwicklung der Weltwirtschaft und damit die Bekämpfung von Armut und Arbeitslosigkeit immer wieder zurückwarfen.

Doch dieser Erkenntnis verweigern sich die Regenten der Geldwelt bis heute. Stattdessen verwandelten sie ausgerechnet die Institution, deren Aufgabe eigentlich die Vermeidung solcher Krisen war, in das zentrale Instrument zur Herbeiführung und Verschärfung ökonomischer Katastrophen: den IWF. Mit seiner Hilfe geriet das Schuldendebakel der Achtziger zur Mutter aller folgenden Krisen.

Der Washington-Konsens – Wahnsinn mit Methode

Die damals noch relativ kleine IWF-Bürokratie in Washingtons 19. Straße, ein paar Blocks westlich des Weißen Hauses, hatte die siebziger Jahre hindurch eigentlich keine Funktion mehr. Für die Vermittlung von Überbrückungskrediten an die IWF-Mitgliedsländer, den eigentlichen Gründungszweck der Organisation, gab es keinen Bedarf mehr, seit die Wechselkurse frei waren und Zahlungsüberschüsse wie -defizite nur die Währungswerte veränderten. Aber um Überbrückungskredite, diesmal für Mexiko, ging es jetzt wieder. Und die Reagan-Regierung mit dem damaligen Finanzminister Don Regan und dem Notenbankpräsidenten Paul Volcker hatte das Problem, dass sie die benötigten Mittel nicht aus ihren Kassen bereitstellen konnte, ohne den US-Kongress zu fragen. Gleichzeitig wollten Volcker und seine Klientel bei den Banken den notwendigen Verhandlungsprozess jedoch unter Kontrolle behalten. Der IWF bot sich da als Vehikel an. Schließlich waren die USA dessen größter Anteilseigner und hatten damit das Sagen.

Gierig nach neuer Bedeutung, griff der damalige IWF-Chef Jacques de Larosière im September 1982 das Angebot auf, formal das Krisenmanagement zu übernehmen und mit den Schuldnerländern die Rezepte zu verhandeln, mit denen sie zahlungsfähig bleiben sollten. Anfänglich dachten er und seine Mitarbeiter noch, das werde eine seriöse Arbeit. Folglich planten sie vier Monate Vorbereitungszeit ein, sie hatten ja bis dahin keinerlei Erfahrung mit Entwicklungsländern. Aber US-Finanzminister Regan stellte schon damals klar, wie er sich die IWF-Arbeit vorstellte. Als der zuständige Fonds-Direktor während einer nächtlichen Krisensitzung ein Mexiko-Programm für den Winter ankündigte, brüllte Regan ihn an, er sei «wohl verdammt nochmal nicht ganz bei Trost». Wenn nicht sofort eine Lösung für Mexiko gefunden werde, werde es «eine Krise in diesem ganzen Scheißfinanzsystem geben».[14]

Larosière, genau wie später noch so oft seine Nachfolger, knickte ein und präsentierte schon bald darauf ein Programm, das im Wesentlichen von Beamten des US-Finanzministeriums formuliert wurde. Mexiko musste sich für die Bereitstellung des IWF-Kredits verpflichten, die Staatsausgaben radikal zu kürzen und die Zinsen auf Pesos so hoch zu setzen, dass es noch lohnender war, Geld in mexikanischen Pesos anzulegen als in Dollar, um so den Wechselkurs zu stabilisieren. In späteren Jahren traten noch weitere Bedingungen hinzu. Das Land wurde verpflichtet, seinen Kapitalmarkt zu liberalisieren, Staatsunternehmen zu privatisieren und seine Märkte für ausländische Waren zu öffnen.

Rücksichtslos wurde damit eine Nation in einem gänzlich anderen Entwicklungsstadium als die USA auf die gleiche Politik festgelegt wie der reiche Nachbar im Norden. Damit lieferte das Land seine regionale Industrie schutzlos der weit überlegenen nordamerikanischen Konkurrenz aus und verlor die Kontrolle über seine Außenverschuldung und seine Geldpolitik. Im Gegenzug bekam die mexikanische Regierung immer wieder neue IWF-Kredite aus den Kassen der Notenbanken der Industrieländer, mit denen die Zinsverpflichtungen bei den westlichen Gläubigern beglichen wurden.

So wurde geboren, was später als «Washington-Konsens» in die Geschichte einging. Wann immer ein Land die aus Mitteln der Notenbanken der Mitgliedsländer gespeisten Kredite des IWF und der Weltbank in Anspruch nehmen wollte, wurde es eisern auf die gleichen

Prinzipien festgelegt: Liberalisierung des Warenmarkts für Auslandsimporte, Privatisierung der Staatsunternehmen, Deregulierung der Märkte für Kapital und Arbeit.

Nach diesem Prinzip betrieben de Larosière, Volcker, Regan und alle ihre Nachfolger bis heute einen schmutzigen Geldkrieg um die Schulden der Entwicklungsländer. Dabei geht es keineswegs darum, die Schuldnernationen wirtschaftlich zu stärken und die Lasten bezahlbar zu gestalten. Vielmehr sorgen sich die amtlichen Manager der Geldmärkte vorrangig darum, dass die Gläubiger bedient werden und die erfassten Länder für ausländische Unternehmen attraktive Bedingungen schaffen.

Bei der Durchsetzung entsprechender Verträge kannten die Geldkrieger von Anfang an wenig Skrupel. Dokumentiert ist etwa das Erpressungsmanöver gegen Brasilien im Sommer 1983. Zu diesem Zeitpunkt waren die Generäle in Brasília bereits auf dem Rückzug. Das Schuldendebakel und die IWF-Sparrezepte trieben die Bevölkerung auf die Barrikaden. In den Armutsvierteln von São Paulo und Rio plünderten Tausende die Supermärkte. FMI, wie das IWF-Kürzel auf Spanisch und Portugiesisch lautet, übersetzten die Demonstranten mit «Fome é Miseria Internacional», Hunger und Armut international – eine Anklage, die seitdem von vielen Millionen Opfern wiederholt wurde.

Brasiliens Militärregierung bat darum in Washington um Zahlungsaufschub, aber Volcker und seine europäischen Kollegen hielten voll dagegen. In geheimen Verhandlungen auf höchster Ebene setzten die Banker im Staatsauftrag die Schraubzwingen an. In Rio suchte Citibank-Chefverhandler Bill Rhodes den Finanzminister in seiner Privatwohnung auf, in Paris nahm sich de Larosière Delfim Netto, den bis heute mächtigen wichtigsten Drahtzieher der brasilianischen Wirtschaftspolitik, vor.

Bei dieser Gelegenheit, so berichtete der US-Journalist und Volcker-Vertraute Steven Salomon, malte der Fed-Präsident «das starke Bild, dass Brasilien von lebenswichtigen Nahrungslieferungen und anderen Importen vollständig abgeschnitten werde, wenn es sich entscheide, zum Paria der Finanzmärkte zu werden», indem es seine ausstehenden Kredite nicht zahle.[15] Unter solchem Druck lenkte das Regime in Brasília auf Kosten der Bevölkerung ein.

Indirekt und gänzlich unbeabsichtigt förderten das US-Finanz-Establishment und sein IWF so den baldigen Rückzug der Generäle von der Regierungsmacht, ein Vorgang, der sich auf verblüffende Weise 14 Jahre später mit Indonesiens Diktator Suharto wiederholte.

Neben diesem erzwungenen Demokratisierungsschub richtete die US-IWF-Strategie jedoch unermesslichen Schaden an. Die Sparmaßnahmen zerstörten die ohnehin schwachen Bildungs- und Sozialsysteme. Gleichzeitig blieb es den betroffenen Staaten verbaut, einen eigenen, unabhängigen Kapitalmarkt aufzubauen und ein Zinsniveau zu etablieren, in dem langfristige Investitionen zu akzeptablen Kosten auf der Basis der eigenen Währung und inländischer Ersparnisse möglich wurden. Stattdessen wurden auf unabsehbare Zeit hohe Zinsen festgeschrieben, die zwar Auslandskapital anlockten, damit jedoch fortdauernde Abhängigkeit erzeugten. Folglich stagnierte die ökonomische Entwicklung, und der Schuldenberg wuchs noch an, weil die Volkswirtschaften unter diesen Bedingungen gar nicht prosperieren konnten. Für Lateinamerika und Afrika wurden die achtziger Jahre «das verlorene Jahrzehnt», mit dessen Folgen die meisten betroffenen Nationen noch heute kämpfen.

So verwandelte die US-Regierung mit stillschweigender Billigung der Europäer und Japaner den Fonds zum zentralen Schuldeneintreiber der westlichen Großbanken und Anleger und verhinderte seit Mitte der achtziger Jahre gleichzeitig eine erfolgreiche Entwicklung aller betroffenen Staaten. Und das waren viele. Denn dem IWF und seiner Schwesterinstitution Weltbank wuchs seitdem die Rolle der allmächtigen Türsteher für den Zugang armer Länder zum internationalen Kapitalmarkt zu.

Wann immer eine Regierung des Südens Kraftwerke oder Universitäten, Straßen oder Eisenbahnen mit Hilfe ausländischen Kapitals finanzieren will, machen die potenziellen Kreditgeber entsprechende Verträge von vorherigen Zusagen des IWF und der Weltbank abhängig. Vielfach verknüpften die Regierungen der Wohlstandsländer sogar die Zahlungen direkter Entwicklungshilfegelder an die Erfüllung der IWF-Konditionen. Darum ist die Bedeutung der beiden Weltfinanzinstitutionen weit größer, als das bloße Volumen der von ihnen verwalteten Kredite signalisiert. Folglich unterwarfen sich über die Jahre –

mit Ausnahme von China, Indien, Taiwan und Malaysia – fast alle Nationen des Südens durch die Unterzeichnung so genannter Strukturanpassungsprogramme den Regeln des Washington-Konsenses – eines Konzepts, das nachweislich katastrophale Ergebnisse hervorbringt.

Denn es setzt ungeachtet der jeweiligen nationalen Bedingungen auf die radikale Verkleinerung der Staatsapparate und die bedingungslose Auslieferung an private Akteure und den Weltmarkt. Gleich ob es sich um das ländlich geprägte Tansania, das alte Industrieland Argentinien oder den vom Kommunismus gezeichneten Rohstoffriesen Russland handelt, die IWF-Programme folgen immer dem gleichen Muster. Eine Politik, die auf die Binnenentwicklung, die Berücksichtigung nationaler Besonderheiten, auf Ausbildung und den Aufbau von neuen Industrien in eigener Hand setzt, wird so unmöglich.

Welch plumpe Ideologie die Vollstrecker des Marktfundamentalismus dabei verfechten, dokumentiert der Fall Nicaragua. Der knapp fünf Millionen Einwohner zählende mittelamerikanische Kleinstaat war nach dem von der US-Regierung forcierten Bürgerkrieg und dem Sturz der Sandinisten zwingend auf Entwicklungskredite angewiesen. Bei der Gelegenheit setzten die IWF-Technokraten die Entlassung von über 200 000 Angestellten und Arbeitern im öffentlichen Dienst und staatseigenen Unternehmen durch, das waren zehn Prozent aller Arbeitskräfte des Landes. Unter anderem kam so das langfristig angelegte Alphabetisierungsprogramm der Sandinisten faktisch zum Stillstand.

Gleichzeitig schufen die neuen Machthaber unter Anleitung der Weltbank so genannte Zonas Francas, Sonderwirtschaftszonen, in denen die internationale Textilindustrie, steuerfrei und hinter Stacheldrahtzäunen abgeschottet gegen die Außenwelt, Jeans und T-Shirts für den amerikanischen und europäischen Markt produzieren lässt. Die Stoffe werden aus China importiert, die Maschinen kommen aus Japan oder Deutschland, die Techniker aus Taiwan. Nicaragua liefert nur den menschlichen Rohstoff: 40 000 Arbeitskräfte, die unter zumeist unmenschlichen Bedingungen und für Hungerlöhne von unter 50 US-Cent pro Stunde arbeiten. Arbeitsrechte genießen sie dabei nicht. Schon den Versuch, sich zu organisieren, ahnden die Fabrikchefs mit dem sofortigen Rauswurf. «Wir sind keine Arbeiterinnen, wir sind bloß Sklaven», beschrieb eine der Näherinnen dem *Spiegel* ihre Lebensumstände – ein Zustand, der längst nicht nur in Nicaragua praktiziert wird.[16] Schon an die 900 solcher Zonen von Mexiko bis Bangladesch zählte die Internationale Arbeitsorganisation ILO, in denen rund 27 Millionen Menschen unter meist menschenunwürdigen Bedingungen schuften.[17]

Vor diesem Hintergrund fragten Mitarbeiter des Internationalen Verbands freier Gewerkschaften (ICFRU)[18] bei den Washingtoner Finanztechnokraten nach, warum denn Weltbank und IWF mit ihren zahlreichen Kreditbedingungen den Partnerregierungen nicht auch die Garantie der Organisationsfreiheit abverlangten, um den Beschäftigten, in der Mehrzahl Frauen, wenigstens die Chance zu geben, für bessere Arbeitsbedingungen zu streiten. Die Antwort von Weltbank-Präsident James Wolfensohn offenbarte treffend die ganze Doppelmoral der IWF-Weltbank-Politik: Arbeitsrechte einzufordern sei unmöglich, behauptete Wolfensohn, weil die Bank «sich nie in die nationale Politik einmischt».[19]

Doch genau das geschieht fortwährend. Während der vergangenen beiden Jahrzehnte vergaben IWF und Weltbank insgesamt 958 konditionierte Kredite, und fast immer waren diese mit tiefen Eingriffen in die nationalen Strukturen verbunden.

Natürlich sind die daran teilnehmenden Regierungen keineswegs willenlose Opfer. Vielmehr repräsentieren sie zumeist die jeweilige wirtschaftliche Elite oder mächtige Familienclans, die sich mit ihrer Politik auf Kosten der Bevölkerung enorme Gewinne verschaffen. Doch der amtliche Segen der IWF- und Weltbank-Programme legitimiert diese Ausplünderung und sorgt, nicht zuletzt über die stets forcierte Privatisierung des Staatsbesitzes, für die Beteiligung der transnationalen Banken und Unternehmen der Wohlstandsländer.

Der IWF und Russland – Regierungskriminalität auf höchstem Niveau

Besonders rücksichtslos und verhängnisvoll verlief dieser Prozess in Russland nach dem Sturz der KP-Diktatur. Dort verordneten die vom IWF und der US-Regierung im Jahr 1992 entsandten Ratgeber mittels der an die Macht gespülten Clique um Präsident Boris Jelzin dem Land eine ökonomische Schocktherapie, von der es sich bis heute nicht erholt hat. Binnen weniger Monate wurden alle Preiskontrollen aufgehoben und die Importzölle geschleift. Mit den aus planwirtschaftlichen Zeiten umlaufenden überzähligen Rubeln führte dies zu einer Hyperinflation, die auf einen Schlag den größten Teil der Ersparnisse der russischen Bevölkerung vernichtete. Getreu dem IWF-Konzept setzte die Jelzin-Regierung mit der dann zwingend notwendigen Währungsreform die Zinsen so hoch, dass zwar die Geldentwertung endete, doch gleichzeitig inländische Kredite unbezahlbar wurden. Die Investitionen der Industrie kamen praktisch zum Stillstand, und zahlreiche Unternehmen stellten die Lohnzahlungen ein. Große Teile der Produktion brachen zusammen, während westliche Firmen vom Joghurt bis zum Traktor ungehindert ihre Waren auf Russlands Märkte brachten.

Doch die Verantwortlichen zogen keineswegs die Notbremse, um mit Zollhürden und einer Lockerung der Zinspolitik die Binnenwirtschaft zu sanieren. Stattdessen schickten sie Russland auf Verschuldungskurs. Mit Zustimmung des IWF verkaufte die Jelzin-Clique zunächst die lukrativen Monopolunternehmen der Energie- und Telekomindustrie an ihre von US-Banken finanzierten Freunde und nahm – um die ausbleibenden Steuereinnahmen auszugleichen – im großen Stil Kredite auf.

Das allein wäre womöglich noch beherrschbar gewesen. Doch auf ausdrücklichen Rat des IWF verfügte die Jelzin-Regierung zudem einen festen Wechselkurs des Rubel zum Dollar und stellte den Kapitalverkehr mit dem Ausland frei – für die westliche Finanzindustrie und die kleine Schicht der Privatisierungsgewinner eine Lizenz zum Gelddrucken. Denn während die korrupte Elite Jahr für Jahr dreistellige Milliardensummen in Dollar auf Konten in der Schweiz und Zypern schaffte, drehten Amerikas und Europas Banken nun das große Rad mit den Russland-Schulden.

Zur regelrechten Bonanza wurde vor allem das Geschäft mit den kurz laufenden Rubel-Bonds, den so genannten GKOs. Deren Zinsen stiegen bei wachsender Staatsverschuldung von zunächst 20 auf zeitweilig über 150 Prozent – und das ohne Wechselkursrisiko. Dabei zahlte Russlands Finanzministerium die anfallenden Zinsen einfach aus dem Verkauf neuer Schuldtitel. Von Beginn an war klar, dass dies irgendwann nicht mehr finanzierbar wäre, der Zusammenbruch war nur eine Frage der Zeit. Trotzdem phantasierte der damalige IWF-Chef Michel Camdessus noch im April 1998, als Millionen Russen bereits seit Monaten keine Löhne mehr bekamen, von Russlands «deutlichen Fortschritten zu makroökonomischer Stabilität», dem Aufstieg «eines dynamischen privaten Sektors» und einer «auf Grund der Unterstützung des IWF professionellen Zentralbank».[20] So konnten die Kreditgeber sich trotz des unverantwortlichen Schuldenspiels sicher fühlen, denn hinter dem Konzept stand der IWF.

Und genau so kam es auch. Als Moskaus Zentralbank angesichts der eskalierenden Kapitalflucht im Juli den Rubelkurs nicht mehr aus eigener Kraft halten konnte, stellte der IWF ein «Rettungspaket» in Höhe von knapp 23 Milliarden Dollar bereit. Für die Anleger war das nichts anderes als die letzte und bequeme Chance zum Ausstieg aus den unhaltbaren Rubel-Bonds.

Binnen weniger Wochen waren folglich die gepumpten Dollar-Reserven der Zentralbank wieder verloren. Dazu fädelten die IWF-Manager und ihre russischen Freunde für die besonders wichtigen ausländischen Gläubiger einen großzügigen Deal ein. Für sechs Milliarden Dollar durften sie die absehbar wertlosen Rubel-Papiere in langfristige Dollar-Schuldtitel umtauschen. Das kam vor allem den US-Investment-Banken Goldmann Sachs, Merrill Lynch und Salomon Brothers zugute, die im großen Stil in das GKO-Spiel eingestiegen waren. «Mit der Umtauschofferte können sie nun ihre riesigen Rubel-Zinseinnahmen kassieren und trotzdem wieder in Dollar-Papiere gehen», erklärte ein Frankfurter Bankanalyst dem *Handelsblatt*. Das bedeute, dass «Goldmann Sachs als Leadmanager für die Umtauschoperation mehr Geld einstreicht, als die deutschen Großbanken seit dem Ende des Kommunismus in Russland verdienten», ärgerte sich der Frankfurter Banker, dessen Institut vorsichtiger agiert hatte als die US-Konkurrenz.[21]

Als so die größten Spekulanten frei gekauft und die IWF-Milliarden verpulvert waren, endete das Abenteuer genau so, wie alle Kritiker vorhergesagt hatten: Russland musste die Zahlung der Rubel-Schulden einstellen, den Rubel-Kurs für eine fast 60-prozentige Abwertung freigeben und die Wirtschaftspolitik der folgenden Jahre vor allem darauf ausrichten, die aufgelaufenen Auslandsschulden zu bedienen. Die russische Bevölkerung, zu deren angeblichem Wohl die ganze Operation lief, bezahlte mit dem Rückfall in die Massenarmut. Die Zahl der Menschen, die mit Einkommen von umgerechnet weniger als vier Dollar pro Tag auskommen müssen, stieg binnen zehn Jahren von zwei auf 60 Millionen, die Wirtschaftsleistung schrumpfte um 40 Prozent.

Gewiss, die Hauptverantwortung für diesen Niedergang tragen die Mitglieder und Helfer der Jelzin-Clique, die vorrangig ihre eigene Bereicherung im Sinn hatten. Aber «es ist unmöglich, dass die IWF-Experten nicht wussten, was in Moskau jeder Türsteher weiß», klagte der russische Ökonom Boris Kargalitsky bei einer Anhörung vor dem US-Kongress. Trotzdem hätten die Washingtoner Hüter der Weltfinanz darauf bestanden, dass der Kapitalverkehr nicht reguliert werden dürfe. Offenbar sei also «das Hauptanliegen der IWF-Entscheider nicht Russlands Erfolg, sondern die Prosperität der westlichen Finanzgemeinschaft, die eine Menge Geld an unserer Krise verdient hat».[22]

Insofern geht es bei der weltweiten Exekution des «Washington-Konsenses» keineswegs nur um schlechte und kontraproduktive Wirtschaftspolitik von ideologisch in die Irre gelaufenen Bürokraten. Vielmehr dient die Ideologie des Marktfundamentalismus, die das Wohl der Menschheit allein dem Spiel aus Angebot und Nachfrage überlassen will, vor allem der Durchsetzung der kurzfristigen Macht- und Gewinninteressen der Finanzindustrie. Für langfristige Entwicklungsstrategien gibt es in der Welt der Tages- und Wochenzocker keinen Platz.

Und um den schnellen Gewinn ging es auch, als die bis dahin erfolgreichsten Nationen im Zeitalter der Globalisierung zu Fall gebracht wurden: die Tigerstaaten Südostasiens.

Die Asienkrise oder Der IWF sabotiert die Globalisierung

Diesen vier Nationen, Indonesien, Malaysia, Thailand und Südkorea, war es in den Nachkriegsjahrzehnten gelungen, getreu dem japanischen Vorbild eine staatlich gesteuerte Industrialisierung in Gang zu setzen. Damit produzierten sie zwar für den Weltmarkt, aber die Industrie gedieh im Schutz hoher Einfuhrzölle, und der Kapitalverkehr mit dem Ausland beschränkte sich auf die Abwicklung des Handels. Per staatlich gelenkter Kreditvergabe bauten die Staaten auf diesem Weg nationale Konzerne auf, die sich über die Beteiligung ausländischer Partner westliche Technologie beschafften. So erzielten sie jahrzehntelang phantastische Wachstumsraten, die großen Teilen der Bevölkerung bescheidenen Wohlstand bescherten.

Nicht nur in Deutschland priesen führende Industrielle daher die «asiatischen Werte» und bauten die Konkurrenz in Fernost zur Drohkulisse gegen Lohnforderungen der Gewerkschaften auf. Daimler-Chrysler-Chef Jürgen Schrempp empfahl gemeinsam mit Gerhard Schröder sogar, die Deutschen sollten doch «von Asien lernen».[23] Tatsächlich aber beruhte der Erfolg der Aufsteiger vor allem darauf, dass sie sich nicht den IWF-Regeln des Washington-Konsenses unterwarfen, sondern eine Wirtschaftspolitik verfolgten, die den Möglichkeiten ihrer Nationen entsprach. So haftete dem asiatischen Wirtschaftswunder aus Sicht der Weltenlenker in Washington ein lästiger Makel an: Die westliche Finanzindustrie war an dem Boom nicht beteiligt. Darum drängte das US-Finanzministerium und der von dort gesteuerte IWF in den neunziger Jahren massiv auf die Öffnung der Kapitalmärkte in den Tigerstaaten. Zwar war keine der Nationen auf Auslandskapital angewiesen, die hohen Ersparnisse der einheimischen Bevölkerung reichten völlig aus, um die industrielle Entwicklung zu finanzieren. Aber wegen ihrer hohen Exportraten waren die asiatischen Aufsteiger mit Handelsbeschränkungen erpressbar.

Exemplarisch ist der Fall Korea. Kim Se-Jin, Leiter der Finanzmarktabteilung im Wirtschaftsforschungsinstitut des koreanischen Industrieverbandes, erinnert sich noch gut. Im Februar 1994, als er mit einer Regierungsdelegation nach Paris entsandt wurde, verhandelten er und seine Kollegen in der Rue de Franqueville, im von Gitterzäunen abgeschirmten Hauptquartier der OECD, über die Aufnahme Südkoreas in diesen einflussreichen Club der reichen Nationen. Politik und Industrie des Landes erwarteten davon vor allem einen besseren Zugang zu den Märkten Japans, Europas und Nordamerikas. Die meisten Streitfragen waren schon geklärt. Korea würde seine Grenzen für Autoimporte aus Japan und Computerlieferungen aus den USA öffnen, auch sollten ausländische Konzerne direkt im Land investieren dürfen. Einzig den Finanzsektor wollten Koreas Wirtschaftspolitiker nicht aus der staatlichen Lenkung entlassen. Schließlich benötigte Südkorea keine Kapitalzuflüsse aus dem Ausland.

«Die übrigen OECD-Länder waren auch bereit, das zu akzeptieren», erzählt Se-Jin, «nur die Amerikaner machten unheimlich Druck.» Mehrfach unternahm er den Versuch, einen Kompromiss mit langjährigen Übergangsfristen zu schmieden – vergeblich. «Der US-Delegierte legte jedes Mal sein Veto ein.» Zu Hause, in Seoul, galt der OECD-Beitritt jedoch schon als ausgemachte Sache, der damalige Präsident hatte sich bereits öffentlich festgelegt. «Darum haben wir am Ende nachgegeben, was blieb uns übrig?», erzählt Kim Se-Jin und kann sein Bedauern nicht verhehlen, «das war der Anfang vom Ende.»

Vergleichbaren Pressionen waren die anderen Tigerstaaten ausgesetzt. Zug um Zug fielen so mit Beginn der neunziger Jahre zunächst in Thailand, dann in Indonesien und Malaysia und schließlich in Südkorea die nationalen Beschränkungen für die Aufnahme von Auslandskrediten und den grenzüberschreitenden Handel mit Wertpapieren. «Die Wall Street wollte an unserm Erfolg mitverdienen, daraus machten die Amerikaner gar keinen Hehl», erinnert sich Kim Se-Jin. Doch nicht ein einziges Mal wiesen die Beamten aus Washington, Tokio, Bonn, London oder Paris auf die Risiken hin, die mit diesem Schritt verbunden waren. Von den notwendigen Eigenkapitalstandards für die Banken und den übrigen aufwendigen Kontrollpraktiken, welche die Finanzfürsten des Westens heute so vehement weltweit einfordern, war im Vorfeld der Liberalisierungswelle niemals die Rede. Im Ergebnis liefen die beteiligten Länder ins offene Messer.

Korea traf es besonders hart. Dort gab die Zentralbank ab Herbst 1994 die Aufnahme von Dollar-Krediten bis zur Laufzeit von drei Monaten frei. Weil die Wirtschaft des Landes so schnell wuchs, war der Kredithunger der Unternehmen enorm. Als gute Schüler ihrer amerikanischen Lehrer betrieben die Hüter des koreanischen Won aber einen strikten Kurs gegen die Inflation. Um den Preisauftrieb unter Kontrolle zu halten, mussten die Beamten der Zentralbank den Zinssatz entsprechend hoch halten, indem sie für die heimischen Geldhäuser frisches Zentralbankgeld knapp hielten. Darum waren Won-Kredite über Jahre wesentlich teurer als Dollar-Schulden. Das war die Lücke für die Investmentstrategen von Tokio bis Frankfurt. In Hongkong und Singapur, den beiden Finanzdrehscheiben für Südostasien, ging schnell das Wort vom neuen Korea-Deal um. Die Global Player der Finanzwelt richteten in ihren dortigen Handelssälen eigens so genannte Korea-Desks ein.

Zugleich entstanden in Seoul meist im Joint Venture mit europäischen und japanischen Banken innerhalb von nur 18 Monaten dreißig verschiedene Finanzgesellschaften, so genannte merchant banks, die sofort begannen, ein großes Rad zu drehen. «Es war ja so einfach», berichtet einer der beteiligten koreanischen Banker, «die Ausländer hatten das Kapital und wir die Unternehmen, die nie genug Kredite bekommen konnten.» Die Abgesandten der großen westlichen Finanzhäuser von Crédit Lyonnais über die Bank of Tokyo bis zur Commerzbank und der Westdeutschen Landesbank gaben sich bei ihm und seinen Kollegen die Klinke in die Hand. «Sie haben es wirklich billig gemacht, sie verlangten gerade mal 30 Basispunkte (0,3 Prozent) mehr, als es in Europa kostete.»

Von der Kündigung der Kreditlinien war dabei noch bis zum Frühherbst 1997 nie die Rede. Regelmäßig erfolgte Monat für Monat der «roll-over», die Verlängerung der ausgereichten Kredite um einen oder drei weitere Monate. Die ganze Seouler Finanzgemeinde fühlte sich folglich sicher und verwandte das geliehene Geld wie eine langfristige Einlage. Ein großer Teil floss in bis zu zehnjährige Leasing-Geschäfte mit Maschinen und Flugzeugen, vieles wurde auch schlicht als Kredit auf fünf oder zehn Jahre an die großen Industriekonzerne des Landes weitergereicht, die damit den Ausbau ihrer Fabriken finanzierten. Spätestens ab Mitte 1996, so Yang, «hatten wir alle schon mehr Dollars zur Verfügung, als wir in Korea überhaupt unterbringen konnten». Nun stiegen die Finanzgesellschaften in den spekulativen Kauf ausländischer Wertpapiere ein, vor allem der lukrativen, aber riskanten russischen Staatsanleihen. So schleusten die Geldkonzerne der G7-Länder Monat für Monat bis zu zwei Milliarden Dollar in den koreanischen Markt. Ganz vorne mit dabei waren auch die deutschen Banken. Neben der Dresdner und der Commerzbank sprangen vor allem die staatseigenen Landesbanken auf den Zug. Bis 1997 verlieh allein die Düsseldorfer WestLB über zwei Milliarden Dollar in Südkorea.[24]

Ganz ähnliche Entwicklungen spielten sich zur gleichen Zeit auch in den anderen Schwellenländern Südostasiens ab. Mit dem plötzlichen Kapitalzustrom geriet aber die ursprünglich grundsolide Geldpolitik der südostasiatischen Nationen außer Kontrolle. Die Finanzaufseher konnten den Zins auf die heimische Währung so hoch setzen, wie sie wollten, den kreditfinanzierten Investitionsboom konnten sie dadurch nicht stoppen. Denn die einzige Folge war, dass wegen der höheren Zinsdifferenz noch mehr Kredite in Dollar statt in heimischer Währung aufgenommen wurden, die umgehend in Won, Baht, Ringit oder Rupiah getauscht und in neue Hochhäuser, Produktionsanlagen oder gleich wieder an anderen Finanzmärkten investiert wurden. Der damals amtierende Zentralbank-Gouverneur Indonesiens befand sarkastisch: «Wir hatten begonnen, die Fundamente unseres Hauses zu bauen, aber plötzlich waren wir Gastgeber einer globalen Party.»[25]

Vertraglich gebunden an die Liberalisierungsversprechen gegenüber OECD und IWF, konnten die Notenbanker auch keine direkten Verbote oder Kreditgrenzen verhängen. Zwar hätten sie den Dollar-Strom auch einfach ohne Zinserhöhung in die jeweilige Heimatwährung wechseln können. Damit wäre die umlaufende Geldmenge im gleichen Maß gewachsen, wie Auslandsgelder hereinkamen. Das hätte den Won, den Baht oder die Rupiah schnell entwertet, die Wechselkurse gegenüber dem Dollar wären sicher gefallen. Die Kreditaufnahme im Ausland wäre hochriskant geworden, und der Zustrom wäre zum Erliegen gekommen. Für diese Bremse hätten die betroffenen Nationen jedoch mit einer erheblichen Geldentwertung bezahlen müssen. Genau davor hatten die IWF-Ratgeber aber seit je dringend gewarnt. Geldpolitiker in aller Welt versuchen schließlich stets, hohe Inflationsraten unbedingt zu vermeiden.

Auf diesem Weg geriet ausgerechnet Südostasien, die Region mit den höchsten Sparquoten der Welt, Schritt für Schritt in die Abhängigkeit ausländischer Banken und Investmenthäuser. Selbst konservative Ökonomen wie Rüdiger Pohl, Präsident des Instituts für Wirtschaftsforschung in Halle, kommentierten später bissig die unprofessionelle Gier der westlichen Geldverleiher. «Es war ja so schön», erklärte Pohl, das «überreichlich vorhandene Kapital in den Industrieländern fand bei den dort niedrigen Wachstumsraten keine attraktiven Renditen. Da kamen die Emerging Markets gerade recht.» Folglich «wurde Asien eine Überdosis Kapital verpasst, ohne ernsthaft nach der realwirtschaftlichen Grundlage zu fragen».[26]

Das allein war jedoch bis weit in das Jahr 1996 noch keine bedrohliche Angelegenheit. Südkorea musste gerade mal sechs Prozent der Exporterlöse für den Schuldendienst aufwenden. Die Quoten der anderen Länder der Region waren nur geringfügig schlechter. Anders als die Staaten Lateinamerikas in den achtziger Jahren war keines der späteren Krisenländer haltlos überschuldet.[27]

Auch der IWF war voller Zuversicht. Die zur alljährlichen Begutachtung nach Seoul entsandten Fonds-Direktoren, so hieß es im IWF-Jahresbericht 1997, «begrüßten Koreas weiterhin beeindruckende gesamtwirtschaftliche Entwicklung» und «lobten die Behörden für ihre beneidenswerten Haushaltsergebnisse». Mit einer nicht minder enthusiastischen Beurteilung konnte sich auch die Regierung in Bangkok schmücken. Dort «lobten die Direktoren in den höchsten Tönen Thailands beeindruckende wirtschaftliche Entwicklung und die von den Behörden beständig durchgehaltene solide Makropolitik».[28]

Doch derlei Ergüsse zeugten schon bei Drucklegung des IWF-Berichts nur von der Verblendung ihrer Autoren. Denn die asiatischen Aufsteiger waren im Ozean der Weltfinanz, wo die Ströme des Kapitals jeden Tag plötzlich die Richtung wechseln können, nun sehr leicht verwundbar. Ein großer Teil der Kredite, je nach Land 40 bis 60 Prozent, war nur kurzfristig geliehen, konnte also von den Kreditgebern schnell gekündigt und wieder eingezogen werden.

Und genau so begann im August 1997 das bis dahin größte Desaster der Finanzgeschichte. Seit Monaten gab es Gerüchte, dass der thailändische Baht alsbald abgewertet werden müsste. Schon im Januar hatte die New Yorker Investmentbank Goldman, Sachs einen umfangreichen Report veröffentlicht, in dem es hieß, Thailands Währung sei nicht zu halten, zu viele Dollar-finanzierte Investitionen des Landes seien unrentabel.

Diesen Druck machten sich einige der Großanleger bei so genannten Hedge-Fonds zunutze, um aus der scheinbar unvermeidlichen Abwertung des Baht Profit zu schlagen. Dazu nahmen sie in großem Umfang Baht-Kredite auf, nur um diese gleich wieder in Dollar zu tauschen. So überschwemmten sie den Markt mit thailändischem Geld und drückten dessen Wert. Um den Kursverfall zu vermeiden, musste die Notenbank darum mit ihren Dollar-Reserven gegenhalten und ihrerseits Baht kaufen. Die Angreifer konnten sich ausrechnen, dass die Bank of Thailand dies nicht lange durchhalten könnte. Würde der Kurs schließlich einbrechen, könnten sie sich Baht zum Billigpreis beschaffen, ihre Kredite zurückzahlen und die Differenz zum Ausleihkurs als Gewinn einstreichen. Thailands mühsam verdiente Dollar-Reserven würden letztlich auf ihren Konten landen.

Dabei hatten die Beamten der thailändischen Notenbank keine Ahnung, wer ihre Gegner waren. Auch im Nachhinein wurde nur bekannt, dass der Quantum-Fonds aus der Soros-Gruppe zwei Milliarden Dollar gegen Thailand wettete. Wer die Übrigen waren, drang nie an die Öffentlichkeit. Hedge-Fonds handeln stets im Auftrag eines exklusiven Clubs von reichen Anlegern sowie großen Versicherungen und anderen Banken. Meist bewegen sie Summen im Milliarden-Dollar-Maßstab, weil sie die Einlagen ihrer Kunden mit hohen Krediten vervielfachen, um auch aus kleinen Kursverschiebungen große Gewinne ziehen zu können. Dabei bleiben sie aber in aller Regel anonym. Ihre Transaktionen lassen sie über die zur strikten Diskretion verpflichteten Händler der Großbanken in London und New York abwickeln.

Zunächst schien Thailands Zentralbank wegen der Exporterfolge des Landes mit Dollars gut gerüstet und konnte den Angriff fast sechs Wochen lang abwehren. Doch der stete Schwund der Dollar-Reserven blieb nicht geheim, und die News von der Schlacht um den Baht lockten nun immer mehr Akteure an. Auch eine bayerische Bank ließ ihre Händler mal eben 200 Millionen Mark gegen Thailand wetten.[29] In hilfloser Wut schickte die Regierung in Bangkok Polizeibeamte in die örtlichen Filialen ausländischer Investmentbanken und drohte mit Strafen wegen der Verbreitung von falschen Behauptungen über die Anfälligkeit der Währung.

All das heizte den Run auf den Baht jedoch noch mehr an. Auslandskonzerne genauso wie einfache Geschäftsleute, und natürlich alle Unternehmen mit Dollar-Schulden, begannen ihre Baht gegen Dollar und Yen zu tauschen. Gegen diesen inneren Feind hatten Bangkoks Zentralbanker am 2. Juli 1997 kein Gegenmittel mehr zur Hand. Sie gaben den Kurs frei, und binnen kurzem verlor der Baht ein Fünftel seines Außenwertes. Zahlreiche Unternehmen und Banken wurden zahlungsunfähig.

Mit Thailands Währung kippte die gesamte wirtschaftliche Konstellation der Region. Von Malaysia bis Taiwan konkurrierten die jeweiligen Nationen um dieselben Käufer in den Industrieländern. Damit war absehbar, dass nun alle gleichzeitig unter Abwertungsdruck standen, wenn ihre Exportindustrien konkurrenzfähig bleiben sollten. Die Spekulation gegen die verschiedenen Währungen wurde zu einer im Händlerjargon so genannten one-way-bet, einer sicheren Wette, die man gar nicht mehr verlieren konnte.

Die Konsequenz war überall dieselbe: Die Dollar-Schulden wurden extrem teuer. Auch bis dahin solide und rentable Unternehmen verwandelten sich in zweifelhafte Schuldner, weil sie nun weit mehr Einnahmen benötigten, um Zins und Tilgung in Fremdwährungen aufzubringen.

Eine Regierung nach der anderen rief darum den Internationalen Währungsfonds zu Hilfe, um mit dessen Krediten wieder flüssig zu werden. Doch die vermeintlichen Helfer hatten ganz anderes im Sinn. Statt der erhofften Feuerwehr holten sich die betroffenen Nationen neue Brandstifter ins Land.

Als sie in Bangkok, Jakarta oder Seoul eintrafen, boten die Mitarbeiter der IWF-Asien-Direktion unter Leitung des damaligen Direktors Hubert Neiss keineswegs einfach finanzielle Hilfen an. Vielmehr deklarierten sie kurzerhand die gesamte bisherige Wirtschaftsform der Krisenländer als untauglich und setzten sich selbst als eine Art Nebenregierung ein. Zwar schmückten die IWF-Repräsentanten überall ihre «Rettungspakete» mit großen Zahlen über vermeintlich schnelle Kredithilfen: zwei Milliarden Dollar für die Philippinen, 17 Milliarden für Thailand, 23 Milliarden für Indonesien, 51 Milliarden für Korea. Aber nichts davon wurde sofort ausbezahlt, auch später sind lediglich Tranchen von zehn bis zwanzig Prozent der avisierten Summen tatsächlich geflossen.

Bevor auch nur ein IWF-Dollar überwiesen wurde, mussten die betroffenen Regierungen sich vielmehr verpflichten, ihren Finanzsektor in kürzester Zeit zu sanieren und ganze Banken einfach pleite gehen zu lassen, auch wenn das bedeutete, dass mit ihnen weitere, besser bestallte Banken und ihre Kunden untergingen. Weiterhin drängten die Fonds-Experten darauf, die meisten Unternehmen im Staatsbesitz zu privatisieren, die Grenzen für die Beteiligung von Ausländern an inländischen Konzernen aufzuheben und auf alle Beschränkungen für Kapitalanleger aus dem In- und Ausland zu verzichten. Für Thailand bedeutete das etwa, dass die Regierung 58 Banken und Investmentgesellschaften für bankrott erklären und sofort schließen musste, während deren Auslandsverpflichtungen mittels einer eigens gegründeten Auffanggesellschaft fortan beim Staat und seinen Steuerzahlern hängen blieben.

Gleichzeitig zwangen die IWF-Retter ihren Klienten einen aberwitzigen Kurs für die Geld- und Finanzpolitik auf. Zunächst wurden die Zentralbanken darauf festgelegt, die inländischen Zinsen auf über 20 Prozent hochzutreiben. Das bedeutete in der Praxis, dass viele Unternehmen von heute auf morgen überschuldet waren und die Banken kaum mehr Darlehen vergeben konnten. Jede Investitionstätigkeit, die sich auf Kredite stützte, kam zum Stillstand, denn über 20 Prozent Rendite sind mit neuen Investments äußerst selten zu verdienen. Die Bautätigkeit, der Kauf von Ausrüstungen oder Maschinen und auch der Konsum nahmen drastisch ab, mit Massenentlassungen und Einsparungen ging alle wirtschaftliche Tätigkeit auf Talfahrt. Daneben durften aber auch die Staaten selbst nicht in die Bresche springen. Zwar gab es in Asien, ganz anders als in Lateinamerika oder Russland, gar keine Staatsschulden, die Regierungen hätten großen Spielraum gehabt. Aber das kümmerte die IWF-Truppe nicht. Vielmehr verlangte sie stur nach dem alten Muster, dass die Staatsausgaben sogar radikal gekürzt wurden, im Falle Thailands um einen Betrag, der volle drei Prozent der gesamten bisherigen Wirtschaftsleistung des Landes ausmachte. Inmitten der Krise sollte ausgerechnet der Fiskus sogar einen Überschuss erwirtschaften. Was immer an neuen Straßen, Krankenhäusern, Schulen oder sonstigen Infrastrukturprojekten geplant war, musste folglich gestoppt werden.

Die Logik hinter diesen so genannten Austeritätsprogrammen war ebenso schlicht wie unrealistisch. Wichtigstes Ziel sei es gewesen, die

Wechselkurse zu stabilisieren, rechtfertigte Neiss den Nullachtfünfzehn-Ansatz seiner Behörde.[30] Durch die hohen Zinsen sollte die globale Finanzszene dazu verlockt werden, ihr Anlagekapital doch wieder nach Bangkok oder Jakarta zu lenken. Zugleich sollte die Regierung beweisen, dass sie auch fortan keine Schulden machen würde. Im Kern ging es also nicht darum, von den in Zahlungsnot geratenen Völkern drohenden wirtschaftlichen Schaden abzuwenden und ihre Volkswirtschaft so schnell wie möglich wieder auf Touren zu bringen. Hauptziel war vielmehr, die Störung an den Finanzmärkten zu beenden und sicherzustellen, dass die Auslandskredite ohne Abschlag bedient wurden. Zu keinem Zeitpunkt haben die IWF-Experten auch nur erwogen, ebenfalls all jene Banken zur Kasse zu bitten, die durch ihre bedenkenlose Kreditvergabe mindestens die Hälfte der Verantwortung für das Desaster trugen.

Gut möglich, dass die Technokraten der Weltwährungsbehörde zunächst sogar selbst an ihre Rezepte glaubten. Als etwa IWF-Chef Michel Camdessus am 21. August 1997 in Washington vor die Presse trat, um die Einzelheiten des Thailandprogramms bekannt zu geben, verstrahlte er geradezu unbändige Zuversicht. «Das Schlimmste» der Krise sei überstanden, behauptete er und lobte «das mutige Wirtschaftsprogramm» der Regierung in Bangkok. Das Wirtschaftswachstum werde zwar auf 2,5 Prozent jährlich fallen, würde aber schon im Folgejahr wieder auf über drei Prozent steigen. Im Übrigen seien jetzt alle Vorkehrungen getroffen, er glaube «nicht, dass in der Region weitere Finanzkrisen ausbrechen werden».[31]

Der Irrtum hätte größer nicht sein können. Statt der erhofften Beruhigung der Wechselkurse trat das Gegenteil ein. Mit der Bekanntgabe des IWF-Programms begann der Wert der Thai-Währung erst richtig zu fallen, im November mussten fast doppelt so viel Baht für Dollar bezahlt werden wie vor der IWF-Intervention. Camdessus und sein Asien-Direktor Neiss gaben sich brüskiert. Trotzig ließen sie ihre Presseabteilung verbreiten, man sei «enttäuscht» über die Reaktionen der Finanzmärkte auf das internationale Hilfspaket, der weitere Kursverfall sei «durch nichts gerechtfertigt».[32]

Doch im Gegensatz zu den Theoretikern aus Washington konnten sich Unternehmer, Manager und Fondsanleger ausrechnen, was die

Rezepte der Retter bewirken würden: eine Kettenreaktion von Bankenzusammenbrüchen, Firmenpleiten und damit eine tiefe Rezession. Die vermeintlich attraktiven Höchstzinsen führten niemand in die Irre, stattdessen galt nur noch: Rette sich, wer kann. Schlagartig sahen alle Akteure, gleich ob im In- oder Ausland, ihre Engagements in einem anderen Licht. Wo immer möglich, verkauften sie Aktien und Schuldtitel und kündigten die Kredite. «Der IWF und die US-Regierung dachten, der orthodoxe Ansatz würde die Märkte beruhigen und Vertrauen schaffen», kritisierte der prominente Harvard-Ökonom Jeffrey Sachs. «Aber das geschah nicht, vielmehr setzten sie eine erstklassige Finanzpanik in Gang.»[33]

Nirgendwo langten die IWF-Helfer mehr daneben als in Indonesien. Als Neiss und sein Team in Jakarta landeten, machten sie sich allen Ernstes daran, dem seit drei Jahrzehnten regierenden Regime des Diktators Suharto und seines Clans eine grundlegende Umgestaltung des bisherigen Wirtschaftssystems abzupressen. In über 50 Vertragsparagraphen listeten sie ein detailliertes Programm auf, das zwar zum größten Teil mit der akuten Währungskrise gar nichts zu tun hatte, dafür aber mit allem aufräumte, was die Auftraggeber des IWF an Indonesien schon lange gestört hatte. Nicht nur sollte das Land den Aufbau eigener Flugzeug- und Automobilindustrien aufgeben, auch der Export von Holz, der wichtigsten Ressource des Landes aus den Regenwäldern, sollte für Auslandsunternehmen geöffnet werden.

Wie nicht anders zu erwarten, gingen Suharto und seine Unterhändler nur zum Schein auf die Forderungen ein und verweigerten anschließend nach Kräften die Umsetzung. Vor Auszahlung der ersten Tranche des zugesagten Kredits mussten sie jedoch den ersten Schritt gehen: Auf Geheiß des IWF schlossen 16 der schwächeren Banken über Nacht ihre Schalter. Die Folge war ein Ausbruch von Panik in der Stadtbevölkerung von Jakarta. Ohne Erklärung hielten die Filialen einiger populärer Geldhäuser ihre Türen geschlossen. Demonstrativ blieben ihre grellen Neonreklamen, die bis dahin die Hauptstraßen beleuchtet hatten, dunkel. Fortan trauten viele Indonesier gar keiner Bank mehr. Sofort bildeten sich Schlangen vor allen noch geöffneten Schaltern der übrigen über 100 Kreditinstitute, mehrere Millionen Menschen forderten gleichzeitig ihre Spareinlagen zurück. «Anstatt

Vertrauen zu stiften, haben die Schließungen eine neue Fluchtwelle verursacht», räumte das Neiss-Team später in einem internen Bericht ein, dem Bankensystem seien unnötigerweise noch einmal mindestens zwei Milliarden Dollar verloren gegangen – eine vernichtende Einschätzung, vor der sich IWF-Boss Camdessus nur noch durch die Behauptung zu schützen suchte, er habe davon «keine Kenntnis».[34]

Nun noch dringender auf die IWF-Dollars angewiesen, musste Suharto ein weiteres Mal Konzessionen machen. Und jetzt hielten die Revolutionäre aus Washington das Regime sogar an, die seit langem praktizierte Subventionierung der Preise für Benzin und Nahrungsmittel aufzugeben, obwohl die Versorgung der Bevölkerung substanziell davon abhängig war. Die darauf folgenden, willkürlichen Preissprünge provozierten landesweite Unruhen und schließlich die Revolution in Jakarta. Am Ende, sieben Monate nach Beginn ihrer Rettungsaktion, konnten die IWF-Experten ihr Heil nur noch in der Flucht suchen. Vorbei an brennenden Barrikaden und umgestürzten Militärlastern erreichten sie im Morgengrauen des 14. Mai 1998 mit Mühe einen Militärflugplatz, von wo eine eigens georderte Chartermaschine sie außer Landes schaffte.[35]

«Den IWF als Rammbock benutzen»

Die mutwillige Ausweitung der Finanzkrise zu einer Rezession war jedoch keineswegs nur dem falschen Konzept geschuldet. Dahinter stand die erklärte Absicht der US-Regierung, den betroffenen Nationen eine andere Handels- und Investitionspolitik aufzuzwingen. Daraus machten Washingtons Wirtschaftsstrategen auch gar keinen Hehl. «Die Probleme der Tiger-Ökonomien eröffneten eine goldene Chance für den Westen, seine wirtschaftlichen Interessen geltend zu machen», erklärte etwa Mickey Cantor, der damalige US-Handelsminister. «Wenn die Länder die Hilfe des IWF suchen, dann sollten Europa und Amerika den IWF wie einen Rammbock benutzen, um Vorteile zu gewinnen.»[36]

Diese Strategie bekamen insbesondere die Koreaner hart zu spüren. Dort verwandelten sich die freundlichen Anbieter der «money lines» ab November plötzlich in knallharte Schuldeneintreiber und verweigerten die Verlängerung eines großen Teils der auf 100 Milliarden Dollar angewachsenen Kurzfristkredite. Damit ging es Korea wie einer Bank, deren Kunden alle im selben Monat ihre Einlagen in bar zurückfordern. Es drohte der Bankrott infolge mangelnder Liquidität. Folglich wäre das Problem eigentlich leicht lösbar gewesen: Der IWF hätte ein vorübergehendes Zahlungsmoratorium sanktionieren und eine Verhandlungsrunde der betroffenen westlichen Banken einberufen können, um die Kreditverträge zu strecken.

Stattdessen forderte die auf den Notruf der Regierung eingereiste IWF-Truppe unter Leitung von Hubert Neiss ein Maximalprogramm: Über die klassischen Maßnahmen wie Hochzinspolitik, Steuererhöhungen, Ausgabenkürzungen und Bankenschließungen hinaus bestanden die Unterhändler aus Washington auf der Streichung aller verbliebenen Importbeschränkungen, dem freien Unternehmens- und Landkauf für Ausländer und nicht zuletzt der Aufhebung des bisherigen Kündigungsschutzes für Arbeitnehmer – der gesamte Forderungskatalog, den die amerikanische Handelskammer in Seoul zuvor nach Washington gesandt hatte[37], erschien nun als Rezept zur vermeintlichen Sanierung der koreanischen Volkswirtschaft.

Spätestens zu diesem Zeitpunkt verwandelte sich die als Krisenhilfe titulierte IWF-Intervention in einen aggressiven Feldzug. Aufgabe des Fonds ist es, so steht es im Gründungsvertrag der Organisation, den Mitgliedsländern «Möglichkeiten zu bieten, Ungleichgewichte in ihrer Zahlungsbilanz zu korrigieren, ohne Maßnahmen zu ergreifen, welche die nationale oder internationale Prosperität zerstören».[38] In Thailand und Indonesien war aber bereits bewiesen worden, dass die radikalen Kreditkonditionen das Gegenteil bewirkten. Dass in Südkorea nun trotz der schlechten Ergebnisse anderswo das gleiche Konzept durchgezogen wurde, belegt, dass es Washingtons Finanzgenerälen auf das Wohlergehen der betroffenen Völker gar nicht ankam.

Sie hatten einen nicht erklärten Geldkrieg begonnen, und IWF-Chef Camdessus spielte bereitwillig den Frontoffizier: «Wenn Sie nicht alle Punkte, die ich hier auf meinem Zettel stehen habe, akzeptieren, wird es keine Stand-by-Kredite geben», erklärte er dem damaligen koreanischen Finanzminister.[39] Und US-Präsident Bill Clinton rief persönlich seinen Amtskollegen in Seoul an und stellte klar, dass die Finanzmärkte «Korea schwer bestrafen» würden, wenn die Verhandlungen sich weiter verzögern würden. Schon in der Folgewoche würde das Land zahlungsunfähig, behauptete er, folglich sei der IWF-Vertrag bis Montag abzuschließen.[40] Präsident Kim Young Sam gab Clintons Befehl weiter, am Montagabend stand der Vertrag. Gegen die Zusicherung, im Notfall bis zu 51 Milliarden Dollar aus den Koffern des Fonds, der Weltbank sowie mehrerer Industrieländer bereitzustellen, verpflichtete sich Südkorea, alle geforderten Maßnahmen umzusetzen.

«Korea wird jetzt von unserem Finanzministerium in Besitz genommen und gesteuert, das ist die positive Seite der Krise», frohlockte Rüdiger Dornbusch, Ökonom am Massachusetts Institute of Technology (MIT) und einer der Hardliner unter den Beratern des damaligen US-Finanzministers Robert Rubin.[41] Erst dann ging eine erste Kredit-Tranche in Seoul ein. Mit 5,6 Milliarden Dollar fiel sie jedoch so gering aus, dass sie binnen weniger Tage verbraucht war. Wieder hatte das IWF-Paket die Panik geschürt, anstatt sie zu bremsen. Der Harvard-Ökonom Martin Feldstein, vordem Vorsitzender des Wirtschaftsrats von Bill Clinton und heute einer der schärfsten IWF-Kritiker, brachte die Mechanik der unsinnigen Fonds-Strategie auf den Punkt: Die Aufgabe wäre gewesen, so Feldstein, den Koreanern «einen zeitweiligen Überbrückungskredit zu geben» und «die Kreditgeber zu überzeugen, dass der Mangel an Devisen ein vorübergehendes Phänomen darstellte, nicht eine andauernde Zahlungsunfähigkeit. Indem sie die strukturellen Schwächen hervorhob, vermittelte die Rhetorik des Fonds aber genau den gegenteiligen Eindruck», diagnostizierte Feldstein und bescheinigte dem IWF einen «Missbrauch seiner Macht». Die Gläubiger mussten «folglich schließen, dass Korea seine Schulden nicht bezahlen könnte, bis der grundlegende Umbau der Wirtschaft vollzogen war».[42] Kein Wunder also, dass die Auslandsbanken nun täglich rund eine Milliarde Dollar aus Korea abzogen. Am 18. Dezember signalisierte Seouls Zentralbank, ihr blieben bei diesem Tempo bis zur Pleite gerade noch 10 Tage.

Das war in Washington nicht eingeplant. Nichts fürchtete die Finanzwelt mehr als ein offizielles Schuldenmoratorium eines Landes vom wirtschaftlichen Gewicht Südkoreas. Nun verfügte US-Finanzminister Rubin genau die Strategie, die er sechs Wochen zuvor so rigoros abgelehnt hatte: Die Federal Reserve sollte, im Verein mit der Bank of Japan und der Bundesbank, Korea 10 Milliarden Dollar Liquidität bereitstellen und zugleich die Global Player der Geldwelt zu Umschuldungsverhandlungen zwingen.[43]

Die Gläubiger machen Kasse

In den folgenden Tagen bewies die diskrete Gemeinschaft der Zentralbanker aus den USA, Deutschland, Japan und Großbritannien, dass sie sehr wohl die Macht hat, konstruktiv ins Getriebe der Finanzmärkte einzugreifen, wenn sie nur will. Nun handelten die amtlichen Stabilitätswächter so, wie sie es schon lange vorher hätten tun sollen: Sie zeigten den verantwortlichen Kreditgebern Koreas die rote Karte. William McDonough, Chef der Federal Reserve New York und Greenspans erster Troubleshooter, sandte den sechs größten amerikanischen Geschäftsbanken die Aufforderung, noch am selben Nachmittag ihre höchstrangigen verfügbaren Vertreter zu einem Treffen vorbeizuschicken. In dem einer Trutzburg ähnlichen Gebäude der Fed in der Liberty Street bekamen die einbestellten Banker zu hören, was sie gar nicht wissen wollten: Südkorea stehe vor der Zahlungsunfähigkeit, erklärte McDonough. Damit drohe in Japan wegen der hohen Ausleihungen an koreanische Partner eine Bankenpleite, die das Weltfinanzsystem erschüttern könne. Sofort sollten daher alle Beteiligten ihre Kreditlinien für koreanische Geschäftspartner mindestens um drei Monate verlängern, um Luft für eine Umschuldung zu schaffen. Das Gleiche geschah am Weihnachtstag bei der Bank of England und vier Tage später in Japan. In Deutschland erteilten Finanzministerium und Bundesbank ihren Klienten die Order telefonisch noch am 23. Dezember und setzten – mit Rücksicht auf die eigene Feiertagsruhe – ein Treffen auf höchster Ebene für den 29. Dezember im Frankfurter Hauptquartier der Deutschen Bank an. Dort, so erzählt einer der Geladenen, «wurde uns ziemlich deutlich gesagt, wenn der Abfluss aus Korea so weitergehe, würde etwas geschehen, dass niemand wolle».[44]

Binnen weniger Tage begann die Panik in Seoul abzuebben. Schon in der ersten Januarwoche verzeichnete Koreas Zentralbank wieder einen Nettozufluss an Dollaranlagen aus den Exporteinnahmen, die Kreditflucht der Auslandsbanken war gestoppt, und an der – jetzt voll liberalisierten – Börse gingen die ersten US-Investmentfonds auf Schnäppchenjagd. Das eigentliche Problem war jedoch nur vertagt, nicht gelöst: Schon Ende März waren wieder 24 Milliarden Dollar fällig, in den restlichen Monaten des Jahres noch einmal die dreifache Summe.

Daraus machten die Gläubigerbanken noch einmal ein gutes Geschäft. High Noon war am 28. Januar 1998. Im zweiten Stock des Hauptquartiers der Citibank in Manhattans Nobelstraße Park Avenue verhandelte die koreanische Delegation aus Bankern und Vertretern der neuen Regierung mit 13 Bankenvertretern. Die Republik Korea sollte kurzerhand für alle verlängerten Kredite eine Staatsgarantie aussprechen. Und natürlich forderten sie einen erheblichen Zinsaufschlag.

Die Stimmung war gespannt, erinnert sich Yung Chul Park, der als Präsident des Korea Institute of Finance der Seouler Delegation angehörte. «Wir beklagten uns natürlich über die Zinsforderungen», berichtet er. «Wir argumentierten hart, wiesen auf die Mitverantwortung der Auslandsbanken hin, schließlich hatten sie ihre Hausaufgaben nicht gemacht.» Doch die Gegenseite ließ das kalt. «Sie sagten uns, friss oder stirb», erzählt Park. «Und was blieb uns übrig, wir brauchten ihr Geld und mussten nett sein, es gab keinen Weg, sie unter Druck zu setzen. Wir konnten uns nur noch hinsetzen und mit dem Kopf nicken».[45] So bekamen die Gläubiger am Ende alles, was sie wollten. Erst gaben die Koreaner bei den Staatsgarantien nach, für alle Kredite stand fortan die Staatskasse unbegrenzt gerade. Obwohl so eigentlich kein Ausfallrisiko mehr bestand, sattelten die Auslandsbanken dennoch drauf. Ein gutes Drittel der Verpflichtungen wurde auf drei Jahre gestreckt. Dafür muss Südkorea seitdem 2,75 Prozent mehr Zins zahlen als den Referenzsatz LIBOR (London Interbank Offer Rate), die zwischen den Großbanken marktübliche Rate. Die übrigen Kredite wurden auf ein und zwei Jahre verlängert, zu jeweils geringfügig niedrigeren Sätzen. Allein die deutschen Banken holten so in der ersten Umschuldungsrunde weit über 100 Millionen Mark mehr Zinsgewinne aus ihrem Korea-Engagement heraus, als sie ohne die Krise bei gleichem Kapitalaufwand verdient hätten. «Ich habe geweint, als ich von den Ergebnissen der New Yorker

Verhandlungen erfuhr», klagt Kang Su Dol, Fraktionschef und einer der engsten Alliierten des koreanischen Präsidenten, «sie waren mitschuldig, aber sie mussten nicht einen Cent bezahlen.»[46]

Und damit standen die Banken nicht allein. Was den privaten Kreditgebern recht war, schien den Helfern des IWF nur billig. Anders als der Öffentlichkeit suggeriert, waren auch die Währungsfonds-Kredite alles andere als großzügig. Statt, wie gemeinhin angenommen, billige Darlehen unterhalb der Marktrate zu vergeben, kassierten auch der Fonds und in seinem Schlepptau die Weltbank bei ihren Klienten volle drei Prozent mehr als die LIBOR-Rate. Während in den Industrieländern und vor allem in den USA darüber gestritten wurde, ob der IWF in Asien nicht unnötig Steuergelder verschwende, machten dessen Unterhändler in Wahrheit im Namen ihrer Auftraggeber ein gutes Geschäft. «Diese Kredite sind keine Hilfsgelder, sondern eine gute Investition der westlichen Notenbanken», stellte Unterhändler Park klar. Nach Ablauf der «Hilfskredite» wird weit mehr in die Fonds-Kasse zurückgeflossen sein, als bereitgestellt wurde. Um diese Praxis zu rechtfertigen, griffen Camdessus und die Neiss-Truppe zu einer abenteuerlichen Begründung. Die Strafzinsen, so hielten sie den Koreanern vor, seien notwendig, um das Risiko des «moral hazard» künftig abzuwehren. Gemeint ist damit, dass Korea und andere Länder nicht in Versuchung geführt werden sollten, in der Erwartung von IWF-Hilfen noch einmal unsolide zu wirtschaften – eine zynische Argumentation, wenn man bedenkt, dass die Gläubigerbanken unter der Ägide des IWF mit Staatsgarantien und Zinsaufschlägen von jeder Sanktion freigehalten wurden. «Uns wurde keineswegs ein Rettungspaket geschenkt, wie der IWF es genannt hat», erklärt Unterhändler Park, «wir mussten ein Enteignungsprogramm unterschreiben.»

Konzerne auf Schnäppchenjagd

Das ganze Ausmaß dieser bitteren Wahrheit wurde in den Folgemonaten klar. Denn unter dem Diktat des IWF-Vertrages wurden die Diskontzinsen, die Banken für die frische Geldaufnahme bei der Notenbank entrichten, von fünf auf 25 Prozent angehoben. Damit explodierte der Zins im gesamten Kapitalmarkt, alte wie neue Schulden wurden unbezahlbar teuer. Das wiederum setzte eine verhängnisvolle Kettenreaktion in Gang. Denn nun blieben immer mehr Unternehmen ihren Banken die Zinszahlungen schuldig. Die Anzahl fauler Kredite wuchs explosionsartig. Bis Februar 1998 wurden schon ein Fünftel aller Ausleihungen nicht mehr bedient. Dadurch waren die Banken gezwungen, wenig oder gar keine neuen Darlehen mehr zu vergeben. Der totale «credit crunch», die Kreditverknappung, wurde zur Geißel der koreanischen Ökonomie. Weil keine Kredite mehr flossen, stoppten die Unternehmen ihre Investitionen.

Zur selben Zeit blieb die Regierung weitgehend zur Untätigkeit verurteilt. In den ersten sechs Monaten des Jahres 1998 verboten die IWF-Manager trotz einbrechender Steuereinnahmen auch die Ausweitung der staatlichen Kreditaufnahme, mit deren Hilfe der Staat hätte versuchen können, die Banken wieder flott zu machen oder durch eigene Bauaufträge wenigstens die Bauindustrie am Leben zu erhalten.

Die Ungeheuerlichkeit dieses – von außen erzwungenen – Crash-Programms verdeutlicht der Vergleich mit den wirtschaftspolitischen Strategien, welche die westlichen Industrienationen gemeinhin in wirtschaftlichen Schwächeperioden verfolgen. Als etwa die Vereinigten Staaten im Jahr 1989 einer Rezession entgegengingen, schleusten Alan Greenspan und seine Kollegen das Zinsniveau im Dollar-Raum radikal nach unten, zeitweilig sank der reale Geldmarktzins, also abzüglich der Inflationsrate, sogar unter die Nullmarke. Amerikas Banken konnten jedes Geschäft finanzieren, das überhaupt Erträge abwarf. Parallel dazu ließ die Administration des damaligen Präsidenten George Bush das Budgetdefizit auf einen Wert von bis zu fünf Prozent des Bruttoinlandsprodukts nach oben schnellen, um den Nachfrageausfall der privaten Wirtschaft auszugleichen. Beides zusammen sorgte dafür, dass der Konjunkturmotor schnell wieder auf Touren kam. 12 Jahre später, nach dem Börsen-Crash und der Rezession nach dem 11. September, setzte Bush-Sohn George W. auf genau die gleichen Maßnahmen.

Genau dieses keynesianische Standardrezept blieb den Krisenstaaten jedoch verwehrt. Darum verstärkte sich die Krise fortwährend selbst und fraß sich wie ein langsam wirkendes Gift durch die gesamte Wirtschaft. Statt wie von den Fonds-Technokraten versprochen um ein Prozent zu wachsen, verminderte sich die Wirtschaftsleistung in Korea im Jahr 1998 um volle acht Prozent.

Gefangen im Schuldenturm und im Korsett der IWF-Vereinbarung, gab es für Südkorea, ebenso wie für die anderen Krisennationen des Kontinents, nur einen Ausweg, die Schulden zu bezahlen: Ein erheblicher Teil des nationalen Kapitalstocks musste nun an ausländische Unternehmen und Anleger verkauft werden, um den Zufluss von Dollars und Yen in Gang zu halten, mit denen die Auslandschulden bedient werden mussten. Von Bangkok bis Seoul blieb den Regierungen und den heimischen Familienkonzernen gar nichts anderes übrig, als für Investoren aus dem Ausland den roten Teppich auszulegen und von Steuererleichterungen bis zu Niedrigstpreisen alle nur erdenklichen Versprechungen zu machen.

Zahlreiche Konzernstrategen nutzten die Lage für eine einzigartige Schnäppchenjagd. «Solche Möglichkeiten für Investments, sei es in der Produktion, im Handel oder in Portfolio-Anlagen, gibt es nur einmal im Leben», befand der frühere US-Senator und heutige Präsident der SC & M-Bank in Chicago, Adlai Stevenson. – «Die herabgestufte Kreditwürdigkeit und die tiefen Börsenkurse verhindern die Kapitalaufnahme, Asiens Unternehmen sind gezwungen, alle Alternativen zu nutzen», gab die Schweizer Bank Credit Suisse bekannt, «sie müssen sich Geld durch den Verkauf von Tochterfirmen oder großen Firmenanteilen beschaffen.»[47] – «Jetzt ist die ideale Gelegenheit, Joint-Venture-Partner auszuzahlen», riet auch Martin Post, Ex-VW-Vorstand und Asien-Experte beim Consulting-Konzern Arthur D. Little.

BASF und Bosch setzten das sogleich in die Tat um und zählen nun zu Südkoreas größten Chemie- und Autozulieferunternehmen. Allein deutsche Unternehmen legten mit über zwei Milliarden Dollar 1998 fast doppelt so viel in Südkorea an wie in den 35 Jahren davor.[48] Bis Mai 1998 befanden sich schon neun der 30 führenden börsennotierten Unternehmen Südkoreas weitgehend in ausländischer Hand.[49] Insgesamt gingen nur in dem einen Jahr Firmenanteile im Wert von acht Milliarden Dollar an ausländische Unternehmen über. Procter & Gamble sicherte sich das Papiergeschäft des angeschlagenen Konzerns Ssangyong, Volvo legte sich die Stahlbausparte von Samsung zu, Coca-Cola bekam Südkoreas größten Getränkehersteller, und British Telecom übernahm einen Kontrollanteil beim führenden Mobilfunkanbieter Südkoreas, der Telekomsparte des Lucky-Goldstar-Konglomerates (LG).

Ähnliches spielte sich in den anderen Krisenländern ab. Unterm Strich, so kalkulierte der amerikanische Ökonom und Professor der Brown University Robert Wade, mündete die in Washington verfügte Rammbockstrategie in «der umfangreichsten Besitzübertragung von inländischen an ausländische Eigentümer, die je in Friedenszeiten in den letzten fünfzig Jahren stattgefunden hat».[50]

So endete die Asien-Krise mit der Unterwerfung der vordem eigenständigen Aufsteigerländer unter das Diktat der US-gesteuerten Wirtschaftspolitik im Dienst der Finanzindustrie und der transnationalen Konzerne aus den Ländern der Triade. Die betroffenen Staaten wurden damit nicht nur um Jahre zurückgeworfen. Allein in Indonesien wurden nach Berechnungen der Weltbank 20 Millionen Menschen zurück in die Armut gestürzt. Die Folgewirkungen der Krise in Russland und Brasilien eingerechnet, ging den Krisenstaaten Wirtschaftsleistung im Wert 600 Milliarden Dollar verloren, zusätzlich zur Kapitalflucht in Höhe von weiteren 300 Milliarden Dollar.[51] «Drei Jahrzehnte Entwicklung wurden ausgelöscht», beklagte der Industrieminister der nach Suhartos Sturz gewählten indonesischen Regierung. Zugleich blieb es den Tigerstaaten auch verwehrt, jemals wieder auf den ursprünglichen Entwicklungspfad mit hohen Wachstumsraten und Vollbeschäftigung zurückzukehren und an ihre früheren Erfolge anzuknüpfen – mit einer Ausnahme, Malaysia.

Dessen Regierungschef, der Autokrat Mahatir, erklärte schon kurz nach Ausbruch der Krise, sein Land werde niemals ein IWF-Programm durchführen. Zwar litt auch Malaysia unter dem Kapitalabfluss und spekulativen Angriffen auf seine Währung. Doch Mahatir erklärte die Spekulanten zu «Wirtschaftsverbrechern» und verhängte über Nacht Kapitalverkehrskontrollen. Alle im Ausland verwalteten Guthaben in der Landeswährung Ringit nahm die Zentralbank nicht mehr zum Tausch an. Die Abwertungsspekulation wurde damit unmöglich. Wenn Gebietsfremde ihre Bankeinlagen aus Malaysia abziehen wollten, wurde darauf eine Steuer erhoben, und zwar um so höher, je kürzer der Anlagezeitraum war. Ausgenommen waren die Vermögen und Gewinne der im Land produzierenden ausländischen Unternehmen. Gleichzeitig legte die Regierung ein milliardenschweres Investitionsprogramm auf, um den Rückgang der Nachfrage und den Ausfall der privaten Investitionen zu kompensieren.

Sofort erhob sich in den USA und Europa ein vielstimmiger Chor marktgläubiger Ökonomen, die dem Land einen schnellen Niedergang prophezeiten. IWF-Vizechef Stanley Fisher wusste sofort, derlei Kontrollen seien «ineffizient» und würden «ausländische Investoren abschrecken».[52]

Doch das Gegenteil trat ein. Denn Malaysia blieben auf diesem Weg Rezession und Massenarbeitslosigkeit erspart, Infrastruktur und Bildungssystem wurden sogar ausgebaut. So blieb das Land sehr wohl für ausländische Konzerne, vornehmlich aus der Computer- und Telekomindustrie, ein interessanter Standort. Auch ohne den massenhaften Ausverkauf inländischer Unternehmen verzeichnete Malaysia daher schon drei Monate nach Einsetzung der Kontrollen ausländische Investments von über einer Milliarde Dollar pro Quartal. Die Wachstumsraten stiegen weit früher wieder an als in den anderen Krisenländern, und die Bewohner von Kuala Lumpur entgegneten auf Reporterfragen nach den Folgen der Währungskrise nur: «Krise? Welche Krise?»[53]

Den IWF demokratisieren!

Vor diesem Hintergrund mutet es absurd an, die Kritiker des brachialen Wirtschaftsimperialismus mit Hilfe des IWF als «Gegner der Globalisierung» zu etikettieren, wie es die Verfechter des bisherigen Systems und ihre zahllosen journalistischen Wasserträger so gerne tun, um die Reformer als rückwärts gewandte Nationalisten zu diskreditieren.

Tatsächlich ist es genau andersherum: Nichts behindert die Globalisierung der Ökonomie mehr als die kurzsichtige Politik zur Durchsetzung der Freiheit des Kapitalverkehrs, wie ihn Amerikaner und Europäer seit zwanzig Jahren verfechten. Gerade jene, die allzeit die großen Chancen der Globalisierung im Munde führen, von den Direktoren des IWF und der Weltbank über Amerikas Präsidenten und

Finanzminister bis hin zu den Sozialdemokraten in Europas Regierungen, sie sind es, die in Wahrheit eine erfolgreiche Globalisierung sabotieren, weil ihre Politik ein Land nach dem anderen destabilisiert.

Nichts dokumentiert diesen Umstand besser als die relative wirtschaftliche Stabilität der beiden großen asiatischen Nationen China und Indien. Gerade weil sie mit Hilfe ihres Großmachtstatus die Öffnung ihrer Kapitalmärkte bis heute verweigern konnten, erzielen sie erstaunliche Erfolge in der globalisierten Ökonomie.

Gewiss, nach der Asien-Krise und den Folgekatastrophen in Russland und Brasilien war das Klagen groß. US-Präsident Bill Clinton sprach «von der schlimmsten Finanzkrise seit Ende des Zweiten Weltkrieges». Bundeskanzler Gerhard Schröder empörte sich wie einst Keynes, dass «spekulative Kapitalströme ganze Volkswirtschaften an den Rand des Ruins treiben» würden.[54] Und unisono versprach die Politikelite der Wohlstandsländer eine grundlegende «Reform der Weltfinanzarchitektur». Auch der derzeitige deutsche IWF-Chef Horst Köhler gelobte Besserung. «Globalisierung für alle» solle künftig das Leitmotiv für die Arbeit des Fonds sein, versprach er bei der IWF-Tagung in Prag im September 2000.

Doch außer einigen kosmetischen Maßnahmen ist bis heute nichts geschehen. Im Gegenteil, im Fall Argentinien handelte der IWF wie gehabt. Schon seit 1998 war absehbar, dass das Land unter der Last der Auslandsschulden, seines absurden Währungsregimes und der Kapitalflucht irgendwann zusammenbrechen würde. Aber der vermeintlich neue IWF forderte die argentinische Regierung nicht etwa auf, den Devisenabfluss durch Kontrollen zu stoppen, die Gläubiger zu Umschuldungsverhandlungen zu zwingen und den Verfall der Binnenwirtschaft durch inländische Investitionen zu stoppen. Vielmehr orchestrierten Köhlers Technokraten im Herbst 2000 noch einmal einen 27-Milliarden-Dollar-Kredit, mit dem lediglich die Schulden bei privaten Gläubigern in solche gegenüber dem IWF verwandelt wurden.

Zugleich verordneten die IWF-Beamten noch einmal drastische Kürzungen der öffentlichen Haushalte sowie Absenkung der Mindestlöhne und Renten. Die vermeintlichen Helfer handelten «wie mittelalterliche Ärzte, die darauf bestanden, ihre Patienten zur Ader zu lassen, und die Prozedur wiederholten, wenn die Blutung den Patienten kränker machte», höhnte der renommierte US-Ökonom Paul Krugman.[55] Und erst im Dezember 2001, als in Argentinien definitiv nichts mehr zu holen war, empfahl die Chefökonomin des IWF die Einführung eines regulären Insolvenzverfahrens für bankrotte Staaten. Zwar würde dies, angewandt auf Argentinien, erstmals die privaten Gläubiger ernsthaft am Risiko für ihre bisher mit über 20 Prozent Zins so hochrentablen Anleihepapiere beteiligen. Im Angesicht des argentinischen Niedergangs erscheint dieser um Jahre verspätete Reformvorschlag aber nur noch zynisch.

Diese anhaltende Verweigerung demonstriert vor allem eines: Die Machtverhältnisse innerhalb der Finanzinstitutionen bedürfen einer grundlegenden Veränderung. In den Exekutivdirektorien von IWF und Weltbank verfügt die US-Regierung über 17,8 Prozent der Anteile und damit per Statut über ein Vetorecht, weil alle strukturellen Veränderungen im Fonds einer Mehrheit von 85 Prozent der Stimmen bedürfen. Gemeinsam verfügen die G7-Staaten sogar über 44 Prozent der Fonds-Anteile. Dies ist die entscheidende rechtliche Basis für den Machtmissbrauch dieses Instruments zulasten der Schuldnerländer.

Doch wer einer generellen Abschaffung der beiden Institutionen das Wort redet, steht nicht besser da als die Schreibtischtäter in Washingtons 19. Straße. Denn für die Basisaufgaben, das Management von Zahlungsbilanzkrisen und die Entwicklungsfinanzierung, sind IWF und Weltbank unverzichtbar. Die globale Integration kann ohne globale politische Institutionen, in denen die gemeinsamen Regeln definiert werden, nicht gelingen. Unverzichtbar ist aber eine Umverteilung der Anteile und Stimmengewichte in diesen Instituten zugunsten der Schwellen- und Entwicklungsländer, und zwar in einer Form, die keiner der beiden Seiten die Möglichkeit gibt, allein die Bedingungen zu diktieren, nach denen die Finanzmärkte reguliert und Ungleichgewichte ausgeglichen werden.[56] Käme es zu dieser von vielen Fachleuten bei Attac und anderswo geforderten Umverteilung der Macht im IWF-Direktorium, wäre beinahe automatisch die gesamte Reformagenda der Kritiker auf dem Tisch. Der IWF könnte wieder seiner ursprünglichen Funktion zugeführt werden, nämlich Finanzkrisen zu vermeiden und abzuwenden. Die Verhängung von Kapitalverkehrskontrollen im Krisenfall wäre nicht länger ein Tabu, ebenso wenig die obligatorische Beteiligung der privaten Anleger an Sanierungsfällen. Vor allem aber würde die langfristige Entschuldung der Entwicklungsländer endlich zum vorrangigen Ziel der internationalen Entwicklungspolitik.

Angesichts der tatsächlichen Machtverhältnisse in der Welt mag diese Forderung naiv erscheinen. Noch naiver ist freilich die Vorstellung, alles könne weiterlaufen wie bisher. Denn «die extremen Ungleichgewichte in der Verteilung der Wohlfahrtsgewinne werden mehr und mehr zu einer Bedrohung der politischen und sozialen Stabilität», warnt inzwischen sogar IWF-Direktor Köhler.[57] Und nicht nur er. Längst können sich die Globalisierungskritiker mit der Forderung nach der Bändigung der Finanzmärkte und des IWF auf eine ganze Reihe prominenter Kronzeugen für ihr Anliegen berufen. An vorderster Stelle steht dabei der im Jahr 2001 mit dem Nobelpreis ausgezeichnete Wirtschaftswissenschaftler Joseph Stiglitz, der bis Ende 1999 als Chefökonom bei der Weltbank arbeitete.

Dort stritt er zwei Jahre lang innerhalb des Apparates vergeblich gegen die destruktive Finanzpolitik in Südostasien, Russland und Lateinamerika. Doch «die Geisteshaltung des IWF zu verändern war nahezu unmöglich», berichtete er später. Den Ökonomen und Beamten, «die mit der Aufgabe betraut wurden, die Prinzipien des Marktes in alle Ecken des Erdballs zu tragen, floss eine ungeheure Machtfülle zu», klagte Stiglitz. Zugleich würden sie sich aber «von externer Kritik und Beratung völlig abschotten». Daher seien die Demonstrationen der Kritiker bei den IWF-Tagungen berechtigt. Denn, so Stiglitz, «die Kultur der internationalen ökonomischen Politik ist nicht demokratisch».[58] Als der Insider schließlich seine Kritik in vorsichtigen Worten öffentlich machte, musste er auf Geheiß des damaligen US-Finanzministers Lawrence Summers seinen Posten räumen. Und selbst prominente europäische Banker halten das bisherige Regime des IWF nicht länger für tragbar. Der Erste, der das nun öffentlich äußert, ist Thomas Fischer, langjähriges Vorstandsmitglied der Deutschen Bank. Im Zeitalter der Globalisierung, so sagte Fischer im Interview mit den Autoren, «darf der IWF nicht Instrument einer einzelnen Regierung sein. Alle souveränen Staaten, die am IWF teilnehmen, sollten auch richtig repräsentiert sein.»[59]

Der Weg dahin mag lang sein, aber chancenlos ist das Vorhaben nicht. Lange schon, erst recht im Gefolge der neuen weltpolitischen Lage nach den Terroranschlägen vom 11. September, fordern Sozialdemokraten wie Lionel Jospin und Gerhard Schröder, die Globalisierung müsse «zu einem höheren Lebensstandard für alle führen und nicht zu einer zerstörerischen Abwärtsspirale» und es bedürfe einer «effizienten Regulierung der Finanzmärkte».[60] Doch sie unternahmen bisher nichts, um ihre Finanzminister Hans Eichel und Laurent Fabius auch zu Taten zu bewegen, obwohl es deren Beamte sind, die in Washington abstimmen. Gelänge es aber, die Regierungen der EU auf einen solchen Kurs zu verpflichten, wäre schon viel gewonnen. Denn gemeinsam verfügen auch die EU-Staaten über eine Sperrminorität im Fonds. Würden sie ihre Anteile zusammenlegen, wären sie sogar größter IWF-Eigner, dem laut Satzung auch der Sitz der Fonds-Zentrale zusteht. Die dann mögliche Verlegung der IWF-Bürokratie nach Europa würde für Verhandlungen mit den USA sicher ins Gewicht fallen.

Eine mögliche Erfolgschance der neuen sozialen Bewegung liegt deshalb darin, die deutsche und die französische Regierung auf ihre Versprechen festzulegen und Resultate einzuklagen. Die wachsende Beteiligung von Parlamentariern am Attac-Netzwerk bietet die Gelegenheit, die Auseinandersetzung über die Beschlüsse in den IWF- und Weltbank-Gremien dahin zu tragen, wo sie hingehören: in die Parlamente. So könnte der Streit um die Reform des IWF endlich den notwendigen Stellenwert auf der weltpolitischen Agenda bekommen.

Gebändigt wäre das entwicklungsfeindliche Finanzsystem damit freilich noch nicht. Nicht minder wichtig ist die Forderung, die regierungsamtlichen Manipulationen an den Devisenmärkten einer demokratischen Kontrolle zu unterwerfen.

Macht statt Markt – die globale Währungsunordnung

Die Verhandlungen waren streng geheim. Als der japanische Vizeminister für Finanzen Eisuke Sakakibara im Juni 1995 nach Washington reiste, nahm davon kaum jemand Notiz. Angesagt waren lediglich Informationsgespräche im US-Finanzministerium. Doch bei dem

Auftrag des später von den Medien so getauften «Mr. Yen» ging es dieses Mal ums Ganze. Der Dollar-Kurs war extrem gefallen, ganz zum Wohlwollen der US-Industrie und -Regierung. Beim Kurs von 79 Yen und 1,35 Mark zum Dollar konnten Amerikas Exporteure endlich Marktanteile auf den Weltmärkten zurückgewinnen. In den Augen der Währungsökonomen entsprach dies auch durchaus der wirtschaftlichen Logik. Amerikas Handelsbilanz war negativ, die Importe lagen weit höher als die Exporte, der Wechselkurs sorgte für Ausgleich. Für die Europäer war der billige Dollar ein Problem, für Japan aber war er eine extreme Bedrohung. Nippons Binnenwirtschaft stagnierte. Nun schrumpften auch noch die Exporte.

So malte Sakakibara gegenüber seinem Kollegen Rubin, den er schon seit Studienzeiten kannte, ein finsteres Bild. Gelinge es nicht, die Kursentwicklung zu drehen, drohe vielen ohnehin angeschlagenen japanischen Banken der Kollaps durch enorme Kreditausfälle. Komme es dazu, erklärte Mr. Yen, dann müsse Japan seine milliardenschweren Anlagen in US-Staatsanleihen auflösen, um einen Bankenkrach abzuwenden.

Das allerdings war für Rubin eine starke Drohung. Ein von Japan ausgelöster Ausverkauf von Dollar-Papieren hätte die Kurse amerikanischer Anleihen nach unten getrieben. Bei fallenden Anleihewerten erhöht sich automatisch der Zins auf das eingesetzte Kapital. Damit wäre das Zinsniveau auf dem ganzen amerikanischen Kapitalmarkt steil angestiegen, die Konjunktur wäre abgewürgt worden, und das kurz vor der anstehenden Präsidentenwahl, zu der Rubin für Bill Clinton gute Wirtschaftsdaten brauchte. Folglich kamen die beiden Männer überein, den Dollar-Abstieg zu stoppen.

Im August, mitten in den Sommerferien, bei niedrigen Umsätzen an den Devisenmärkten, begannen dann plötzlich die Zentralbanken Japans, der USA und auch der Europäer mit einer Welle von konzertierten Dollar-Käufen im dreistelligen Milliardenbereich. «Ein starker Dollar liegt im Interesse der Vereinigten Staaten», verkündete Rubin allenthalben – und der Erfolg war durchschlagend. Binnen drei Monaten kostete der Dollar wieder über 100 Yen, und eine Flutwelle ausländischen Kapitals strömte an die US-Börsen. Japan und Clintons Wiederwahl waren gerettet.

Dafür gerieten jedoch alle Schwellenländer Asiens unter massiven Druck. Nicht nur verlagerten Japans Konzerne plötzlich ihre Investitionen wieder in ihr Heimatland und zogen Kapital ab, zugleich gerieten die Kalkulationen der Exportfirmen von Korea bis Indonesien völlig durcheinander. Mit den zum Schutz vor Inflation an den Dollar gebundenen Währungen waren Computer aus Thailand, Fernseher aus Malaysia oder koreanische Autos plötzlich teurer als die Produkte der japanischen Konkurrenz, und so entstand die Stimmung, mit der die Angriffe auf Asiens Währungen begründet wurden. Denn der Kurs blieb nicht bei 100 Yen stehen. Befeuert von der Unterstützung aus den Regierungszentralen, verwandelte die Gemeinschaft der Devisenhändler den Yen-Deal in eine Wette mit garantiertem Gewinn. Bis zum Sommer 1997 verlor der Yen volle 60 Prozent an Wert. Der Verfall kam erst zum Stillstand, als Chinas Regenten im Juni 1998 in Washington protestierten und ihrerseits mit einer Abwertung des mittels staatlicher Kontrolle stabilen chinesischen Yuan drohten. Erst dann setzte Rubin erneut ein Interventionsmanöver in Gang, diesmal in umgekehrter Richtung. «Die Veränderung der amerikanisch-japanischen Wechselkurspolitik wurde zum zentralen Auslöser für die ganze folgende Krise», urteilte denn auch bereits im Februar 1998 Kenneth Courtis, Asienstratege der Deutschen Bank in Tokio[61] – eine Einschätzung, die kein Geringerer als Mr. Yen selbst später bestätigte. «Ja, das ist wahr», räumte er offen seine Mitschuld an dem Desaster ein. «Wir hätten das mit den anderen asiatischen Ländern koordinieren müssen.»[62]

Der Yen-Dollar-Deal und die Folgen waren gewiss dramatisch, aber einzigartig ist der Vorgang nicht. Anders als von den Apologeten der Finanzmarktfreiheit vielfach behauptet, folgen die Devisenkurse zwischen den drei großen Währungsblöcken keineswegs lediglich der unterschiedlichen ökonomischen Entwicklung in den verschiedenen Währungsräumen. Vielmehr spiegeln sie die Tatsache, dass nicht der Markt, sondern die Macht die Devisenkurse steuert. Anders als in den kleinen Nationen können die Notenbanken der Großen Drei sehr wohl gegen unerwünschte Kurse erfolgreich vorgehen. Niemand spekuliert gegen das Kursziel der Federal Reserve, erst recht nicht, wenn alle drei Zentralbanken gemeinsame Sache machen.

Schon eher nutzen die großen Spieler im Markt das Powerplay der

Notenbanken für einen schnellen Profit. Wer den Gewaltigen der Zentralbank nahe steht, kann schnell ein paar hundert Millionen Euro oder Dollar machen. So berichteten Frankfurter Händler am 27. September 2000 von ungewöhnlich großen Eurokäufen der Citibank im Auftrag eines Hedgefonds – nur Stunden bevor die Zentralbanken selbst mit zweistelligen Milliardenbeträgen gegen den damaligen Euro-Verfall intervenierten und so den Händlern die Untergrenze des noch tolerierten Euro-Kurses klarmachten. Der Vorgang hatte jedoch keine Folgen. Anders als an den Börsen sind Insidergeschäfte am Devisenmarkt absurderweise keineswegs illegal.[63]

Doch die Kursmanipulation und -kooperation erfolgt stets im Geheimen und unter Ausschluss aller anderen betroffenen Nationen – und das sind viele. Wenn etwa der Euro gegenüber dem Dollar abwertet, dann schädigt das alle Länder, deren Regierungen und Unternehmen mangels Kapitalangebots im Inland Kredite in Dollar aufgenommen haben, aber auf Exporterlöse in Euro angewiesen sind. Bei geringen Verschiebungen ist das leicht zu verkraften, bei wilden Sprüngen von 20 Prozent und mehr, wie sie immer wieder erfolgen, gehen die Schäden schnell in die Milliarden. Immer wieder ziehen daher Kursänderungen zwischen den drei Kernwährungen noch weit stärkere Schwankungen in der Peripherie nach sich. Der Vergleich der Währungsschwankungen mit anderen ökonomischen Basisfaktoren verdeutlicht die Größe des Problems: Man stelle sich vor, dass etwa Löhne oder Zinsen mal über ein Jahr um 40 Prozent steigen und dann wieder um 20 Prozent fallen. Das resultierende Chaos würde keine Regierung freiwillig akzeptieren.

So aber behindert die Währungsunsicherheit weltweit die wirtschaftliche Entwicklung. Zum einen zwingt sie die wirtschaftlich schwachen Länder, als Puffer gegen die Schwankungen extrem hohe Reserven in Dollar, Yen und Euro zu halten. Diese können sie nur in schnell verkäuflichen Zinspapieren der Wohlstandsregionen anlegen, anstatt damit produktive Investitionen in Bildung und Technologie zu finanzieren. Allein die Staaten Südostasiens einschließlich Südkorea steigerten ihre Währungsreserven bis 2001 auf über 560 Milliarden Dollar, entsprechend einem Anteil von 25 Prozent ihrer gesamten jährlichen Wirtschaftsleistung. Nicht nur, dass sie damit – über die Anlage in Dollar- und Euro-Titeln – die Staatsschulden der Amerikaner und Europäer finanzieren. Der erzwungene Verzicht auf das Investment im eigenen Land kostet sie zudem jedes Jahr ein bis zwei Prozent Wachstum.[64] Zum anderen zwingen die erratischen Wechselkursschwankungen alle international tätigen Unternehmen, ihre Geschäfte durch den Kauf von Optionen für Währungsgeschäfte auf Termin zum Festkurs abzusichern – ein Umstand, der der Finanzbranche ein sagenhaftes Geschäft beschert, aber alle anderen Sektoren mit hohen Kosten belastet.

Darum setzen sich Attac und viele andere Organisationen für die Schaffung eines staatlichen Währungsregimes ein, das die Kursschwankungen zwischen den drei großen Währungen auf die notwendige Anpassung an unterschiedliche Inflationsraten und Leistungsbilanzen begrenzt. Dabei können sie sich auf die Unterstützung von zahlreichen namhaften Ökonomen und Fachleuten stützen. So forderte etwa Robert Mundell, Nobelpreisträger und einer der führenden Währungsökonomen, «wir sollten die Wechselkurse zwischen Dollar, Yen und Euro stabilisieren. Ohne stabile Wechselkurse kann es keine stabilen Finanzmärkte geben.» Die gleiche Forderung erhebt Fred Bergsten, Präsident des renommierten Washingtoner Institute for International Economics, oder der frühere Großspekulant und heutige Systemkritiker George Soros. Und selbst Paul Volcker, der Vorgänger von Alan Greenspan an der Spitze der Federal Reserve, erkennt heute seine früheren Fehler. Die versprochene Reform der internationalen Finanzarchitektur sei ohne ein verlässliches Wechselkursregime wie eine «Aufführung des Hamlet ohne den Prinzen».[65]

Der Plage der Währungsspekulation und -manipulation zu entkommen, war nicht zuletzt auch ein wesentliches Motiv für Europas Wirtschaftspolitiker, die Gemeinschaftswährung Euro einzuführen. Bis 1998 brachten Währungsschocks Westeuropas wirtschaftliches Gefüge immer wieder durcheinander, weil in Krisenzeiten stets die Mark gegenüber den anderen Währungen aufwertete. Am Ende machten sich sogar die kontinentaleuropäischen Banken für das Euro-Projekt stark, weil sie die Vorteile aus einem stabilen Währungsraum höher einschätzten als den Verlust des innereuropäischen Währungsgeschäfts. Doch die gleichen Banker, Politiker und Notenbank-Technokraten, die sich so vehement für die europäische Währungsstabilität einsetzten, wollen ebendiesen unschätzbaren Vorteil dem Rest der Welt verweigern. Als Oskar Lafontaine, erster Finanzminister der rot-grünen Regierung, im November 1998 die Einrichtung eines Zielzonensystems forderte, fiel die gesamte organisierte Finanzwelt über ihn her und deklarierte das Projekt kurzerhand als utopisch und wirtschaftsfeindlich. Die britischen Gazetten des marktradikalen amerikanisch-australischen Medien-Tycoons Rupert Murdoch erklärten Lafontaine gar zum «gefährlichsten Mann Europas».

Der Standardeinwand gegen eine politisch erzwungene Stabilisierung der Wechselkurse lautet, dies würde den Notenbanken die Möglichkeit nehmen, Geldmenge und Inflation entsprechend den jeweiligen heimischen Erfordernissen zu steuern, weil sie dann womöglich bei Spekulationswellen Geld zum Kauf fremder Währungen in den Geldkreislauf pumpen müssten.

Doch das Argument hält der Überprüfung nicht stand. Denn zum einen greifen die Zentralbanken in Japan, USA und Europa ohnehin immer wieder in das Marktgeschehen ein, wenn es ihnen passt, so etwa gegen die Abwertung des Euro im September 1999 oder die Aufwertung des Yen ein Jahr später. Zum anderen gilt: Wenn die drei großen Zentralbanken an einem Strang ziehen, sind die verfügbaren Währungsreserven zur Abwehr spekulativer Wellen so groß, dass sie weitere Spekulanten definitiv abschrecken würden.

Eine transparente und völkerrechtlich verbindliche Vereinbarung würde allerdings eine andere grundlegende Veränderung bringen. Es wäre vorbei mit der angemaßten Freiheit der Großen Drei, insbesondere der US-Regierung, ihre Geld- und Wechselkurspolitik nach Gutdünken hinter verschlossenen Türen ohne Rücksicht auf die Verluste anderer zu beschließen. Ebendas aber ist das Ziel der Reformer im Zeichen der «Globalisierung von unten», wie sie die Attac-Gruppen verfechten. Die Forderung des deutschen Finanzministers Lafontaine sei vom US-Finanzministerium übel genommen worden, «gerade weil sie richtig war», kommentierte denn auch Nobel-Ökonom Mundell die brüske Zurückweisung des Vorschlags durch das US-Finanzministerium.[66]

Die aggressive Verweigerung der amerikanischen Regierungen gegenüber jedem weitergehenden Reformansatz für das Finanzsystem beruht auf der engen personellen Verflechtung der Finanzindustrie mit dem Regierungsapparat. Regelmäßig stellen die Wall-Street-Banken die Finanzminister und ihre Staatssekretäre sowie das amerikanische Personal bei IWF und Weltbank. Der Wechsel führender Leute wie etwa der von Bob Rubin (Goldmann Sachs) zwischen Geschäft und Politik hat einen Zugriff auf politische Entscheidungen erzeugt, wie ihn früher nur die Rüstungskonzerne hatten.

Eine Stabilisierung der Finanzmärkte würde die Gewinne der Finanzindustrie jedoch drastisch einschränken. Es sei ein «Wesenszug des neuen Finanzsystems, dass die Beteiligten ein Interesse an seiner Instabilität haben», analysierte ein Londoner Banker schon 1988. Das liege daran, dass die Finanzhäuser in Spitzentechnik und teures Personal investiert haben. Doch nur «bei einem hohen Umsatz kann mit hohen festen Kosten Gewinn gemacht werden. Hohe Umsätze werden aber eher bei schwankenden Märkten gemacht. Analysten bei Salomon Brothers sagen es in aller Deutlichkeit: Für institutionelle Anleger ist ein Klima stagnierender Kurse ein besonders destabilisierendes Klima.»[67] Das «mächtige Netzwerk» aus Banken und Politik sei daher «unfähig, jenseits der Interessen der Wall Street zu agieren, die sie mit dem Wohl der ganzen Welt gleichsetzen», beklagte der konservative Ökonom Jagdisch Bhagwati, der als strikter Befürworter des Freihandels gewiss jeder sozialistischen Neigung unverdächtig ist. Darum könne man getrost von einem «Wall-Street-Treasury-Komplex» sprechen, der die US-Politik nicht zuletzt mittels großzügiger Wahlkampfspenden beherrscht – ein Phänomen, das längst auch in der europäischen Politik Einzug gehalten hat, insbesondere in Großbritannien und Deutschland.[68]

Genau diese Dominanz zu brechen ist das erklärte Ziel der Globalisierungskritiker bei Attac und anderswo. Dabei macht sich keiner der Beteiligten Illusionen darüber, dass dies noch viele Jahre dauern kann. Zugleich sind aber die Misserfolge des bisherigen Systems so offensichtlich, dass die Verteidiger des Status quo zusehends in die Defensive geraten.

Das belegt nicht zuletzt die stetig wachsende Unterstützung für die Einführung der Tobin-Steuer, einer Umsatzsteuer auf Devisentransaktionen, die nach ihrem Erfinder, dem US-Ökonomen James Tobin, benannt wurde. Der deregulierte Kapitalfluss mit seinen abrupten Richtungsänderungen und chaotischen Kursausschlägen schade der materiellen Wirtschaft, argumentierte Tobin schon in den siebziger Jahren. Darum empfahl er, «etwas Sand ins Getriebe unserer übermäßig effizienten internationalen Geldmärkte zu streuen» und auf alle Devisentransaktionen einen Steuersatz von einem Prozent zu erheben.[69]

Der Satz erscheint niedrig, hätte aber durchschlagende Wirkung. Zuallererst würde sich das Geschäft mit den Zinsdifferenzen zwischen den verschiedenen Märkten und Ländern nur noch in Ausnahmefällen lohnen. Um etwa niedrig verzinste Euro in höher dotierten Dollar-Papieren anzulegen, müsste der Investor von vornherein damit rechnen, zwei Prozent seines Anlagekapitals an den Fiskus abzuführen, weil er ja zweimal tauschen muss. Bei der heute gängigen Anlage in Dreimonatswechseln würde sich das aber erst dann auszahlen, wenn die Differenz zwischen den europäischen und den US-Zinsen – aufs Jahr bezogen – acht Prozent beträgt, ein unwahrscheinliches Szenario. Würde er sich länger festlegen, wäre der Gewinn zwar höher, aber auch das Risiko, dass die Zinsdifferenz und damit der Wert der Anlage wieder sinkt.

Selbstverständlich würde die Tobin-Steuer große Währungskrisen wie in Asien, die durch falsche Politik erzeugt wurden, nicht verhindern. Bei möglichen Renditen von 20 Prozent binnen weniger Wochen schreckt auch eine Umsatzsteuer nicht ab. Aber das behaupten die Befürworter des Tobin-Vorschlags auch gar nicht. Gleichwohl brächte die Steuer erhebliche Vorteile. Zum einen würde sie die Autonomie der Zentralbanken bei der Festlegung der Basiszinsen erhöhen, weil die Zinsänderungen nicht mehr unmittelbar zu Änderungen der Wechselkurse führen würden. Zum anderen würde die Steuer das irrationale Herdenverhalten der elektronischen Händlerarmee ausbremsen und große Ausschläge verhindern, die nur auf Stimmungen und nicht auf reale wirtschaftliche Entwicklungen zurückgehen. Die kleine Steuer könnte wirken wie ein Bremsklotz. Ein Auto lasse sich auf abschüssiger Strecke so lange noch mit einem Holzstab stoppen, wie es noch nicht in Fahrt gekommen sei, argumentiert der US-Ökonom Thomas Palley. Genauso könne auch die Tobin-Steuer wirken.[70]

Neben der Stabilisierung würde die internationale Staatengemeinschaft zudem eine wertvolle Finanzierungsquelle gewinnen, mit der dringende entwicklungspolitische Maßnahmen finanziert werden könnten. Selbst unter der Annahme, dass – wie beabsichtigt – die Umsätze im Wettspiel mit den Währungen auf die Hälfte des bisherigen Volumens fallen und der Steueraufschlag wie von Fachleuten vorgeschlagen nur ein viertel Prozent beträgt, kämen immer noch jedes Jahr 284 Milliarden Dollar zusammen. Diese Summe entspricht etwa dem Fünffachen der gesamten jährlichen Entwicklungshilfezahlungen der OECD-Staaten und ungefähr der Summe, die nach Kalkulationen der UN-Entwicklungsorganisation UNDP ausreichen würde, um weltweit die schlimmsten Formen der Armut zu überwinden.[71]

Der gängige Einwand, Verwaltung und zielgerichtete Verwendung der Einnahmen seien politisch gar nicht zu handhaben, ist schon praktisch widerlegt. Auch der im Rahmen der globalen Klima- und Ozonschutzabkommen eingerichtete Umweltfonds bei der Weltbank wird international gemanagt und hat – im Gegensatz zu anderen Weltbank-Projekten – bislang noch keine Klagen wegen korrupter Verwendung auf sich gezogen. Denn die Vergabe erfolgt transparent und über ein tatsächlich hinreichend repräsentatives Gremium.[72] Auch technisch wäre die Erhebung der Steuer kein Problem. Fast der gesamte Devisenhandel wird über elektronische Börsen abgewickelt, in deren Software die Steuer und die Mitteilungen an die Finanzbehörden leicht integrierbar wären. Das Konzept sei daher «theoretisch einwandfrei», meint auch Hans-Helmut Kotz, Präsident der Landeszentralbank Niedersachsen und ausgewiesener Kenner des internationalen Finanzsystems.

Gleichwohl lehnen die Betroffenen und ihre regierungsamtlichen Beschützer Tobins Vorschlag stets als undurchführbar und kontraproduktiv ab. Die Steuer könne nur funktionieren, «wenn wirklich alle Länder dieser Erde mitmachen. Eine utopische Vorstellung», meint etwa Alfred Tacke, Wirtschaftsstaatssekretär der rot-grünen Bundesregierung und als Chefunterhändler für die G7-Staaten einer der Verantwortlichen für die deutsche Außenwirtschaftspolitik.

Doch das ist eine bloße Schutzbehauptung. Die Europäische Union könnte auch allein handeln, wies Tobin in einer weiteren Studie schon im Sommer 1995 nach.[73] Nur müsste die Besteuerung noch einen Schritt früher ansetzen und die Ausleihung von Euros an ausländische Institute einschließlich der Auslandsfilialen der inländischen Banken erfassen. Dies wäre dann auch nicht zu umgehen: Wer mit dem Euro spekulieren will, muss sich zunächst Euros besorgen. Selbst wenn er es bei einer Bank in New York oder Singapur tut, muss diese sich letztlich bei europäischen Banken refinanzieren, die den Steuerzuschlag an ihre Kunden weiterreichen würden.

Die Steuer träfe die unerwünschte Spekulation so an ihrer Quelle, den Krediten, aus denen der Einsatz finanziert wird. De facto würde somit auf dem Umweg über die Besteuerung die Liberalisierung des Kapitalverkehrs in Teilen wieder aufgehoben. Handel und Realwirtschaft wären gleichwohl nicht betroffen. Für Auslandsinvestitionen in Industrieanlagen oder den Güteraustausch fiele der Zuschlag kaum ins Gewicht, wohl aber für die spekulativen Milliardentransaktionen, die mit minimalen Margen arbeiten und aus Kursausschlägen von hundertstel Prozentpunkten Gewinn schlagen. Ironischerweise sieht der EU-Vertrag von Maastricht die Wiedereinführung von Kapitalverkehrskontrollen im Bedarfsfall sogar ausdrücklich vor. Aber Bankern und den Marktgläubigen der Wirtschaftswissenschaft gilt eine solche Strategie als bösartige Häresie. Bei ihrem Freiheitskampf fürs Kapital können sie bislang auch auf die Unterstützung der meisten Wirtschaftsredakteure der großen Medien zählen. So phantasierte ein Bankenfreund der *Frankfurter Allgemeinen Zeitung* sogar, die Tobin-Steuer führe zur «Schaffung eines erdumspannenden Orwellschen Überwachungsstaates».[74]

Argumentativ stehen die Gegner des Tobin-Vorschlags so schon seit langem mit dem Rücken zur Wand. In Wahrheit gibt es die Steuer nur deshalb noch nicht, weil Politiker aller Couleur es bislang nicht wagen, die Finanzindustrie wirklich herauszufordern. Und das Schicksal des gescheiterten Oskar Lafontaine wirkte da nicht gerade anregend. Lafontaines entscheidender Fehler war aber der ihm eigene überhebliche Glaube, mit seiner Wahl sei er auch an der Macht. So versuchte er mit der Brechstange eine Kursänderung herbeizuführen, ohne zunächst internationale Allianzen zu schmieden und ohne auch die Bürger zu gewinnen, um gesellschaftliche Unterstützung zu mobilisieren. Weil die fehlte, als es im Frühjahr 1999 zur Konfrontation kam, hatte sein Kontrahent Schröder freie Hand, ihn zu demontieren und zum Rücktritt zu zwingen.

Das wäre heute womöglich schon ganz anders. In zahlreichen Ländern Europas und der Dritten Welt, sogar in Kanada, ist es den Aktivisten von Attac und verbündeten Organisationen mittlerweile gelungen, breite Unterstützung für die Idee der Tobin-Steuer zu mobilisieren. Unter dem Druck der so erzeugten Gegenöffentlichkeit mussten selbst Frankreichs Premier Lionel Jospin und Bundeskanzler Gerhard Schröder einräumen, es handele sich um eine «sympathische Idee». Ein entsprechender Vorstoß im Straßburger EU-Parlament scheiterte zuletzt nur an der hauchdünnen Mehrheit von sechs Stimmen. Über die Regierungen von Finnland, Belgien und Frankreich erzwangen die «Attacis», wie sie sich selbst nennen, sogar die Behandlung des Themas beim EU-Gipfeltreffen im belgischen Laaken im Dezember 2001.

All das hat zwar bisher lediglich zu einem «Prüfauftrag» für die EU-Kommission geführt. Ein Gutachten gab auch Heidemarie Wieczorek-Zeul in Auftrag, Deutschlands Entwicklungshilfeministerin, an die Schröder das Gerechtigkeits-Versprechen seiner Wahlkampagne delegiert hat. Insofern beschränkt sich der praktische Erfolg bisher nur darauf, die Politik zu Hinhaltemanövern zu zwingen.

Zugleich signalisiert die transeuropäische Debatte zur Tobin-Steuer aber auch, dass es gelungen ist, den Streit um die Bändigung der Finanzmärkte mit einem demokratischen Impuls von unten aus den Zirkeln der Fachleute heraus in den öffentlichen Raum zu tragen. Die Forderung ist nicht zuletzt deshalb so populär, weil sie neben der Instabilität der Finanzmärkte zugleich ein weiteres Kernproblem der falsch gesteuerten Globalisierung aufgreift: die maßlose Ungerechtigkeit bei der Verteilung der Steuerlasten. Das Finanzkapital, so urteilte selbst Exspekulant Soros, «hat einen unfairen Vorteil gegenüber anderen Quellen der Besteuerung erhalten – eine Finanztransaktionssteuer würde dieses Ungleichgewicht korrigieren». Und das ist noch vorsichtig ausgedrückt. Denn auf den globalisierten Finanzmärkten herrscht steuer- und aufsichtsrechtlich die reine Anarchie.

Offshore – die «Rotlichtzonen des Kapitals»

Die Spur war brandheiß. Schon wenige Stunden nachdem die Twin Towers in New York eingestürzt waren, berichteten Branchendienste über vorangegangene Finanztransaktionen, die nur mit dem Wissen über die bevorstehenden Anschläge Sinn ergaben und plötzlich große Gewinne abwarfen. Gleich mehrere US-Börsen meldeten noch in derselben Woche die verdächtigen Geschäfte an die zentrale Aufsichtsbehörde, die Securities and Exchange Commission (SEC), die seitdem die Ermittlungen führt. Und voller Zuversicht, auf diesem Weg eine Spur zu den Verwaltern der Kriegskasse von Osama Bin Laden zu finden, versprach SEC-Chef Harvey Pitt Ende September 2001 bei einer Anhörung im US-Kongress, seine Behörde werde «die Käufer finden, wo immer sie sind».[75]

Tatsächlich waren die Indizien dafür, dass Insider des Terror-Plots mit den Konsequenzen ein Vermögen machen wollten, erdrückend. Schon am 19. September veröffentlichte das renommierte israelische «Institute for Counter-Terrorism» eine Studie, die detailliert die verblüffend zielgerichteten Transaktionen auflistete. Demnach verzeichneten die Händler an der Chicagoer Börse am 6. und 7. September den Kauf von 4744 so genannten Put-Optionen für Aktien der United Airlines, jener Fluggesellschaft, deren Maschinen für den Anschlag entführt wurden. Damit spekulierte der Anleger auf den Fall des Aktienkurses, indem er mit dem Verkäufer die Lieferung von Aktien zum Festpreis auf einen späteren Termin vereinbarte. Fällt der tatsächliche Kurs unter den vereinbarten Festpreis, steigt der Kurs der Put-Option steil an. Auch für Anteile von American Airlines, der anderen betroffenen Fluggesellschaft, kauften Unbekannte noch am 10. September 4516 Put-Scheine. Für einen bevorstehenden Absturz der beiden Aktienwerte gab es zu diesem Zeitpunkt keinerlei Hinweis. Und für die Aktien anderer Fluggesellschaften wurden keine vergleichbaren Transaktionen gemeldet. Nicht minder erstaunlich waren die Spekulationen gegen die Aktienwerte der Investmentbank Morgan Stanley, die auf 22 Etagen große Abteilungen im World Trade Center unterhielt, sowie des Konkurrenten Merill Lynch, der in einem der Nachbargebäude untergebracht war. Für beide Papiere schnellten die Verkäufe von ebensolchen Put-Optionen kurz vor dem 11. September um bis zu 2000 Prozent in die Höhe, obwohl keine negativen Unternehmenszahlen oder Prognosen auf dem Markt waren.

Die Umstände und Volumina dieser Geschäfte «entsprechen genau dem, was man gewöhnlich von Insider-Geschäften kennt», erklärte Don Radlauer, der Autor der israelischen Studie. Insgesamt brachte der Deal mit dem Terror nach seinen Kalkulationen den Anlegern über 16 Millionen Dollar ein. Denn die Aktienwerte der betroffenen vier Unternehmen stürzten nach den Anschlägen im freien Fall.[76] So schien die Ausgangslage für die Ermittler zunächst äußerst günstig. Doch entgegen den Versprechungen ihres Chefs konnten SEC-Ermittler bis zur Drucklegung dieses Buches fünf Monate nach dem Terrorangriff keinen der Urheber der verdächtigen Geschäfte ausmachen. Auf Nachfrage teilten die SEC-Beamten nur mit, die Ermittlungen dauerten an. Diese seien eben aufwändig, erklärte Pitt, «weil die Leute Strohmänner und ausländische Institute nutzen können. Aber wir bekommen diese Information.»

Das war ein Irrtum. Die Identität der Urheber des Megadeals mit dem Terror blieb geheim – und das ist auch kein Wunder. Denn das Netz der Finanzindustrie bietet weltweit Hunderte von Möglichkeiten, ungestört jede Art von Verbrechen zu begehen, die mit Geld verübt werden kann. Ganz gleich, ob es um Steuerhinterziehung, Geldwäsche, Subventionsbetrug oder die Finanzierung von Terrororganisationen geht, die noble Welt der Großfinanz bietet jedem Diskretion und Anonymität.

Möglich wird dies in erster Linie durch das System der so genannten Offshore-Finanzzentren. Hinter dem scheinbar harmlosen Fachausdruck verbergen sich all jene Kleinstaaten und Zonen mit Sonderrecht, die Vermögenden und Unternehmen zur Steuerflucht dienen. Von den karibischen Cayman Islands und Bahamas über die Kanalinseln, die Schweiz und Liechtenstein bis nach Singapur und Hongkong zählte eine IWF-Fachgruppe zuletzt nicht weniger als 64 solcher Plätze, an denen pro forma Kapital so gebucht werden kann, dass die Behörden in den Heimatstaaten der Eigentümer niemals von den Erträgen erfahren.

Marktführer im Geschäft mit der Steuerhinterziehung sind die Cayman Islands, eine Inselgruppe in der Karibik, die zwar der britischen Regierung untersteht, deren Bewohner aber mit Billigung Londons ihre Steuergesetzgebung selbst bestimmen. Und so leben Caymans Regenten und seine Bewohner mit Hilfe der Reichtümer von Ausländern in einem wahren Paradies. Denn auf den Unterhalt einer Firma, ja selbst einer Bank, werden lediglich Anmeldegebühren erhoben, Ertragssteuern fallen für Auswärtige nicht an. Bei gerade mal 37 000 Einwohnern zählt das Eiland so 575 Banken, auf deren Konten über 600 Milliarden Dollar gebucht sind. Angesichts dieser Zahl kann der Zwergstaat nur mit Hilfe der Gebühren auf die Besteuerung seiner Bewohner weitgehend verzichten. Dafür sind die Verluste für die Steuerbehörden der Herkunftsländer der exquisiten Klientel um so größer.

Nach dem gleichen Prinzip arbeiten auch die zahlreichen anderen Steueroasen, die – gleich, ob unter britischer, niederländischer, französischer oder sonstiger Flagge – stets Mechanismen wie Stiftungen oder Treuhänder anbieten, mit denen jedem Anleger strikte Anonymität gewährt wird. Völlig unbehelligt von den Regierungen in Europa, USA und Japan, schuf die Finanzindustrie so ein globales System der Steuerfreiheit für die Erträge von liquidem Privat- und Unternehmensvermögen – ein sagenhaftes Geschäft. Folglich gibt es kein Bankhaus von Rang und Namen, das nicht mitmischt. Auch aus Deutschland sind nicht nur die Großbanken aller Couleur, sondern sogar die staatseigenen Landesbanken in allen relevanten Offshore-Zentren vertreten und managen im Auftrag des Steuerzahlers die Steuerflucht derer, die es sich leisten können. Und das sind eben nicht die normalen Sparer. Damit die satten Gebühren der Vermittler und Verwalter nicht die Erträge fressen, muss schon mindestens über eine Million Euro und eine eigene Firma verfügen, wer in den Club der Steuerfreien einsteigen will.

Allein die offiziell gemeldeten Daten der Bank für Internationalen Zahlungsausgleich (BIZ) weisen aus, dass in den «Rotlichtzonen des Kapitals», wie sie die SPD-Bundestagsabgeordnete Sigrid Skarpelis-

Sperk nennt, rund fünf Billionen (5 000 000 000 000) Dollar gebucht sind, die Hälfte aller offiziell gemessenen Auslandsguthaben. Zahlreiche Steuerfluchtzonen wie Panama oder die Bermudas berichten jedoch gar nicht an die BIZ. Zudem werden in den Statistiken Versicherungen und Investmentfonds sowie private Stiftungen und Unternehmen nicht erfasst. Darüber hinaus gebe es zahlreiche Hinweise, dass in großem Umfang «Geschäfte außerhalb der bilanziellen Erfassung betrieben werden», konstatiert eine Studie der IWF-Forschungsabteilung. Diese Informationen legen nahe, dass das Volumen dieser Geschäfte «um ein Vielfaches größer ist» als offiziell deklariert.[77] Sehr vorsichtig geschätzt, kann somit das steuerfrei verwaltete Vermögen getrost mit mindestens 10 Billionen Dollar veranschlagt werden – eine Summe, die etwa dem 20fachen des jährlichen Weltumsatzes mit Rohöl entspricht. Unterstellt, deren Anlage wirft im Durchschnitt zehn Prozent Rendite pro Jahr ab, dann kassieren die Reichen der Welt an die 1000 Milliarden Dollar jährlich steuerfrei.

Weil das elektronisch gebuchte Geld keine Kennzeichen seiner Herkunft trägt, öffnet dieses Schwarze Loch der Weltwirtschaft auch Kriminellen aller Art Tür und Tor, ihre auf dunklen Wegen erworbenen Vermögen in den legalen Geldkreislauf einzuschleusen. Allein der Drogenhandel generiert nach Schätzungen der UN-Drogenkontrollbehörde jedes Jahr 400 Milliarden Dollar, von denen nach Erfahrungen der UN-Experten der größte Teil «im Bermudadreieck der Offshore-Finanzwelt» landet. «Dort verschwinden die Pfade des Geldes, Verbindungen werden verdunkelt und die Ermittlungen stoßen auf so große Hindernisse, dass sie zumeist aufgegeben werden», heißt es in einer UN-Studie.[78]

Dabei sind die jeweiligen Inseln und Operettenstaaten jedoch keinesfalls zugebaut mit großen Bankpalästen. Von der Existenz der registrierten Banken und Unternehmen zeugt vor Ort in den allermeisten Fällen lediglich ein Messingschild in einer der örtlichen Verwaltungszentren für Briefkastenfirmen aller Art. Die tatsächliche Arbeit mit der Geldanlage erfolgt ganz profan an den üblichen Bankstandorten. De facto sind somit die Offshore-Zentren nichts anderes als exterritoriale Zonen auf den Festplattenspeichern der Banken, Versicherungen und Investmentfonds.

Vor diesem Hintergrund mutet das stets mit starken Worten verkündete «harte Vorgehen» der OECD-Staaten gegen die Geldwäsche nur lächerlich an. Die in einem Staat nach dem anderen verabschiedeten Gesetze gegen die Geldwäsche brachten bislang nichts weiter als den Aufbau teurer bürokratischer Prozeduren. Während so in Deutschland jede Bareinzahlung über 10 000 Euro registriert wird, können die Paten der organisierten Kriminalität jederzeit durch Überweisungen aus Russland oder Pakistan, Kolumbien oder Nigeria an eines der Offshore-Zentren wie Zypern oder Gibraltar ihr Geld nach wie vor ganz legal unterbringen.

Hintergrund für diese absurde Politik ist die schlichte Doppelmoral beim Umgang mit der Geldkriminalität. Denn bis vor kurzem ging es stets nur um die Bekämpfung der Geldwäsche, nicht aber um die Steuerhinterziehung, obwohl die praktischen Vorgänge bei beiden Straftaten identisch sind. Für diese Verlogenheit gibt es einen handfesten Grund: Die Regierungen der Wohlstandsstaaten wollten bislang das Steuerfluchtprivileg der Vermögenden auch deshalb nicht antasten, weil sie selbst tief in das Geschäft verstrickt sind.

Denn sowohl die USA als auch Japan und Großbritannien erlauben es bis heute, dass in eigens zugelassenen Bankfilialen auch in ihren Finanzzentren Ausländer ihre Vermögen steuerfrei anlegen dürfen, damit ihre Banken dieses Geschäft auch im Inland abwickeln können. Indirekt graben sich die beteiligten Staaten so gegenseitig ihre Steuerquellen ab, um zumindest indirekt über das gesteigerte Umsatzvolumen und die steuerpflichtigen Gewinne ihrer Banken selbst mehr einzunehmen. Fast die Hälfte des offshore gebuchten Geldes läuft darum durch die International Financial Centers in London, New York und Tokio. «Wir haben es mit parteiübergreifender Scheinheiligkeit zu tun», urteilt Ex-Weltbank-Ökonom Stiglitz. Die Offshore-Banken seien «kein Zufallsprodukt. Sie existieren, weil die Wall Street und andere Finanzzentren sichere Zufluchtsstätten wollten, geschützt vor Vorschriften und Steuern.»[79]

Hinzu kommt, dass Staaten wie die Schweiz, Österreich und Luxemburg bis heute ganz ungeniert das Geschäft der bei ihnen vertretenen Banken mit den Steuerfluchtgeldern anderer Länder fördern. Das geschieht, indem sie Gebietsfremden erlauben, ihre Vermögen dort verwalten zu lassen, ohne dass die Banken gegenüber den Steuerbehörden der Herkunftsländer auskunftspflichtig wären. Von den aus Deutschland ins Ausland geschafften Vermögen in Höhe von rund 300 Milliarden Euro liegen daher nach Schätzungen der Deutschen Steuergewerkschaft gut zwei Drittel in der Schweiz und Österreich.[80] An diesem Umstand scheitert denn auch seit nunmehr schon sieben Jahren die Einführung eines EU-weiten Systems von gegenseitigen Kontrollmitteilungen über die Kapitalerträge von «Steuerausländern». Damit würden etwa die deutschen Finanzämter endlich erfahren, welche Bürger wie viel Zinsen in anderen EU-Staaten einstreichen. Aber Österreich und Luxemburg reklamieren, dem Vorhaben nur zustimmen zu können, wenn auch die Schweiz sich dem Verfahren unterzieht. Die Schweizer Unterhändler verweisen auf die Kanalinseln und die Überseeterritorien der Briten, und die britische Regierung wiederum erklärt die von ihr beschützten Steuerfluchtplätze kurzerhand zu Territorien außerhalb der EU, die folglich von der Gesetzgebung gar nicht erfasst werden.

Nichts beweist besser als dieses absurde Politiktheater, wie unverzichtbar eine wirklich internationale soziale Bewegung ist, die über die Grenzen hinweg Druck macht, um dem kriminellen und ungerechten Treiben ein Ende zu setzen. Die Trockenlegung der Steueroasen und ein globales Rahmengesetz für eine Mindestbesteuerung, wie sie Attac fordert, sind zentraler Bestandteil der notwendigen Reformen zur Stabilisierung der Weltwirtschaft.

Die Chancen, dies durchzusetzen, waren noch nie besser als heute. Als die OECD vergangenes Jahr erstmals gegen die «schädliche Steuerkonkurrenz» der Offshore-Zentren vorgehen wollte und dabei auch die Schweiz nannte, traf sie noch auf den geharnischten Widerstand der US-Regierung. Dies greife in die Freiheit der Kapitalmärkte ein, die Vereinigten Staaten würden sich aber nicht daran beteiligen, «souveränen Staaten ein Steuersystem aufzuzwingen oder die Steuersysteme zu harmonisieren», erklärte Finanzminister Paul O'Neill im Mai 2001.[81]

Nach dem 11. September und der Pleite bei der Fahndung nach den Terrorkassen sah das ganz anders aus. Im Oktober 2001 stellte sich O'Neill, nun ganz offensiv, hinter ein von den G7-Staaten beschlössenes Programm zur Terrorbekämpfung, das ausdrücklich die Öffnung der Offshore-Zentren für Ermittlungen aller Art vorsieht. Sechs Wochen später demonstrierte die Supermacht auch gleich, wie das geht: Fast über Nacht diktierte sie den Cayman Islands, Souveränität hin oder her, einen Vertrag, der allen Cayman-Banken vorschreibt, den US-Steuerbehörden die Daten über die Geschäfte von US-Bürgern zugänglich zu machen. Dies durchzusetzen war auch kein Problem, denn die amerikanischen Behörden können einfach damit drohen, nicht kooperierende Banken vom Handel mit Dollar-Wertpapieren auszuschließen. Für alle internationalen Finanzinstitute käme dies einer Schließung gleich.[82] Der Druck aus Washington machte schließlich auch Deutschlands Finanzminister Eichel mutig. «International müssen wir uns jetzt um die Offshore-Finanzzentren kümmern», versprach er. Und es gehe auch nicht nur um die Bekämpfung des Terrorismus und der Geldwäsche, sondern auch um die Steuerhinterziehung. «Ich halte alles drei nicht für hinnehmbar», sagte der Minister in später Erkenntnis. Wer nicht mitmache, «den werden wir von der internationalen Zusammenarbeit ausschließen».[83]

Praktische Resultate hat das Ansinnen jedoch bislang nicht gezeitigt. Umso wichtiger wird es sein, dass Attac-Gruppen und ihre Mitstreiter Eichel und seine Kollegen beim Wort nehmen und auf die Einhaltung der hehren Versprechen pochen, damit sie sich nicht mehr mit dem Widerstand der Schweiz oder Luxemburgs herausreden können. Schließlich zeigen die EU-Staaten auch in anderen zentralen Fragen wie etwa der Verkehrs- oder der Rechtspolitik, dass sie sich die Politik der ganzen Union nicht von ein paar Kleinstaaten diktieren lassen.

Würde es gelingen, der organisierten Steuerungerechtigkeit zumindest an diesem Ende Einhalt zu gebieten, käme nicht nur die Bekämpfung der Kriminalität einen großen Schritt voran. Auch würde die Politik endlich einen Hebel ansetzen, um die bedrohlich wachsende Ungleichheit bei der Verteilung der Einkommen zumindest zu bremsen. Denn diese gerät mehr und mehr zum Sprengsatz für die globale Politik.

Unfairer Handel – das WTO-Regime für die Rechte der Starken

Noch nie war der Abgrund zwischen Arm und Reich so groß wie heute: 1960 lag das durchschnittliche Pro-Kopf-Einkommen beim reichsten Fünftel der Menschheit rund 30-mal höher als das der ärmsten 20 Prozent. Heute beträgt die Differenz das 78fache. Die soziale Polarisierung teile die Welt zusehends «in eine Zone des Friedens und eine Zone des Aufruhrs», warnte jüngst der Ökonom Robert Wade, Professor an der London School of Economics, in einem Beitrag für das britische Magazin *Economist*. Das Resultat sei «eine Menge arbeitsloser und zorniger junger Leute, denen die neuen Informationstechnologien die Mittel verleihen, die Stabilität ihrer Gesellschaften zu bedrohen, ja sogar die soziale Stabilität der Reichtumszone. Mehr und mehr Menschen sehen in der Auswanderung dorthin ihre einzige Rettung.» Darum müsse «die Verteilungsfrage auf die Welt-Agenda» gesetzt werden.[84]

Aber als Ausweg aus dieser Bedrohung präsentieren die Apologeten des Marktes seit Jahren stets das gleiche Rezept: mehr Globalisierung. Nur mit der beschleunigten Integration von immer mehr Ländern und Völkern in die Weltwirtschaft sei der Abgrund zu überwinden, lautet die gebetsmühlenartig wiederholte Botschaft. Zum Beleg verweisen die Globalisierer stets auf Untersuchungen wie eine im Dezember 2001 veröffentlichte Studie der Weltbank. Sie soll belegen, dass die Überwindung der Armut nur jenen Ländern gelingt, die sich für Auslandsinvestitionen und den Welthandel geöffnet haben.

Gerade in den Nationen, die ihre Wirtschaft für den Weltmarkt geöffnet haben, falle das Pro-Kopf-Wachstum am höchsten aus, behaupten die Autoren der Studie. «Im Allgemeinen haben sich diese höheren Wachstumsraten auch in steigenden Einkommen für die Armen niedergeschlagen», resümieren sie.[85] Nicht zu viel, sondern zu wenig Globalisierung sei das Kernproblem der weltweiten Armut.

Doch diese Feststellung ist ebenso banal wie irreführend. Nicht nur sind in die verwendeten Daten die verheerenden Folgen der Finanzkrisen von 1998 noch nicht eingegangen. Zudem vermengen derlei Messungen die Erfahrungen von Staaten, die gänzlich verschiedene Wege der Weltmarktintegration verfolgen. Wirklich erfolgreich waren aber nur solche Nationen, die sich den Spielraum erhalten konnten, die Bedingungen ihrer Entwicklung selbst zu steuern und sich gegen spekulative Übergriffe aus den globalen Finanzmärkten zu schützen. Ohne Zweifel wäre in Korea, Malaysia oder Vietnam die Zahl der Armen heute weit größer, wenn sie nicht begonnen hätten, für den Weltmarkt zu produzieren. Das Gleiche gilt für China und Indien. Doch die Regierungen dieser Staaten haben zugleich die Bedingungen der Weltmarktintegration konsequent so gestaltet, dass sie eben nicht einfach zu verlängerten Werkbänken für die transnational operierenden Unternehmen des Nordens wurden. China, Malaysia und Korea etwa haben jahrzehntelang die Investitionen ausländischer Konzerne an harte Auflagen gebunden. Entweder mussten sie inländische Unternehmen an ihren Investitionen beteiligen, sodass diese das notwendige Know-how und Zugang zu den weltweiten Vertriebskanälen erwerben konnten. Oder die Investoren mussten im Gegenzug für die Gewinne aus den niedrigen Lohnkosten garantieren, dass ein fester Anteil des produzierten Mehrwertes tatsächlich im Inland erzeugt wird, damit die Investitionen auch über die Werksgrenzen hinaus die Entwicklung ankurbeln.

Gleichzeitig garantierte das bis 1995 gültige Welthandelsabkommen GATT den Entwicklungsländern das Privileg, ihre heimischen Produzenten durch Zölle gegen die Konkurrenz aus den überlegenen Industriestaaten zu schützen. Davon haben die erfolgreichen asiatischen Staaten ausgiebig Gebrauch gemacht, solange sie konnten. Ingenieure in China, Taiwan und Korea haben zudem zahlreiche Technologien aus den Industriestaaten einfach nachgebaut, ohne dafür um Lizenzen zu bitten. Erst so gelang es ihnen überhaupt, wettbewerbsfähige Industrien aufzubauen, mit deren Hilfe tatsächlich ein größerer Anteil der Bevölkerung der absoluten Armut entkommen konnte.

Genau diesen Entwicklungspfad haben Europäer und Amerikaner den Staaten des Südens aber zusehends verbaut. Denn der Aufbau in Stufen und unter Abschottung der Kapitalmärkte steht der Ausdehnung der transnationalen Konzerne des Nordens im Wege. Mit aller Macht drängen deren Lobbyisten auf die schnelle Liberalisierung der Märkte in allen Entwicklungsländern, ungeachtet der jeweiligen nationalen Erfordernisse. Diese Forderung haben sich seit Jahren fast alle

Regierungen der OECD-Staaten zu Eigen gemacht. Neben dem IWF und der Weltbank verwandelten sie daher die Welthandelsorganisation (WTO) zum zentralen Machtinstrument, um diese Politik durchzusetzen.

Dabei erscheint die WTO im institutionellen Dreigestirn der marktradikalen Globalisierung gegenüber IWF und Weltbank zunächst als harmloser Zwerg. Die Zentrale in Genf residiert in einem bescheidenen grauen Zweckbau, in dem gerade mal 550 Menschen arbeiten. Technisches Personal und Übersetzer nicht mitgerechnet, sind sogar nur 180 Fachleute mit Handelsfragen befasst und verfügen über einen Jahresetat von nur 91 Millionen Dollar. Und anders als beim IWF gibt es bei der WTO offiziell keine Sonderrechte für die Mächtigen, alle Beschlüsse werden einstimmig gefasst, jedes der 142 Mitgliedsländer hat eine Stimme.

Gleichwohl ist die WTO eine machtvolle Organisation, denn ihre Juristen fällen Urteile mit weitreichenden Folgen, um die Einhaltung der 1995 geschlossenen Welthandelsabkommen durchzusetzen. Damals gelang es den Industriestaaten, eine Art Urknall der weltweiten Liberalisierung zu zünden. Nach achtjährigen Verhandlungen in der so genannten Uruguay-Runde rangen sie den Regierungen des Südens die Zustimmung zu einem Weltvertrag ab, mit dem sich alle Mitgliedsländer verpflichten, grundsätzlich alle ihre Märkte füreinander zu öffnen. Über diesen Vorgang, so sieht es das Statut vor, wacht die WTO, deren Schiedsgericht im Konfliktfall Urteile sprechen und Handelssanktionen zulassen kann. Damit fiel das Entwicklungsländerprivileg des aus der Nachkriegszeit stammenden Vorgängervertrages GATT. Entwicklungsstrategien nach dem Modell Korea oder Taiwan wurden so nach einer fünfjährigen Übergangsfrist illegal. Trotzdem verweist WTO-Chef Mike Moore stets auf Korea, wenn er die Segnungen des Handels preist. Das Land sei vor vierzig Jahren so arm gewesen wie Ghana, erklärte er, «dank des handelsgeleiteten Wachstums ist es heute so reich wie Portugal».[86] Vor dem Hintergrund der heutigen WTO-Praxis sind derlei Statements aber nur verlogen. Zuletzt im Dezember 2001 verurteilte das Schiedsgericht in Genf nach einer Klage der EU und der USA die indische Regierung, ihre durchaus sinnvollen Auflagen für ausländische Autoproduzenten auf dem Subkontinent wieder aufzuheben.[87] Die Vorschrift, dass 75 Prozent der Wertschöpfung bei in Indien verkauften Autos aus inländischer Produktion stammen müssen, soll nun fallen. Ein ähnliches Verfahren strengte die US-Regierung auch gegen die Philippinen an.

Welche Art von Entwicklung weniger entwickelten Volkswirtschaften unter diesen Bedingungen noch offen steht, erfuhren die Mexikaner in den neunziger Jahren. Dort folgte die Regierung allen Vorgaben des IWF und stieg sogar in das Freihandelsabkommen Nafta mit den USA und Kanada ein. Das bescherte dem Land aufgrund der Nähe zum US-Markt einen enormen, über 12 Milliarden Dollar schweren Boom von Direktinvestitionen ausländischer Unternehmen. Es gibt kaum einen großen Auto- oder Chemiekonzern, der keine Werke in Mexiko unterhält. Die etwa eine Million Mexikaner, die dort arbeiten, sind auch relativ gut dran. Befragt nach ihren internationalen Engagements, verweisen die Konzernmanager immer gerne auf die guten Löhne, die sie zahlen, verglichen mit dem landesüblichen Niveau. Für die große Mehrheit der Mexikaner bringt diese Entwicklung aber gar nichts. Denn unter der Konkurrenz der Agrarimporte von den US-Großfarmen ging ein großer Teil der kleinbäuerlichen Landwirtschaft in die Knie. Auch die regionale Kleinindustrie blieb auf der Strecke. Zu Beginn der neunziger Jahre lebte weniger als die Hälfte der mexikanischen Bevölkerung von weniger als drei Dollar Einkommen am Tag. Am Ende des Jahrzehnts waren zwei Drittel der Mexikaner auf dieses Armutsniveau gesunken.[88]

Zahlreiche Regierungen des Südens, namentlich die indische, bedauern darum heute, dass sie oder ihre Vorgänger den WTO-Vertrag jemals unterzeichnet haben. Doch zum einen sind sie auf den Zugang zu den Märkten des Nordens angewiesen und darum erpressbar. Zum anderen köderten die Industriestaaten sie mit einem scheinbar großzügigen Angebot: Die Wohlstandsnationen verpflichteten sich, ihre Agrarsubventionen zu kappen, ihrerseits die Zölle für Produkte aus Entwicklungsländern zu schleifen und auch ihre streng abgeschotteten Märkte für Textilien zu öffnen.

Doch so ausgewogen der Deal erschien, so wünschenswert eine auf Recht basierte Regulierung des Welthandels auch ist, so gründlich verkehrte sich die WTO-Mission in das Gegenteil der versprochenen Absichten. Denn während die Staaten in Süd- und Südostasien, Lateinamerika und Schwarzafrika ihre Zölle im Schnitt um die Hälfte senkten und ausländischen Investoren den roten Teppich auslegten, brachen die OECD-Staaten alle ihre Versprechen, indem sie wohlweislich in den Vertrag geschriebene Ungenauigkeiten und Schlupflöcher nutzten. Nach wie vor erheben sie für verarbeitete Güter aus Entwicklungsländern im Durchschnitt viermal so hohe Zölle wie für den Handel untereinander, ermittelte die britische Entwicklungsorganisation Oxfam, die mit Mitarbeitern in 120 Ländern zu den führenden Gruppen der Globalisierungskritiker zählt.[89] Damit verlieren die armen Länder jedes Jahr Exporteinnahmen im Wert von mindestens 134 Milliarden Dollar, mehr als das Doppelte der weltweit geleisteten Entwicklungshilfe.[90]

Dabei konzentrieren sich die Zollhürden ausgerechnet auf jene Güter, mit denen die weniger entwickelten Volkswirtschaften am ehesten wettbewerbsfähig sind: verarbeitete Nahrungsmittel und arbeitsintensive Produkte wie Textilien und Lederwaren. Das funktioniert über die so genannte Zolleskalation. So dürfen etwa in der EU landwirtschaftliche Rohstoffe wie Kaffee, Kakao und Ölsaaten, die im Norden ohnehin nicht produziert werden, mittlerweile zollfrei eingeführt werden. Doch für gerösteten und verpackten Kaffee wird ein Zoll von 7,4 Prozent fällig, Kakaopulver und Schokolade werden um acht Prozent verteuert, Pflanzenöle sogar um 12,4 Prozent. So wird die wertschöpfende Verarbeitung in den Norden verlegt, die Produktionsländer bleiben reine Rohstofflieferanten ohne Entwicklungschance.[91]

Besonders perfide wirken die Subventionen, mit denen die reichen Nationen nach wie vor den Export von Nahrungsmitteln fördern. Über 300 Milliarden Dollar pumpen die OECD-Staaten Jahr für Jahr in ihre Agrarsektoren. Anders als von Regierungsseite erklärt, finanzieren diese Subventionen aber nicht in erster Linie die Einkommen kleiner Familienbetriebe, sondern die industrielle Massenerzeugung von Überschüssen in Großbetrieben. Nur ein Viertel aller EU-Betriebe kassiert 70 Prozent aller Subventionen. Mit den dort erzeugten und künstlich verbilligten Nahrungsmitteln überschwemmen sodann eine Hand voll Handelskonzerne die Weltmärkte, wofür sie in der EU und den USA eigens Exportbeihilfen kassieren. Das hat für viele hundert Millionen

Bauernfamilien des Südens verheerende Konsequenzen. Denn sie müssen mit ihren arbeitsintensiven Kleinbetrieben gegen die subventionierten Mais-, Reis-, Weizen- und Milchpulverimporte aus den Überschussländern konkurrieren. Von den Philippinen bis Mexiko ruinierte dieses Missverhältnis ganze Landstriche, berichtet Oxfam.

Gegen die absichtlich ungleiche Verteilung der Vor- und Nachteile des Freihandelsregimes bietet die WTO den betroffenen Staaten aber keinerlei Handhabe. Zum einen sind viele Zusagen der Industrieländer in den Verträgen so formuliert, dass sie Hintertüren für andere Regeln offen halten. Zudem bietet auch das vermeintlich unparteiische Schiedsgericht in Genf den ärmeren Ländern keine Möglichkeit, Urteile zu ihren Gunsten auch durchzusetzen. Handelssanktionen der Philippinen gegen die USA treffen Amerikas Produzenten kaum, umgekehrt reicht die Drohung aus, eine Wirtschaftskrise zu erzeugen. Damit noch nicht genug. Parallel zur ungleichen Liberalisierung installierten die westlichen Regierungen im Auftrag einer eigens zu diesem Zweck gegründeten Konzern-Internationale[92] mit dem Abschluss der Uruguay-Runde ein gigantisches Protektionssystem: die weltweite Durchsetzung von Patentansprüchen. Das ebenfalls 1995 in Kraft getretene Abkommen über Trade Related Aspects of Intellectual Property Rights (TRIPS) garantiert den Inhabern von technischen Patenten 20 Jahre lang das Recht auf die exklusive Verwertung ihrer Erfindungen in allen WTO-Staaten. Die Konsequenz ist das genaue Gegenteil dessen, was die Apologeten des Freihandels versprechen: Nachholende Entwicklung auf der Basis moderner Technologien wurde damit praktisch unmöglich. Denn 97 Prozent aller Patente werden von Unternehmen in den OECD-Staaten gehalten. De facto kontrollieren so vor allem die weltweit tätigen Konzerne, wer mit welcher Technologie arbeiten darf.

Das Ausmaß des Skandals, der mit den Exklusivrechten auf das technologische Wissen der Menschheit verbunden ist, wurde offenbar, als 39 Pharmakonzerne im Frühjahr 2001 das von der Aids-Seuche gepeinigte Südafrika verklagten, weil es billige HIV-Medikamente aus Indien und Brasilien importieren wollte. In diesen Ländern waren Pharmapatente schon zu Zeiten der WTO-Gründung verboten, darum trat das TRIPS-Abkommen dort erst 2001 in Kraft, und das auch nur für neue Patentanmeldungen. Folglich kostet das wichtigste Aids-Medikament AZT aus indischer Produktion nur ein Fünftel des Preises, den Patentinhaber GlaxoSmithKline verlangt und in den meisten Entwicklungsländern auch kassiert.

Der Ausgang des Verfahrens dokumentierte denn auch, wie wichtig angesichts der ungleichen Machtverteilung im Handelssystem international organisierte soziale Bewegungen sind. Erst nach massiven Protesten von NGOs in Europa und den USA waren die Konzerne bereit, ihre Klage zurückzuziehen. In den meisten Fällen gelingt das jedoch bisher nicht. Den Staaten Argentinien, Brasilien, Indien, Vietnam, Thailand und der Dominikanischen Republik drohte die US-Regierung bereits mehrfach und erfolgreich mit Handelssanktionen zur Durchsetzung der Patentansprüche ihrer Konzerne, ganz gleich, welche sinnvollen Investitionen damit auch verhindert wurden.

So erweist sich das Welthandelsregime bisher eben nicht als eine Bastion zur Stärkung des Rechts in der globalisierten Ökonomie, sondern als bloße Zementierung des Rechts der Stärkeren. Möglich ist dies vor allem deshalb, weil die Aushandlung der Handelsverträge kaum öffentlicher Kontrolle unterliegt. Zwar müssen die Parlamente in demokratischen Staaten alle Vereinbarungen später noch ratifizieren. Doch lastet auf ihnen dann – ganz ähnlich wie bei der EU-Gesetzgebung – die Bürde, bei der Ablehnung Verträge platzen zu lassen, die bereits jahrelang verhandelt wurden.

«Die Welt der Globalisierung darf keine Welt der Gewinner und Verlierer sein», erklärte Kanzler Schröder bei seiner Indien-Reise im Herbst 2001 und bezeichnete einen fairen Welthandel als zentrales Element zur Bekämpfung von Armut und Terrorismus.[93] Damit aus solchen Sprechblasen auch Politik wird, muss das praktische Verhalten der Handelsdiplomaten schon während ihrer Verhandlungen ans Licht der Öffentlichkeit geholt werden. Ohne diese Kontrolle setzen sie stets nur die Interessen der gut organisierten Industrielobby durch. Zur Überwindung dieser Kontrolllücke fordert der EU-Parlamentarier und Attac-Aktivist Harlem Désir, im Rahmen einer WTO-Reform der Organisation eine parlamentarische Versammlung beizuordnen, deren Vertreter für eine regelmäßige Unterrichtung der Parlamente und Medien in ihrer Heimat sorgen.[94]

Der Zeitpunkt für eine solche Einrichtung wäre jetzt genau richtig: Denn trotz des offenkundigen Versagens der bisherigen Mechanismen drängen Europas und Amerikas Handelspolitiker nun darauf, die Liberalisierung nach WTO-Muster auf die vielerorts bislang noch staatlich organisierten Versorgungsdienstleistungen auszuweiten. Von den Bürgern kaum wahrgenommen, laufen bereits seit 2000 im Rahmen des General Agreement on Trade in Services (GATS) Verhandlungen zur weltweiten Erschließung der Wasserversorgung, der Gesundheitssysteme, der akademischen Ausbildung und zahlreicher weiterer Dienstleistungsbereiche für international tätige Unternehmen.

Allein der Wassersektor verheißt Jahresumsätze von 800 Milliarden Dollar, mit stark steigender Tendenz. Die absehbare weltweite Verknappung der Ressource Trinkwasser wird die Preise in die Höhe treiben. Folglich drängen Versorgungskonzerne wie Vivendi oder RWE auf die Privatisierung der lukrativen staatlichen Monopole. Erste Erfahrungen liegen bereits vor. Als Bolivien im Rahmen eines Weltbank-Programms einen Teil seines Versorgungsnetzes an den US-Konzern Bechtel verkaufte, verdoppelte dieser kurzerhand die Preise. Weil die Bolivianer darauf mit Massenstreiks reagierten, musste die Regierung den Deal rückgängig machen. Gleichwohl verdeutlicht die Episode, wohin der Zug gehen soll.[95]

Noch lukrativer soll das Geschäft mit der Gesundheit und der Bildung werden. Erklärtes Ziel der US-Politik ist, möglichst weltweit die staatlichen Versorgungsmonopole zu brechen und das Modell des weitgehend privaten und nachweislich ineffizienten amerikanischen Gesundheits- und Bildungssystems über den ganzen Globus auszudehnen. Er erwarte, «dass wir große Fortschritte in den Verhandlungen machen können, um der US-Wirtschaft die Möglichkeit zu eröffnen, auf ausländische Gesundheitsmärkte zu expandieren», erklärte ein Vertreter der Lobbyorganisation Coalition of Service Industries.[96] So widersinnig das erscheinen mag, so hat dieses Ansinnen der Handelsdiplomaten in Genf gleichwohl ein Gutes: Weil damit auch in den reichen Staaten Europas die Kernelemente des Wohlfahrtsstaates unter Privatisierungsdruck geraten, wird der Wahn des WTO-Systems Gegenstand von Debatte und Protest weit über die Expertenkreise hinaus.

Wenn nun selbst die Chancen auf Gesundheit und Bildung nach der Höhe der Einkommen verteilt werden sollen, wird wohl auch hierzulande die Frage nach den Gewinnern und Verlierern der Globalisierung virulent. Die Zeit dafür ist längst reif.

Die Mechanik der Ungleichheit brechen

Die Spaltung zwischen Arm und Reich erfolgt keineswegs nur zwischen Nord und Süd. Immer offensichtlicher wird, dass der marktradikale Umbau der Weltwirtschaft auch in den Wohlstandsländern eine Mechanik der Ungleichheit in Gang gesetzt hat, die zusehends die Gesellschaften auseinander reißt.

Die weltweite Mobilität des Kapitals und die damit einhergehende Unsicherheit auf den Finanzmärkten führten dazu, dass Unternehmen und Banken heute weit höhere Renditen einfordern können und im Wettbewerb sogar müssen als noch in den sechziger und siebziger Jahren. Der Zuwachs erfolgte zwangsläufig auf Kosten der Löhne und Gehälter sowie der Investitionen.

In verblüffender Gleichförmigkeit öffnete sich so quer durch alle alten Industriestaaten die Schere zwischen den Lohneinkommen auf der einen und Unternehmens- und Kapitaleinkommen auf der anderen Seite. Das geschah nirgendwo radikaler als in den USA. Dort waren die Löhne für alle Arbeiter und Angestellten in der unteren Hälfte der Einkommensbezieher, das so genannte Medianeinkommen, im Jahr 1999 geringer als 25 Jahre zuvor, während im gleichen Zeitraum die Wirtschaftsleistung pro Einwohner um fast 70 Prozent zulegte. Das Einkommen des ärmsten Fünftels der Bevölkerung ist in den zwei Jahrzehnten bis 1999 sogar um sieben Prozent gefallen. Der größte Teil des Zuwachses floss so nur noch einem Fünftel der Bevölkerung zu, und auch dies höchst ungleich. Während die Einkommen der oberen 20 Prozent um rund ein Drittel zulegten, konnte das reichste Prozent aller Haushalte im gleichen Zeitraum seine Bezüge nahezu verdoppeln.[97]

Die wachsende Ungleichheit war eine Konsequenz der Radikalisierung der US-Wirtschaft nach ihrem Niedergang im globalen Wettbewerb mit den Europäern und Japanern in den achtziger Jahren. Gleich ob bei Fernsehern oder Kameras, Autos oder im Maschinenbau, «Amerikas Industrie wurde förmlich in die Knie gezwungen», erinnert sich Stephen Roach, Chefökonom der Wall-Street-Bank Morgan Stanley. «Auf diesen Schmerz» (Roach) folgte eine noch nie da gewesene Welle von Entlassungen und Rationalisierung, die von der damaligen Reagan-Regierung mit der drastischen Beschneidung der Gewerkschaftsrechte begleitet wurde.

Ab 1995, nach einem Jahrzehnt «Downsizing» und «Re-Engineering» verfügten die Vereinigten Staaten dann wieder über die «produktivste Ökonomie der Welt» *(Business Week)* – und eine radikal veränderte Gesellschaftsstruktur. «Wenn die Flut steigt, steigen mit ihr alle Boote auf dem Wasser», auf diese Formel brachte John F. Kennedy einst den Zusammenhang zwischen Wachstum und Massenwohlstand. Davon ist nichts übrig geblieben. Zu Kennedys Zeiten verdienten die Topmanager von Industrieunternehmen etwa 40-mal so viel wie einer ihrer Arbeiter, heute beträgt der Faktor 531.[98] Gleichzeitig arbeitet ein knappes Drittel der amerikanischen Beschäftigten zu Löhnen unterhalb der Armutsgrenze, ein Viertel der Bevölkerung hat keine ausreichende Krankenversicherung.

«Zynisch betrachtet», schrieb die *Financial Times* schon 1998, «werden die Chefs heute dafür bezahlt, den Ertrag für die Aktionäre zu maximieren und den für ihre Beschäftigten zu minimieren.» Derlei Zynismus ist mittlerweile globaler Standard. Die Chefs fast aller börsennotierten Unternehmen versuchen fortwährend die Gewinne schneller zu steigern, als mit bloßem Wachstum erreichbar ist. Das geht zu Lasten von Jobs oder Löhnen oder beidem, so etwa bei Deutschlands ältestem Global Player, der Siemens AG.

Deren Kapitalgeber gaben sich 150 Jahre lang mit Renditen zwischen acht und zehn Prozent zufrieden. Heute fordern die Vertreter von Investmentfonds mit großen Siemens-Aktienpaketen 15 Prozent Rendite auf das eingesetzte Kapital, und das Management pariert. «Wir müssen mehr Geld verdienen», verkündete Siemens-Chef Heinrich v. Pierer rundheraus auf der Aktionärsversammlung im Frühjahr 1999. Von der PC-Herstellung bis zur elektromechanischen Fertigung wurden ganze Unternehmenszweige abgestoßen. Dienstleistungen gingen an ausgelagerte Unternehmen, die keine Tariflöhne zahlen. Die Arbeitszeiten werden wie in den USA wieder länger.

So geht die Maximierung des Shareholder Value einher mit einem dramatischen Umbruch in der Arbeitswelt. Die globale Vernetzung und die moderne Informationstechnik reduzieren den Bedarf an fest angestellten Arbeitnehmern. An ihre Stelle treten Teilzeitarbeiter und die Inhaber befristeter Arbeitsverträge, Zweitjobber und Scheinselbständige wider Willen, die zwar von nur einem oder zwei Auftraggebern abhängen, aber für ihre soziale Sicherung selbst aufkommen müssen. Schon ein knappes Drittel aller Arbeitnehmer in Deutschland arbeiten mit befristeten Verträgen, in Teilzeit, als Leiharbeiter, auf Honorarbasis oder in anderen unsicheren Beschäftigungsverhältnissen.[99]

Gleichzeitig verlieren die Arbeitnehmer und ihre Gewerkschaften zusehends die Fähigkeit, sich gegen die Verschlechterung der Arbeitsbedingungen zu wehren.

Immer mehr Unternehmen werden Teil der Netzwerke der transnationalen Konzerne. Damit ändern sich die Machtverhältnisse zwischen den ökonomischen Akteuren fundamental: Die Konzernmanager können in wachsendem Maße ihre Mitarbeiter grenzüberschreitend gegeneinander ausspielen. Das Kapital arbeitet globalisiert, Arbeitnehmer und ihre Gewerkschaften bleiben national gefangen und können Lohnforderungen immer schwerer durchsetzen. Denn sie stehen in ummittelbarer Konkurrenz zu Kollegen aus Staaten mit weit niedrigeren Lohnniveaus und Lebenshaltungskosten. Wie im Fall des Continental-Konzerns, wo die Jobs im österreichischen Traiskirchen und anderen westeuropäischen Standorten zugunsten neuer Werke in Osteuropa verschwinden, verlieren daher jedes Jahr viele Millionen Arbeitnehmer in den Wohlstandsländern ihre Existenz, weil die Konzernvorstände auf eine unbegrenzte Reserve billigerer Arbeitskräfte in den Niedriglohnländern von Lateinamerika über Osteuropa bis nach China zurückgreifen können.

So zeitigt die Globalisierung auch in den Wohlstandsländern eine paradoxe Entwicklung: Volkswirtschaftlich gemessen macht sie die reichen Nationen fortwährend reicher, allein in Deutschland nimmt mit jedem Prozent Wirtschaftswachstum das Volkseinkommen um 38 Milliarden Mark zu. Die Globalisierung ist kein Nullsummenspiel.

Auslandsinvestitionen schaffen auch im Inland Arbeit, von den Ingenieurleistungen bis zum Vertrieb. Nur dient eben die Erwerbsarbeit immer weniger zur Verteilung der so erwirtschafteten Zuwächse. Das gilt auch im einst eher egalitär orientierten Deutschland.

In den zwanzig Jahren bis 2000 stieg die reale Nettolohnsumme aller in Deutschland Beschäftigten, also bereinigt um die Inflation und nach Steuern, um lediglich 10 Prozent. Weil sich das auf mehr Köpfe verteilte, fielen pro Arbeitnehmer gerechnet die Entgelte sogar um ein halbes Prozent. Im gleichen Zeitraum haben sich dafür die Gewinne der Unternehmen annähernd verdoppelt.[100]

Dementsprechend sinkt fortwährend der Anteil der Löhne und Gehälter am Volkseinkommen. 1980 ging an die Arbeitnehmer noch über die Hälfte des gesamten Kuchens, zwei Jahrzehnte später sind es nur noch 41 Prozent. Während der Anteil der Sozialtransfers (Renten, Arbeitslosengeld, Sozialhilfe) im gleichen Zeitraum bei rund einem Viertel konstant blieb, entfällt nun auf Gewinn- und Vermögenseinkommen statt eines Viertels ein Drittel aller Einkünfte.[101]

Das bedeutet, dass auch in Deutschland rund 13 Millionen Menschen mit Einkommen an und unter der Armutsgrenze, also weniger als der Hälfte des durchschnittlichen Arbeitnehmerentgelts auskommen müssen. Jedes siebte Kind wächst bereits in Armut auf. Demgegenüber erreichte die Konzentration der Vermögen «neofeudale Ausmaße», urteilte der Heidelberger Sozialrichter und Attac-Berater Jürgen Borchert. Ein volles Viertel des gesamten deutschen Privatvermögens liegt in der Hand von nur 365 000 Personen, entsprechend 0,4 Prozent der Bevölkerung. Ganze 3700 Superreiche besitzen acht Prozent aller Privatvermögen.[102] So verkehrt sich der globalisierte Fortschritt für die Mehrheit der Bevölkerung ins Gegenteil und offenbart, dass die Globalisierung nach derzeitigem Muster nicht mehr bringt als ein Programm zur Umverteilung von unten nach oben. Zentrale Aufgabe demokratischer Politiker wäre es deshalb, die Steuer- und Wirtschaftspolitik so zu gestalten, dass sie der wachsenden Ungleichheit und Unsicherheit entgegenwirkt.

Nichts spricht gegen den Aufbau von modernen Industriebetrieben in den Niedriglohnländern. Es ist gut für die Rumänen und Tschechen, wenn etwa der Reifenkonzern Continental dort neue Produktionslinien aufbaut. Doch zugleich müssten die Gewinner dieser Entwicklung gezwungen werden, auch die Verantwortung dafür zu übernehmen, dass dies nicht zur Ausgrenzung der Verlierer führt. Staaten und ihre Regierungen müssten über ausreichende Mittel verfügen, um den Entlassenen wie Harald Guttmann und seinen Kollegen in Großbritannien, Belgien, Schweden und Deutschland wirklich qualifizierte Fortbildung und Einkommenssicherung zu bieten, damit sie an anderer Stelle auf höherem Produktivitätsniveau wieder einsteigen können. Doch genau das geschieht bisher nicht. Denn die Gewinner zahlen nicht, und den Staaten fehlt das Geld. Vielmehr haben sich alle europäischen Regierungen in einen grotesken Wettbewerb um die niedrigsten Unternehmenssteuern und die höchsten Subventionen verstrickt, um Investoren anzulocken. Folglich wächst die Steuerlast für alle jene, die keine Wahl haben. EU-weit zahlten Lohn- und Gehaltsempfänger 1995 im Schnitt 13 Prozent mehr, Kapitalgesellschaften dagegen knapp 40 Prozent weniger Steuern als ein Jahrzehnt zuvor, ein Trend, der sich seither noch einmal verschärft hat.[103] «Es findet eine fiskalische Umverteilung von unten nach oben statt», konstatierte denn auch der sonst eher zurückhaltende Vorsitzende der Globalisierungs-Enquete des Bundestages, Ernst Ulrich von Weizsäcker.[104]

Ganz vorne mit dabei ist die rot-grüne Bundesregierung, die doch mit dem gegenteiligen Versprechen angetreten war. Das wurde allerdings schon in den ersten sechs Monaten ihrer Amtsperiode wieder revidiert. In keinem anderen Land der OECD, so stellten Steuerfachleute damals fest, werden so wenig Gewinnsteuern eingetrieben wie in Deutschland, wo sie mit nur 3,8 Prozent am gesamten Steueraufkommen weniger als die Hälfte des OECD-Durchschnitts betragen.[105] Zwar waren die Steuersätze bis vor kurzem formal sehr hoch, aber gleichzeitig haben Deutschlands Unternehmen enorme Möglichkeiten, ihre steuerpflichtigen Gewinne klein zu rechnen. So standen bereits 1997 steuerfreie Rückstellungen in Höhe von 691 Milliarden Mark in den Konzernbüchern, nur etwas weniger als der Wert ihrer gesamten Sachanlagen.[106] Weil die Auflösung dieser Rückstellungen etwa für die Entsorgung des Atommülls oder Versicherungsschäden erst Jahrzehnte später ansteht, etablierten vor allem die Strom- und die Versicherungsbranche damit ein riesiges steuerfreies Nebengeschäft. Allein die Versicherer stellten für «nicht abgewickelte Schadensfälle» im Jahr 1997 eine größere Summe steuerfrei zurück, als sie überhaupt an Prämien einnahmen.[107]

An diesem Gewinnkuchen, so befand die Schröder-Regierung zunächst, sollte der Fiskus gerechterweise teilhaben, und forderte, diese unversteuerten Gewinne seien über den Zeitraum bis zu ihrer Auflösung entsprechend abzuzinsen, also um die Einnahmen zu mindern, die sich aus der langjährigen Verzinsung der Rückstellungen ergaben. Die Differenz wäre dann nachträglich steuerpflichtig geworden. Doch die entsprechende Gesetzesvorlage von Finanzminister Lafontaine quittierten die betroffenen Unternehmen mit der offenen Drohung, Zehntausende von Arbeitsplätzen ins Ausland zu verlagern. Die Versicherungsbranche kündigte sogar an, den Kauf deutscher Staatsanleihen zu boykottieren, eine Drohung, die sich bei Umsetzung unmittelbar in höheren Kapitalmarktzinsen und damit einem Konjunktureinbruch niedergeschlagen hätte. Allen voran wehrte sich Helmut Schulte-Noelle, Chef des besonders begünstigten Finanzriesen Allianz, gegen Steuernachzahlungen von jährlich einer Milliarde Mark mit der angedrohten Verlagerung des Konzerns nach London, während sein Finanzchef gleichzeitig eine Steigerung des Jahresgewinns von 8,5 Prozent auf 8,3 Milliarden Mark bekannt gab.[108] Nach den Maßstäben der politischen Moral früherer Jahrzehnte hätte sich ein Bundeskanzler entrüstet gegen derlei Nötigung verwahren müssen. Doch Gerhard Schröder forderte das Primat der Politik gar nicht mehr ein. Er empfing die Steuerboykotteure im Kanzleramt und versprach Besserung. Die Auflösung der Rückstellungen wurde auf ein Minimum reduziert. Mit dem folgenden Rücktritt Lafontaines «bekamen Deutschlands Industrieführer ihren Skalp» und «demonstrierten, dass Politiker im Zeitalter der Globalisierung die Geschäftswelt auf ihrer Seite haben müssen, wenn sie den Export von Jobs verhindern wollen», analysierte die *Financial Times*. Und genüsslich amüsierte sich der Kommentator über den Titel von Lafontaines Buch zum Thema: «Keine Angst vor der Globalisierung».

Schröder und seine Gefolgsleute demonstrieren seitdem, dass sie ihre Lektion gelernt haben, und trieben die organisierte Steuerungerechtigkeit in den Folgejahren auf die Spitze. Sie senkten den Spitzensteuersatz um acht Prozent, die Körperschaftssteuer für Kapitalgesellschaften um 15 Prozent und bescherten der Deutschland AG zudem ein Milliardengeschenk in mindestens zweistelliger Höhe: Verkäufe von Unternehmensbeteiligungen sind seit 2002 steuerfrei. All die Anteile, die Deutschlands Banken und Versicherungen, aber auch die Großunternehmen an anderen Gesellschaften halten, dürfen nun steuerfrei verhökert werden, auch wenn sich ihr Wert im Laufe der Jahre gegenüber dem ursprünglichen Kaufpreis vervielfacht hat wie etwa der 18-Prozent-Anteil der Deutschen Bank an DaimlerChrysler.

Diese Freistellung der stillen Reserven von der Besteuerung war großzügiger, als selbst Allianz-Chef Schulte-Noelle gefordert hatte, der mit einer Senkung des geltenden Satzes von 58 auf 20 Prozent schon zufrieden gewesen wäre.[109] Folglich überschlugen sich Unternehmens- und Aktionärssprecher mit Jubelmeldungen. Das sei, «als falle Weihnachten und Ostern auf einen Tag», frohlockte ein Frankfurter Banker, und die Aktien der deutschen Finanzindustrie verzeichneten Kursgewinne von bis zu 20 Prozent. Die regierungsamtliche Begründung für das Geschenk lautete, die «verkrusteten Strukturen» (Wirtschaftsminister Werner Müller) durch die vielen Überkreuzbeteiligungen deutscher Unternehmen sollten aufgelöst, neue Mittel für Investitionen und Jobs freigesetzt werden. Genau dazu kam es aber natürlich nicht. Alle strategischen Verbindungen innerhalb der Deutschland AG, wie etwa die der Allianz mit der Münchener Rück und der Dresdner Bank, stehen nicht zur Disposition, wie ein Konzernsprecher schon kurz darauf klarstellte.[110] Dafür können aber Unternehmen wie die Bayer AG, der frühere Arbeitgeber des nach dem Lafontaine-Abgang berufenen Finanzstaatssekretärs Heribert Zitzelsberger, richtig Kasse machen mit der Realisierung der stillen Reserven aus ihrem umfangreichen Beteiligungsportfolio und damit ihre Expansion in aller Welt finanzieren.[111]

Nicht minder groß fiel zudem ein weiteres Geschenk an die Konzerne aus. Auch die früheren Grenzen für die Verrechnung der Verluste inländischer Beteiligungen mit dem steuerpflichtigen Konzerngewinn strichen Eichel und sein neuer Staatssekretär Zitzelsberger aus dem Steuergesetzbuch. Prompt meldeten die Steuerbehörden, dass etwa der Bayer-Konzern, anstatt Steuern zu zahlen, im Jahr 2001 sogar über 500 Millionen Mark erstattet bekam. Die Deutsche Telekom strich auf dem gleichen Weg 1,4 Milliarden, der Stromgigant RWE 800 Millionen und Vodafone-Mannesmann ebenfalls eine halbe Milliarde Mark ein.[112]

Insgesamt fielen die Einnahmen aus der Körperschaftssteuer für Kapitalgesellschaften im Jahr 2001 auf diesem Weg sogar ins Negative. Statt wie im Jahr 2000 über 23 Milliarden Euro einzunehmen, zahlte der Fiskus ein Jahr später sogar ein halbe Milliarde Mark drauf. Ohne diesen Steuerausfall hätte Minister Eichel in 2001 einen beinahe ausgeglichenen Haushalt vorweisen können. Stattdessen handelte er sich im Januar 2002 eine Mahnung der EU-Kommission wegen des zu hohen Budget-Defizits ein.[113]

Die Folgen des breit angelegten Verzichts auf die Besteuerung der Globalisierungsgewinner sind eklatant. Mangels Einnahmen wird der Staat selbst zum Motor der Arbeitsmarktkrise. Seit 1990 gingen allein im öffentlichen Dienst über 600 000 Jobs verloren. Von Rostock bis Oberstdorf melden die Kommunen dramatische Einbrüche bei den Gewerbesteuereinnahmen.[114] Die kommunalen Investitionen, das Rückgrat der Baukonjunktur, fielen auf den tiefsten Stand seit Jahrzehnten. So kommt es, dass in einem der reichsten Länder der Welt kaputte Schulen, Sporthallen und Spielplätze nicht mehr repariert, die vorbeugende Jugendsozialarbeit flächendeckend gestrichen und vielerorts alle staatlichen Ausgaben eingespart werden, die nicht gesetzlich vorgeschrieben sind. Der zwangläufige Niedergang der staatlich bereitgestellten Dienstleistungen setzt eine verhängnisvolle Dynamik in Gang. Wer es sich leisten kann, schickt seine Kinder auf Privatschulen, lässt sich in Privatkliniken behandeln und verlegt seinen Wohnsitz in gut bewachte Ruhezonen, wo ihn der Aufruhr vom anderen Rand der Gesellschaft nicht berührt. Somit finden die Interessenten der Privatisierung staatlicher Gemeinwohlaufgaben wachsende Unterstützung für die Pläne nach dem Muster der GATS-Ziele, wie sie in Genf längst konzipiert werden.

Gleichwohl ist der Kotau der einst gegen die «Gerechtigkeitslücke» streitenden rot-grünen Reformer vor den Konzernfürsten kein Grund zur Häme. Der radikale Schwenk spiegelt lediglich die realistische Einsicht in die Machtfülle, die den Unternehmensführern mit der Globalisierung ihrer Operationen zugewachsen ist. Die Abwanderungsdrohungen sind zuweilen übertrieben, aber leer sind sie keinesfalls. Die «Exit-Option», wie sie die Soziologen tauften, hat die Gestaltungsmacht der nationalen Politik auf ein Minimum beschnitten. Die Erpressung der Politik mit möglicher Jobverlagerung ins Ausland gehört mittlerweile zum politischen Alltag, wie die Strombranche zuletzt beim Streit um das rot-grüne Klimaschutzprogramm demonstrierte.

Die «Revolution des Kapitals», wie der Chef eines deutschen Großunternehmens die neue Machtkonstellation gegenüber dem *Handelsblatt* nannte[115], birgt allerdings auch für die Gewinner erhebliche Risiken. Denn das politische Signal ist verheerend: Auch demokratisch gewählte Regierungen können der zunehmenden Ungleichheit nicht mehr entgegenwirken. Das sei der Demokratie «nicht eben förderlich», urteilte selbst der deutsch-britische Urliberale Ralf Dahrendorf und warnte vor dem Eintritt in ein «autoritäres Jahrhundert». Die Tendenz ist längst erkennbar. Der Missbrauch der globalen Integration als Drohkulisse bestätigt fortwährend die – ökonomisch falschen – Klischees wie «die Globalisierung macht uns arm» oder «das Ausland nimmt uns die Arbeit weg». So verschaffen gerade die Profiteure des globalen Marktes auslandsfeindlichen Ressentiments immer neue Nahrung und machen sie zu Zeitbomben im Bewusstsein der Wähler. Von Schweden bis Griechenland erfreuen sich Rechtspopulisten wachsenden Zulaufs. Phänomene wie die Law-and-Order-Partei des Hamburger Richters Ronald Barnabas Schill fallen nicht vom Himmel, sondern werden genährt von der wachsenden wirtschaftlichen Unsicherheit, die quer durch alle Gesellschaften Zukunftsangst stiftet. Hans-Joachim Veen, Direktor der Konrad-Adenauer-Stiftung und einer der führenden deutschen Wahlforscher, schätzt das rechtspopulistische Wählerpotenzial in Deutschland bereits auf mindestens 15 Prozent.

Sogar Stephen Roach, als Chefökonom der Investmentbank Morgan Stanley gewiss kein Globalisierungsgegner, warnt deshalb vor dem wachsenden «moralischen Dilemma» der Ungleichheit. Womöglich sei es «nur eine Frage der Zeit, bis es zu einem politisch geleiteten Rückschlag» gegen das wirtschaftliche Zusammenwachsen der Menschheit komme. Es wäre schließlich nicht das erste Mal. Im vergangenen Jahrhundert scheiterte die globale wirtschaftliche Integration schon einmal an der Unfähigkeit der Politik, sich aus ihren nationalen Fesseln zu befreien und zu fairen internationalen Lösungen zu kommen.[116] Im Jahr 1930, ein Jahr vor dem Zusammenbruch des damaligen Handels- und Währungssystems, analysierte der *Economist*:

> «Das größte Problem unserer Generation besteht darin, dass unsere Erfolge auf wirtschaftlicher Ebene den Erfolg auf der politischen Ebene dermaßen übertreffen, dass Wirtschaft und Politik nicht miteinander Schritt halten können. Ökonomisch ist die Welt eine umfassende Handlungseinheit. Politisch ist sie zerstückelt geblieben. Die Spannungen zwischen den beiden gegensätzlichen Entwicklungen haben reihenweise Erschütterungen und Zusammenbrüche im gesellschaftlichen Leben der Menschheit ausgelöst.»

Die folgende Katastrophe vernichtete vierzig Millionen Menschenleben und gigantische Milliardenwerte. Und nicht anders wäre es bei einer Umkehr der Globalisierung von heute, auch wenn sich das nicht in einem Weltkrieg entladen würde, sondern in einer globalen Welle von nationalistischer Abschottung und der Ausweitung von Kriegszonen nach dem Modell Afghanistan.

An einer solchen Zukunft haben aber auch Konzernführer und ihre Aktionäre kein Interesse, erst recht nicht demokratische Politiker, gleich welcher Partei sie angehören. Die wachsende Zahl prominenter Dissidenten aus den Reihen des ökonomischen Establishments, die sich gegen die kurzsichtige marktradikale Gestaltung der Globalisierung wenden, signalisiert, dass der neoliberale Glauben an den Markt auch bei den Mächtigen der Konzernwelt nicht mehr ungebrochen ist. Die Wähler glauben ohnehin schon lange nicht mehr daran.

Diese Zweifel zu nutzen und sie in nachhaltige und breite Unterstützung für reformwillige Politiker zu verwandeln, das ist die zentrale Aufgabe der neuen sozialen Bewegung, andernfalls gehen alle Reformansätze den rot-grünen Weg in die Vergeblichkeit. Die entscheidende Voraussetzung für einen möglichen Erfolg ist dabei die Organisation über die Grenzen hinweg. Nur eine wirklich internationale Bewegung hat überhaupt eine Chance, das Meinungskartell der Marktradikalen in den Weltmedien zu überwinden. Nur wenn es ihr gelingt, die gemeinsamen Interessen der Menschen und Wähler in Nord und Süd, in West- und Osteuropa gleichzeitig zu artikulieren, kann sie die Internationalisierung der Politik vorantreiben und der Demokratisierung der Schaltzentralen der Globalisierung – IWF, WTO oder OECD – den Weg bereiten. Die Vermachtung der Weltmärkte zu brechen und Reformen zugunsten der Verlierer durchzusetzen ist gewiss ein gewaltiges Unterfangen. Aber es gibt erstaunlich viele Menschen, die das Projekt angehen wollen, in Frankreich, Deutschland und anderswo.

Attac – wie alles anfing

«Entwaffnet die Märkte!» Das war kein Leitartikel, den Ignacio Ramonet, Chefredakteur von *Le Monde Diplomatique*, im Dezember 1997 verfasste, es war ein feuriges Manifest: «Der Wirbelsturm, der die asiatischen Geldmärkte verwüstet, bedroht die ganze Welt. Die Globalisierung des Anlagekapitals schafft universelle Unsicherheit. Sie verhöhnt nationale Grenzen und schwächt die Macht der Staaten, die Demokratie, den Wohlstand und das Glück ihrer Völker zu sichern. Die Globalisierung des Finanzkapitals stellt ihre eigenen Gesetze auf. Sie hat einen separaten, übernationalen Staat errichtet, mit einem eigenen Verwaltungsapparat, eigenen Einflussgebieten und eigener Politik: dem Internationalen Währungsfonds (IWF), der Weltbank, der Organisation für Ökonomische Zusammenarbeit und Entwicklung (OECD) und der Welthandelsorganisation (WTO). Diese machtvollen Institutionen singen einstimmig das Lied von den ‹Marktwerten›, und die großen Medien der Welt sind ihr getreues Echo. Dieser künstliche Weltstaat ist eine Großmacht ohne gesellschaftliche Grundlage. Er ist allein den Finanzmärkten und den Herren der Fonds und der Multis verantwortlich. Und die wirklichen Staaten der wirklichen Welt werden zu Gesellschaften ohne Macht degradiert. Und das wird von Jahr zu Jahr schlimmer.»

Der hohe Ton ist ein Stilmerkmal von *Monde Diplomatique*. Seit dem Zusammenbruch des Kommunismus hat die Monatszeitung für Außenpolitik von Jahr zu Jahr ihre Auflage gesteigert – und ihre Linie geändert. Das intellektuelle Leitorgan der «gauche rouge», der französischen Linken jenseits der erstarrten KP und der kompromissorientierten Sozialdemokratie, hat heute in Frankreich eine Auflage von 400 000 Exemplaren, weltweit von etwa einer Million.

Eine Redaktion sozialistischer und exkommunistischer Journalisten, unterstützt von Korrespondenten in allen Erdteilen, an der französischen Aufklärung ebenso geschult wie an der Marx'schen Kritik der politischen Ökonomie und dem republikanischen Pathos des eingreifenden Intellektuellen, sucht von Monat zu Monat die neue Weltordnung zu begreifen und die Kräfte hinter den Konflikten, in denen sie sich herausbildet. In globaler Perspektive skizzieren die Journalisten und Intellektuellen – unter ihnen die Wissenschaftler Noam Chomsky, Pierre Bourdieu, Susan George, die Schriftsteller John Berger und Eduardo Galeano, aber auch der Zapatisten-Führer Subcommandante Marcos – die fragmentierte Frontlinie der neuen Konflikte, die an die Stelle des Kalten Krieges getreten ist: der Nord-Süd-Konflikt außen, die Angriffe auf den Sozialstaat innen. Während viele liberale, auch linke Intellektuelle, nach dem Ende des Weltbürgerkrieges das «Ende der Geschichte», das «Ende der Sozialdemokratie», ja das «Ende der Demokratie» verkündeten, verteidigt *Monde Diplo* in kraftvoller Rhetorik die politischen Heiligtümer Europas: die Gleichheitsforderungen der bürgerlichen Revolutionen und die Errungenschaft des demokratischen Sozialstaates, der «die Macht der wenigen durch die Zahl der vielen balanciert», und den universalistischen Anspruch der Demokratie.[1]

In seinem leidenschaftlichen Aufruf formulierte Ramonet das Problem der Epoche als ein globales, und er forderte eine globale Lösung. Er gab dem Unbehagen über die Globalisierungsfolgen *ein* Ziel – die demokratische Kontrolle über das Finanzkapital der Spekulanten und Fondsgesellschaften – ohne die «Abschaffung des Kapitalismus» zu fordern oder zu letzten Gefechten aufzurufen. Er öffnete den Blick auf eine politische Perspektive, in die sich Antikapitalisten, Sozialdemokraten und kritische Bürger stellen konnten. Dies war ein Aufruf an die «Demokraten aller Länder» zur Verteidigung des Gemeinwesens. Und er endete mit einer rhetorischen Frage: «Warum nicht eine neue Nichtregierungsorganisation gründen, eine Aktion für eine ‹Tobin-Steuer zum Nutzen der Bürger› (Association pour la Taxe Tobin pour l'aide aux Citoyens = Attac)? Zusammen mit den Gewerkschaften und der Vielzahl sozialer, kultureller und ökologischer Organisationen könnte sie vortrefflich Druck auf die Regierungen ausüben, diese Steuer endlich einzuführen. Im Namen universeller Solidarität.»[2]

Die Frage blieb nicht ohne Antwort. Mehr als 5000 Leserbriefe gingen in der Redaktion ein. Das war allzu viel Reaktion, um untätig zu bleiben. Am 3. Juni 1998 wurde in Paris Attac gegründet.

Eine ökonomische Alphabetisierungskampagne

«Das war wie ein Blitzschlag für mich», sagt Yves Karlén heute und legt die Flugblätter, die er in den letzten Jahren verfasst hat – über die WTO, über die Pensionsfonds und die Tobin-Steuer –, auf den Tisch. Seit achtzehn Jahren fährt er Bus, in Besançon im Jura. «Nicht mehr im öffentlichen Dienst», fügt er gleich hinzu, «wir gehören jetzt einem Multi, Vivendi, und die machen jedes Jahr 180 Millionen Dividende.» Am Steuer hatte Karlén damals, im Juni 98, eine Radiodiskussion über Ramonets Artikel und die Gründung von Attac gehört. Und Lust auf Politik bekommen, zum ersten Mal. «Nicht, dass da vorher nichts gewesen wäre, aber eben nichts Organisiertes. Meine Frau und ich haben zwei Mädchen in Madagaskar unterstützt, ich habe mich für Entwicklungsländer interessiert und ansonsten knurrend und ungläubig diesen neoliberalen Diskurs gehört über die Unvermeidlichkeit der Arbeitslosigkeit, der Privatisierungen und so weiter. Die Leute haben sich ja in den letzten Jahren alle zurückgezogen auf ihr eigenes kleines Leben, aber sie haben sich eben auch Fragen gestellt.» Yves Karlén abonnierte *MD* und gründete ein Jahr darauf mit einem Psychotherapeuten die Ortsgruppe von Attac in Besançon. Er fuhr 2000 zur ersten Sommeruniversität von Attac in La Ciotat. «Es wurde hart gearbeitet, wir haben Wirtschaftstheorie gepaukt und abends die Welt neu erfunden. Es ist so wunderbar, wenn man etwas begreift. Es nimmt einem nicht die Angst, aber es aktiviert.»

Das Feld für Attac war vorbereitet, in Frankreich stärker als anderswo in Europa. Seit 1994 zogen Protestmärsche von Arbeitslosen durchs Land, Medienstars engagierten sich in Aktionen gegen Obdachlosigkeit und die Unterdrückung der «Sans-Papiers», der ausweislosen Immigranten. Als der Juppé-Plan 1995 heftige Einschnitte in den öffentlichen Dienst vorsah, kam es zur Streikbewegung des Dezember 95. Auf den Arbeiterversammlungen an der Gare de Lyon sprachen intellektuelle Mandarine wie der Soziologe Pierre Bourdieu, der seither zur Verteidigung des Sozialstaats aufrief («einer europäischen Errungenschaft, so kostbar wie Kant, Bach und Beethoven»), und publikumswirksam «le système Tietmeyer», die Stabilitätspolitik der Zentralbanken und die Herrschaft der Finanzmärkte, attackierte, ebenso die kapitalistisch gleichgeschalteten Medien.[3] Bourdieu und seine Schüler gründeten das Netzwerk Raisons d'agir (Gründe, zu handeln), das in populären Schriften gegen das neoliberale Einheitsdenken, den «Maoismus des Kapitals», antrat. Gleichzeitig entstanden nach den Streiks von 1995 neue, aktionsorientierte Gewerkschaften, vor allem im öffentlichen Dienst der Post und der Lehrer. Sie suchten den Schulterschluss mit den Studenten und der sozialen Bewegung und schafften es, im zersplitterten französischen Gewerkschaftssystem neue Allianzen zu schmieden.

Bourdieus dickes Interview-Buch über «Das Elend der Welt», die Lage der Ausgegrenzten und Deklassierten in Frankreich, wurde zum Bestseller. Ebenso erfolgreich war die Kampfschrift der Schriftstellerin Viviane Forrester über den «Terror der Ökonomie». Dieses moralisch aufgeladene Pamphlet geißelte in populärem Ton die Ökonomisierung des Lebens, den Konsumismus und eine Verschärfung des Kapitalismus, in deren Konsequenz weltweit Milliarden von Menschen überflüssig würden – eine Entwicklung, an deren Ende der soziale Tod großer Bevölkerungsteile, der «Soziozid», stehe. Das war überspitzt, aber es war wirksam. Und die Enttäuschung über den gebremsten Sozialdemokratismus der Regierung Jospin, das Anwachsen der Arbeitslosigkeit, die chronischen Krawalle der Jugendlichen in den Vorstädten taten ein Übriges. Es fehlte noch die Initialzündung.

Bei seiner Gründung umfasste Attac rund 5000 Mitglieder, heute sind es mehr als 30 000 in 220 Orten Frankreichs – nicht gerechnet die zigtausend sympathisierenden Mitglieder der Gewerkschaften und NGOs, die kollektiv eingetreten sind. In der kleinen Universitätsstadt Besançon treffen sich rund hundert Gewerkschafter, Studenten, städtische Angestellte einmal im Monat zu Diskussionsabenden, verteilen Flugblätter, wenn in Seattle, Prag, Genua oder Brüssel über ihre Zukunft entschieden wird, rufen zum Joghurt-Boykott auf, wenn der Ernährungsmulti Danone Entlassungen beschließt. Sie treffen sich mit Umweltschützern aus dem Jura, mit Alternativunternehmern und Arbeitsloseninitiativen. Yves Karlén schwebt die Gründung einer Bank für alternative Ökonomie vor, er liest, er redet mit Behörden. Das ist ein langwieriges Geschäft, abends und an Wochenenden – und auf dem Marktplatz von Besançon erfährt er, was «Politik mit langem Atem» ist: «Fünftausend Flugblätter haben wir verteilt, und fünf Anrufe sind gekommen» – von Menschen, die mehr wissen wollten über IWF, Weltbank und WTO und was das alles mit ihrem Leben zu tun hat. «Wir sind noch am Anfang, wir sind zu wenig Aktive, wir fahren noch von Monat zu Monat ein Notprogramm. Wir lernen. Was mir immer noch fehlt, ist die Vision einer Zukunft, wir könnten etwas stärker kulturrevolutionär sein. Aber mein Leben ist nicht mehr dasselbe.»

Attac, so lautet die Formel seiner Gründerväter und -mütter, ist eine «aktionsorientierte Bildungsbewegung». Und in den Regionalgruppen wird regelrecht gepaukt: Vorträge, Lektüregruppen, die nationale Sommeruniversität für Hunderte von Mitgliedern, die Erarbeitung von Broschüren und Flugblättern, die Verbreitung von wirtschaftspolitischen Dokumenten. In Yves Karléns Worten: «Attac – das ist eine große ökonomische Alphabetisierungskampagne.»

Der Politik Beine machen

Attac-Rhône in Lyon ist die größte Regionalgruppe in Frankreich: 1000 Mitglieder, rund hundert Aktivisten. «Aber ohne Jean-Luc wäre das nicht passiert.» Jean-Luc Cipière, Agrarwissenschaftler, graulockig, Mitte fünfzig, also «Achtundsechziger», dann ein Jahr in der PS, ein Jahr bei den Trotzkisten, seitdem ohne politische Zugehörigkeit. Ein umtriebiger Einzelgänger, der irgendwann gekündigt und eine Beratungsfirma aufgemacht hat. «Ich war dann bei den ‹Veterinären-ohne-Grenzen›, aber nach einiger Zeit reichte mir das Humanitäre nicht mehr, dieses ewige Feuerwehrspiel bei einem chronischen Brand. Wenn ich eins nicht verstehe, dann, warum alle diese gut ausgebildeten Akademiker sich nicht für Politik engagieren. Ich finde, es gibt nichts Spannenderes und Vitaleres.» Zwei Jahre lang hat Jean-Luc Cipière, ein begeisternder Redner und großer Pädagoge, Attac-Rhône aufgebaut. Zu Beginn ihrer Arbeit haben sie einen Film über die Kundgebung von Seattle und die WTO gedreht – «wer wusste denn schon, was das ist. Sechs Monate lange haben wir gepaukt und produziert. Das war wichtig: Wir haben uns kennen gelernt und Vertrauen in uns gefasst. Heute läuft der Film in vielen Schulen Frankreichs.» Attac-Rhône organisiert Konferenzen, hält jede Woche ein «Café Attac» ab, für die Neuen und die Geselligkeit, veranstaltet öffentliche Anhörungen über die Qualität und die Privatisierung der öffentlichen Dienste. «Die Demonstrationen sind inzwischen eigentlich Routine geworden, fast schon Trott, das bringt ja nicht unbedingt weiter, unsere Arbeit ist eher tiefer und langfristiger angelegt. Gut, die Jungen, die jetzt kommen, haben andere Ausdrucksformen und Wünsche als wir alten Maschinen, aber sie sind auch wie Schwämme. Man muss ja mit vielem ganz von vorne anfangen nach all diesen Jahren, in denen die Medien uns voll geschwallt haben mit ihrer Botschaft: Jeder ist nun der Unternehmer seiner selbst, kümmert euch um euer eigenes kleines Leben, versichert euch privat und spielt mit an der Börse, dann geht schon alles in Ordnung.» Zwei Jahre lang hat Cipière gelesen, gelehrt, informiert, organisiert und den Jungen, wenn sie kamen und sagten: «man müsste mal», geantwortet: «O.k., mach du es.» Und es hat funktioniert. Jetzt hat er den Vorsitz aufgegeben, will «nur» noch in zwei Arbeitsgruppen mitwirken. «Ich muss ja auch mal wieder Geld verdienen, das wurde allmählich problematisch mit dem Lebensunterhalt.»

Es sind keine Parteileute, die sich jeden Mittwochabend zur Sitzung des Lyonnaiser Conseil d'Administration – der Lenkungsgruppe – treffen, in den elegant gekachelten Räumen der Bourse de Travail, deren Art-déco-Fassade noch an den Glanz der alten Arbeiterbewegung erinnert, und die danach noch auf ein Glas im zugigen Eckbistro eines Innenstadtviertels sitzen. Eher schon, wie Yves Karlén in Besançon es nennt, die Bürger einer «Demokratie der Motiviertesten»:

Olivier Cassagnes etwa, der immer mal wieder arbeitslose 32-jährige schwarzhaarige Tontechniker mit den notorischen Stirnfalten. Abgestoßen von den Politikerreden, privatisierte er, bis ihn die Kritik der Finanzmärkte faszinierte: «Die Analysen von Attac bestätigten, was ich mir so dachte, aber worüber ich nichts wusste.» Seit Oktober 2001 ist Olivier der neue Präsident von Attac-Lyon. «Ich habe es zur Bedingung meiner Wahl gemacht, dass wir uns nicht zu Politprofis spezialisieren, sondern dass jeder in Attac alles verstehen und alles können muss, was wir brauchen. Wir übernehmen kein Dokument von der Zentrale. Wir schreiben alles selber. Nur wenn wir es verstehen, verstehen es die Leute.»

Oder Abdellali Hajjat, der 19-jährige Student des internationalen

Rechts. Über Attac hatte er im Internet gelesen. Nein, nach Genua ist er nicht gefahren, kein Geld und zu viel zu tun. Zurzeit hält er Ramadan und bereitet den Gegengipfel zur nächsten Konferenz von Euroméditerranée (der Assoziationsrunde EU-Nordafrika) im spanischen Valencia vor. In fünf Minuten kann er erklären, welche Probleme die Freihandelszone, die die maghrebinischen Länder 2010 an die europäische Wirtschaft anschließen soll, schon jetzt für die tunesischen und maghrebinischen Kleinproduzenten bringt – er hat es schon oft erklärt. Attac-Gruppen in allen Ländern ums Mittelmeer, das wäre doch, so sagt er leise, ein schönes Ziel.

Oder Jean-Louis Linossier, der Chemie-Ingenieur, der mit 56 Jahren von Rhône-Poulenc aus dem Pestizidlabor in den Vorruhestand versetzt wurde und nun einen neuen Beruf hat, der ihn von morgens bis abends ausfüllt und begeistert: den Kampf um die Re-Kommunalisierung der Wasserversorgung von Lyon. «Ich bleibe nicht gern nebulös», sagt der Ingenieur und hält aus dem Stand eine mit Prozentzahlen gespickte Vorlesung über die steigenden Preise des Wassers und die Profite der Privatisierer. «Man muss schon so viel wissen, dass man dem Präsidenten von Vivendi in der öffentlichen Diskussion standhalten kann. Als der anfing, von der Wasserqualität zu schwafeln, habe ich gekontert: ‹Wir wollen Ihre Bücher sehen; sagen Sie uns doch einfach, wie viel Profit Sie machen.›» Auch Linossier ist Abonnent von *Monde Diplo* gewesen. «Ich habe ein paar einfache Grundsätze: Das Wasser ist keine Ware, basta. Es ist ein öffentliches Gut – ich liebe dieses Wort, es ist ein genialer Ausdruck: ‹le bien public›. Man muss öfter mal ganz einfach sein: eine solidarische Gesellschaft – das versteht jeder.» Der große Mann mit den schnellen Schritten strahlt über das ganze Gesicht, und dann wirft er beim Gehen noch ein paar Zahlen aus: über die «Nichtstuer», die am Wasser verdienen und die teure Abwasserwirtschaft dem Staat lassen, über die Veräußerungspraktiken der Stadt, über die Korruption. «Die Ökonomie mit dem Wasser zu erklären, das ist ein sehr pädagogischer Ansatz, an der Wasserwirtschaft kann man viel zeigen. In Grenoble hat die Gruppe S-EAU-S es geschafft, die Privatisierung rückgängig zu machen. Und wir könnten das auch schaffen. Aber nun muss ich fahren.» Einen Vortrag halten, draußen im Umland hat sich gerade eine neue Wassergruppe gegründet.

Die wöchentliche Sitzung des Lyonnaiser Lenkungsausschusses dauert keine zwei Stunden. Die Themen: Saalmiete für den Vortrag eines Journalisten über Steueroasen und Offshore-Zentren: Nehmen wir einen oder zwei Euro Eintritt; Kopierkosten; wer organisiert das nächste Café Attac; sollen wir uns auch noch mit dem Problem der neuen Sklavenarbeit in der Zuckerindustrie befassen; wer bekommt Zuschüsse für die Reise zum Weltsozialforum nach Porto Alegre, wo sich Globalisierungskritiker zu ihrem eigenen Weltgipfel versammeln; wie stehen die Mitgliederbeiträge?

Bernard Monnot sitzt auf dem Lehrerpodest des Gewerkschaftshauses, erteilt das Wort, schneidet Schwaflern das Wort ab, ermahnt Schwatztüten, zieht die Tagesordnung gekonnt durch, mit knappem Humor im Managerstil. Das hat er gelernt: Der ehemalige Banker leitete die Filiale eines Lyonnaiser Geldinstituts, und als herauskam, dass hinter seinem Rücken dort das Geld einer Schweizer Bank gewaschen wurde, kündigte er, streitet seitdem mit der Bank vor Gericht. Bei Attac ist er gelandet, weil er einen Weg finden wollte, die Patentierung von Pflanzengenen zu verhindern. «Das ist so eine Liebhaberei von mir, gelernt habe ich schließlich Pharmazie.» Und nun verbringt er rund ein Viertel seiner Zeit mit der Arbeit für Attac: «Valérie möchte eine Arbeitsgruppe über Multis gründen. Verzetteln wir uns damit nicht? Lasst es uns vertagen, jetzt kommt erst mal der RAM.»

RAM heißt, mit der Liebe der Franzosen zur Abkürzung: Rassemblement pour un autre Monde. Die große Aktion für eine andere Globalisierung, mit der Attac Rhône im Januar die ganze Stadt bespielen wird. In Kinos, auf Plätzen, in Konzertsälen, auf den Straßen wird es Aktionen, Konzerte, Vorträge, Partys geben, um auf den Weltsozialgipfel im brasilianischen Porto Alegre aufmerksam zu machen und seine Themen zu setzen. Künstler, Wirte, Lehrer, Organisationen unterstützen die Aktionen von Attac, «praktisch die ganze Gegenkultur von Lyon», schwärmt Valérie. «Wir werden für eine Woche Ereignisse schaffen, die den Leuten Lust machen, sich die Wirtschaftswelt anzueignen. Es ist kein Schicksal, das über uns hängt, kein unbeeinflussbares Etwas.» Auch Valérie Reymond ist übergetreten zur «Demokratie der Motivierten». Drei Jahre war sie Mitglied der PS. «Es hat mir fast die Lust an der Politik versaut», sagt die Bibliothekarin, «keine inhaltlichen Debatten, nix, und seit die PS an der Macht ist, nahmen die Zwänge zu. Ich wollte aktiv sein, hier kann ich es. Meine Utopie? Kein festes System. Eher schon, dass immer mehr Leute begreifen, dass die Welt das ist, was man aus ihr macht. Es geht alles, aber nur in kleinen Schritten. Die Idee vom Sandkorn im Getriebe (grain de sable heißt ein Info-Dienst von Attac; das Wort stammt von James Tobin), die ja auch in der Tobin-Steuer steckt. Deshalb ist die auch so zentral für uns.» Valérie hat zwei Jahre lang das Büro geleitet und mit den Jungen zusammen jeden Samstag eine halbstündige Radiosendung von Attac gemacht, auf Radio Plurielle, einem Lokalsender. «Was uns fehlt? Das Nachdenken über die Ökologie und bessere Methoden, dem Parlamentarismus Beine zu machen.»

Eine sehr lebhafte Gruppe, dieses Attac Rhône, mit wachsendem Innenleben und Einfluss auf die öffentliche Meinung und die Politik der Region, und immer noch expandiert sie. Fast schon eine Partei ohne Namen. «Die Frage jetzt ist eher: Wie finden wir, die wir dies alles aus Ekel vor der Politik, die wir vorgesetzt kriegen, angefangen haben, wieder den Kontakt zur Politik, zu den Entscheidern, zu den großen Aufgaben von Attac?» Attac Lyon hat, wie viele andere Attac-Vereinigungen auch, eine Aktionsgruppe zur Bearbeitung der Parlamentarier gegründet. «Aber das ist nicht so einfach. Sie haben einfach Angst vor uns», sagt Olivier Cassagnes, «wir wissen mehr als sie. Einem habe ich mal einen Vortrag über die WTO gehalten und was das für uns hier ganz konkret bedeutet. Da hat er mich kritisch angesehen und gefragt: Woher haben Sie eigentlich die Zeit, sich um so was zu kümmern? Weniger misstrauisch, eher schon neidisch.» Und Cipière ergänzt: «Man muss sehen, wie sehr die Abgeordneten vom parlamentarischen Kleinkram überwuchert werden, wie sie von ihren Zentralen abhängig sind, unter welchem Druck die Politiker stehen, wie sehr ihre Macht begrenzt ist. Man muss ja regelrecht seinen Ekel überwinden vor dieser Art von Politik. Und man muss schon sehr fest an die ganz alte griechische Idee der Agora glauben, an Politik als öffentliche Angelegenheit aller, um diesen Leuten wieder ein wenig Manövrierraum zu geben.» Attac ist eben eine Bildungsbewegung, auch für Parteisoldaten. Zu zweit, zu dritt besuchen sie die Abgeordneten, klären sie auf und formulieren ihre Erwartungen ans Parlament. «Die von der PS haben am meisten Angst vor uns; bei den Konservativen waren wir einmal, da hat es kurz geknallt, und das war's dann; mit den Kommunisten arbeiten wir ganz gut zusammen.» Attac ist ein politischer Machtfaktor geworden. 40 000 Aktivisten können die Stimmung vor Wahlen schon beeinflussen. Und in Frankreich werden in diesem Jahr Präsident und Parlament gewählt.

Parlamente wachen auf

Als zweites Parlament der Welt nach dem kanadischen hat die französische Nationalversammlung am 19. November 2001, nach zwei gescheiterten Versuchen und intensiver Lobbyarbeit von Attac, die Einführung der Tobin-Steuer beschlossen. In erster Lesung und unter der Voraussetzung, dass die anderen europäischen Länder mitziehen. Ein symbolischer Sieg am Ende einer Haushaltsdebatte, am Rande der Tagesordnung, nur gut vier Dutzend Abgeordnete waren noch im Saal, darunter nur ein Bruchteil der Attac-Mitglieder der Assemblée Nationale. Stimmen aus der Debatte:

«Abg. Fuchs (PS): Als wir das erste Mal vom Verbot der Kinderarbeit sprachen, war es eine Utopie. (Beifall von den Sozialisten) Als wir das erste Mal die Sonntagsarbeit verbieten wollten, war es eine Utopie! Als wir das erste Mal über bezahlten Urlaub sprachen, sagten einige, dass sie uns nicht für das Nichtstun bezahlen wollten. In der Tat ist die Besteuerung der Finanztransaktionen eine Utopie. Aber wir denken, dass diese Utopie Wirklichkeit werden muss.

Abg. Jean-Pierre Brard (PC): Es gibt in der Geschichte unseres Landes wie der Welt einige, die sich beugen, aufgeben, verzichten, kapitulieren und vor der bestehenden Ordnung ducken, und dann gibt es die anderen. Wir waren in der Tat nicht sehr viele, im Jahre 1789 … (Rufe auf den Bänken der RPR und der UDF).

Abg. Charles de Courson (UDF): Wir waren damals nicht dabei!

Abg. Jean-Pierre Brard (PC): Aber Ihre Vorfahren waren es, wir haben sie geschlagen, und manche unter ihnen fanden ein tragisches Ende ... (Gleiche Reaktionen) ... Wir waren alleine, als über die Erklärung der Menschenrechte abgestimmt wurde ... und wir sind immer noch allein, wenn wir für die 35-Stunden-Woche stimmen, aber indem wir allein den Weg des Fortschritts zeigen, sind wir unserer nationalen Tradition treu, die den ganzen Planeten erleuchtet hat ...»

Das klingt nicht gerade nach einem welthistorischen Durchbruch, eher nach parlamentarischer Hinterbank-Rhetorik. Im machtlosesten Parlament Europas, in Straßburg, war zwar die Beteiligung besser, aber die Abstimmung – obwohl nur ein Auftrag an die EU-Kommission erteilt werden sollte, die Machbarkeit einer Finanztransaktionssteuer prüfen zu lassen – ging gleichwohl verloren. 220 Europaabgeordnete unterstützten die Resolution, nur sechs Stimmen fehlten zu ihrer Durchsetzung. Zusammen mit dem Labour-Abgeordneten Glyn Ford ist Harlem Désir, Europaabgeordneter der PS und Attac-Mitglied, Initiator dieser Resolution gewesen. In der interfraktionellen Gruppe «Kapitalbesteuerung, Fiskalordnung, Globalisierung», wo Kommunisten, Grüne und Sozialdemokraten zusammenarbeiten, wird langsam und beharrlich am ersten Brett einer neuen globalen Finanzordnung gebohrt, in Straßburg, in Brüssel, in den finnischen, englischen, belgischen Parlamenten. Der brasilianische Präsident, der indische Ministerpräsident, der schwedische Vizepremier und der finnische Außenminister haben sich für die Steuer ausgesprochen, Gerhard Schröder immerhin seine «Sympathie» erklärt.

Harlem Désir sagt: «Vor zwei Jahren waren es zweihundert, jetzt gibt es schon 1000 Parlamentarier auf der Welt, die sich aktiv für die Tobin-Steuer einsetzen. Es ist ein zäher Kampf gegen alle Vorurteile. Unsere Gruppe hat nach der Niederlage eine Wissenschaftlerkommission eingesetzt, die nachgewiesen hat, dass die Steuer machbar ist und funktioniert. Das war der erste Schritt. Jetzt kommt der zweite: zu zeigen, dass es Sinn macht, sie europaweit einzuführen. Die Amerikaner müssen nicht mitmachen.» Die Tobin-Steuer ist für Attac-Mitglied Désir und viele linke Parlamentarier nicht nur deshalb interessant, weil aus ihrem Erlös globale Projekte zur Elendsbekämpfung finanziert werden. Sie wäre darüber hinaus ein welthistorischer völkerrechtlicher Präzedenzfall: die erste globale Steuer – und damit der erste Schritt des Subjekts der UN-Charta zur Souveränität. Wie heißt es dort schließlich: «We, the peoples of the United Nations».

Harlem Désir denkt nach vorn, geduldig, zäh und mit weit gespanntem Augenmaß. Europa müsse vorangehen auf dem Weg zu einer neuen Weltfinanz- und Handelsordnung, das ist sein Credo. «Die anderen Kontinente blicken alle auf die EU, überall werden wir als das demokratische Paradies wahrgenommen. Die Sozialverfassungen, der Kohäsionsfonds der EU könnten ein Modell werden für die Verteilung der Tobin-Gelder.»

Im November 2001 fand in Doha, im Wüstenscheichtum Qatar, unbeeinflussbar von Demonstrationen, die erste WTO-Tagung nach Seattle statt. Sie sollte die Schlappe der gescheiterten «Millenniumsrunde» wieder gutmachen und eine neue Etappe der Freihandelsverhandlungen einleiten. Die Verantwortlichen haben ihr Ziel, die Konferenz zumindest nicht an den Interessengegensätzen zwischen Europa, dem Süden und den USA scheitern zu lassen, erreicht: Die Verhandlungen über die weltweite Liberalisierung der Dienstleistungen und über den Patentschutz, die beide vor allem im Interesse der multinationalen Konzerne sind, werden wieder aufgenommen. Kurz vor Beginn der WTO-Runde hat Harlem Désir eine Resolution des Europaparlaments formuliert, die in 48 Punkten die Funktionsweise der WTO einer beißenden Kritik unterzieht: Die Organisation befördere die Ungleichheit auf der Welt, diskriminiere die armen Länder politisch, greife die soziale und kulturelle Substanz der Nationen an; es mangele ihr an Transparenz, Demokratie und Legitimation. Die Entschließung kritisiert die nichtöffentliche Beschlussfassung der WTO, den faktischen Ausschluss der armen Länder von den Verhandlungen, die geheimen Vorverhandlungen der reichen Mitglieder, die Aushebelung von Souveränitätsrechten durch die Abkommen über geistiges Eigentum (TRIPS), den Eingriff der WTO-Regeln in die Gesundheits-, Erziehungs-, Umwelt- und Verbraucherpolitik der Nationen durch die Liberalisierung der Dienstleistungen (GATS), die Entstehung einer nicht demokratisch legitimierten internationalen Handelsgerichtsbarkeit, den faktischen Bruch internationaler Abkommen und die Entmachtung gleichberechtigter Weltorganisationen wie der ILO, der WHO und der FAO durch den WTO-Vertrag.

Das ist radikal und könnte in jeder Attac-Broschüre stehen. Es hat nur einen Haken. In Absatz 33 der Resolution steht: «Immer noch besteht in der EU ein Demokratiedefizit im Feld der Handelspolitik. Der Artikel 133 schließt das Europäische Parlament von der Bestimmung und Überprüfung der gemeinsamen Handelspolitik aus.» Die Parlamentarier in Straßburg setzen sich also – mit 434 gegen zehn Stimmen – für eine Demokratisierung der Weltwirtschaftsordnung ein. In derselben Resolution konstatieren sie ihre eigene Impotenz gegenüber der faktischen Wirtschaftsregierung Europas, der EU-Kommission.[3]

Es fällt nicht schwer, an diesem Parlamentarismus zu verzweifeln. Aber doch: Es sind diese kleinen Schritte, diese grauen Schriften, diese Mühen der Wiederholung, an deren fernem Ende, so hofft und dafür arbeitet nicht nur der Abgeordnete Harlem Désir, «natürlich eine Art Weltdemokratie stehen muss und eine WTO, die der UNO untergeordnet ist.[4] Wenn wir nicht Schritt für Schritt in diese Richtung gehen, wird die Frustration der Bürger über die Resultate des Neoliberalismus sie überall in die Arme nationalistischer Politiker treiben.» Sicher, das sei ein weiter Weg, aber vielleicht könnte eine Weltversammlung der NGOs, unter denen Attac eine besondere Rolle zu spielen beginnt, in absehbarer Zeit zu einer Art Vorparlament werden, auf dem langen Weg zur Weltrepublik. Attac ist für den Europaabgeordneten Désir ein wichtiger Schritt zu einer Wiederbelebung der Politik, von der sich immer mehr Menschen enttäuscht abwenden: «Wo hat es das schon gegeben, dass, so wie jetzt vor der WTO-Konferenz von Doha, in 30 Ländern gleichzeitig demonstriert und aufgeklärt wird. Gut, die öffentliche Meinung ist langsam, aber ...»

Aber eine andere Welt ist möglich – das Attac-Plakat hängt auch in Harlem Désirs Bürgerbüro in der Rue Robespierre im Pariser Vorort Aulnay-sous-Bois. Und, so möchte man mit Karl Marx ergänzen: Ist die Welt der Vorstellungen erst revolutioniert, kann die Wirklichkeit nicht lange standhalten.

Die Hüter des Kerngeschäfts

Bernard Cassen sieht überhaupt nicht aus wie ein Utopist. Hinter seinem von Broschüren, Briefen, Drucksachen überquellenden Schreibtisch in der Redaktion von *Monde Diplomatique* erscheint er eher wie eine Mischung aus emeritiertem Professor und Journalist – was er beides ist. Und Präsident von Attac. Aber was ist ein Utopist, würde er fragen? Ist ein Utopist nicht jemand, der in einer Welt, die seit einiger Zeit in Unordnung geraten ist, Vorschläge zu ihrer Neuordnung macht? Bernard Cassen liebt strenge Gegenfragen und präzise Begriffsklärungen. «Was verstehen Sie unter Protektionismus?», kommt es scharf zurück, wenn man ihm die gängige, auch von deutschen Liberal-Grünen geäußerte Kritik vorhält, einige der Attac-Anführer wollten zurück zur nationalstaatlichen Souveränität und ihre Wirtschaft abschotten wie in den dreißiger Jahren. Ach, Sie schwatzen doch nur diese Totschlagargumente nach, die Ihre Kollegen einer vom anderen abschreiben, sagt der Blick hinter der Zigarre. Und er stellt Fragen: Wenn man die Kultur, die Gesundheit, die Schulen vorm Zugriff der großen, multinationalen Kapitalgesellschaften schützt – ist das Protektionismus? Wenn man eine Kultur des öffentlichen Dienstes, an dem eine nationale Identität hängt, nicht von den Privatisierungsdekreten der WTO- und der EU-Kommission zerschmettern lassen will – ist das Protektionismus? Wenn man die Ess- und Trinkgewohnheiten einer Region bewahren, die Theater- und Filmtraditionen eines Landes inklusive ihrer staatlichen Finanzierung überlebenswichtig findet und sie vor Junk-Food-Ketten, mittelstandsvernichtenden Franchise-Coffee-Shops und Hollywood schützen will – ist das Protektionismus?

Es ist nicht leicht, mit Bernard Cassen zu diskutieren, nicht nur der finnische Handelsminister Kimmo Sasi hat es anlässlich der Gründung von Attac Finnland zu spüren bekommen. In die Enge getrieben, verteidigte er sein US-Rüstungsaktien-Depot mit dem Satz, er sei stolz, Anteile an einer Firma zu besitzen, deren Raketen Diktatoren gestürzt hätten.

Natürlich strahlt Cassen reichlich vom Missionscharakter der «nationalen Tradition Frankreichs, die den Planeten erleuchtet hat» aus, genießt es, wenn die Journalisten der großen Blätter der Welt ihn hofieren, schmückt, wie alle französischen Intellektuellen, seine Reden mit historischer Gelehrsamkeit, liebt pathetische Schlusssätze à la «Es handelt sich um nichts weniger als eine Wiedereroberung der Welt durch uns alle». Der Präsident von Attac, so steht es in der Satzung, «treibt die Assoziation an und verfügt über weitestgehende Vollmachten, um ihre Außendarstellung sicherzustellen, in Frankreich wie im Ausland, gegenüber den öffentlichen Institutionen wie gegenüber Dritten». Deshalb ist Bernard Cassen überall und repräsentiert «sein Kind» – auch das strahlt er aus. Postmoderne Ironiker lächeln dann – aber ein wenig von diesem Pathos der Volkssouveränität wäre auch hierzulande ganz angebracht, etwa wenn der Chef von Bertelsmann sozialdemokratischen Politikern erklärt, der Staat der Zukunft werde für Basisqualifikationen und Sicherheit sorgen, der Rest könne besser privatisiert werden; wenn Hans Tietmeyer auf dem Weltenlenkertreffen in Davos den Politikern entgegenruft: «Von jetzt ab, meine Herren, stehen Sie unter dem Diktat der Finanzmärkte»; oder wenn Jürgen Schrempp sich noch in der Tür des Bundestagsausschusses umdreht und lacht: «Von uns kriegt ihr in diesem Jahrhundert nichts mehr.»

Republikanisch, universalistisch, pathetisch – Attac ist eben doch eine sehr französische Gründung, ein merkwürdiges Amalgam aus beharrlichem Regionalismus, dem Idealismus universeller Missionen und Geist der Straße – wie José Bové ihn verkörpert, der intellektuelle Schafzüchter, der im südlichen Millau mit seinem Traktor und ein paar Kollegen der Confédération Paysanne den Rohbau einer McDonald's-Filiale «strategisch abriss», aus Protest gegen die Strafzölle gegen Roquefort-Käse, mit denen die USA (unter Berufung auf WTO-Regeln) auf das europäische Verbot von Hormonfleisch reagierten. Da mischte sich der Aufstand gegen den Welthandel mit der französischen Verachtung von «malbouffe», dem Scheißfraß – und Bové wurde zum Volkshelden.

Attac France, das ist die Mischung aus enzyklopädischem Aufklärungspathos und gelegentlichem Stürmen von Bastillen – niemand findet es merkwürdig, wenn Attac Paris in laizistischer Radikalität ausgerechnet am Nachmittag des Heiligen Abends 2001 eine Kundgebung vor der argentinischen Botschaft abhält, wo Generalsekretär Pierre Tartakowsy, so heißt es im Aufruf, eine «pädagogische» Rede halten werde, die über den Zusammenhang der argentinischen Krise und der Weltfinanzordnung aufkläre. Eine politische Organisation, die hyperzentral ist und gleichzeitig den Regionalgruppen fast völlige Freiheiten lässt – bis auf das Grundsätzliche. Und so pragmatisch, dass sie aus ihren Grundsatzforderungen, die auf eine Revolution der gegenwärtigen Welt hinauslaufen – zum Ärger vieler «Politiker» in ihren Reihen –, keine Ideen über die institutionelle Zukunft Europas ableitet. «Die Debatte darüber würde die Gruppe der Gründer zerreißen zu diesem Zeitpunkt», sagt Cassen.

Die Meinungen über das Tempo der Integration, über die Ausgestaltung der europäischen Verfassung, aber auch die unmittelbaren politischen Interessen der Gründungsorganisationen sind nicht auf einen Nenner zu bringen. Aber jedes Mitglied ist frei, seine Vorstellungen zu äußern und zu verwirklichen. Also gibt es keine offiziellen Stellungnahmen der Gesamtorganisation zur Vereinigung Europas, auch weil die Brüsseler Freihandelspolitik, «das Europa der Konzerne», natürlich kein sozialer Fortschritt ist. «Wir stellen inhaltliche Forderungen an die EU: die Bewahrung des sozialen Europa, die Besteuerung der Spekulation, der Kampf gegen Finanzoasen.» Generalsekretär Pierre Tartakowsky, Chefredakteur der CGT-Gewerkschaftszeitung für Ingenieure und leitende Angestellte, sieht zwar in den Gewerkschaften, die Attac mitbegründet haben, einen Riegel gegen die «souveränistischen» Tendenzen in der Organisation. Bernard Cassens offene langjährige Freundschaft mit dem Enfant terrible der Linken, dem sozialen Nationalisten Chevènement, macht viele Mitglieder misstrauisch, die gegen die Herrschaft der internationalen Finanzmärkte sind, aber nur einem einigen Europa eine starke Frontstellung gegen die USA zutrauen. Und für die traditionellen Gewerkschaften, ohne die kein wirksamer politischer Druck denkbar ist, wiegen die unmittelbaren Interessen der Lohnabhängigen immer noch schwerer als die globale Solidarität. Mögen auch die Syndikate im Gründungskolleg von Attac offener sein als die traditionellen und seit Jahren mit NGOs und Bürgerbewegungen kooperieren: Der Weg zu europaweiten Aktionen der Gewerkschaften ist noch weit. Auch das ein Grund dafür, sagt Tartakowsky, dass Attac sich nicht in jede politische Frage einmische, sondern sich an sein «core business» halte.

Dieses Kerngeschäft läuft bisher gut, auch wenn einige Linksradikale in dicken Büchern fragen, ob Attac nicht der «allerjüngste Versuch» sei, «den Kapitalismus zu stabilisieren».[6] Das Kerngeschäft, das ist das Insistieren auf den vier Grundforderungen Tobin-Steuer, Austrocknung der Finanzoasen, Schuldenausgleich und Ablehnung der Pensionsfonds zur Alterssicherung. Die Kompetenz von Attac auf diesen Gebieten hat dazu geführt, dass nach drei Jahren Attac kaum eine Diskussion in Talkshows, Wissenschaftlerforen, Parlamentsausschüssen über diese grundlegenden Wirtschaftsfragen stattfindet, ohne dass seine Sprecher mit dabei sind. Aber Attac wird eben auch gefragt, wenn es um den Krieg in Afghanistan, die Privatisierung einer kommunalen Einrichtung oder die Zukunft der EU geht – all diese Konflikte haben ja eine Weltmarktseite.

Um das Kerngeschäft zu schützen und die Organisation gegen eine Richtungsänderung zu sichern, aber auch um dafür zu sorgen, dass politische Akteure, die sich sonst als Konkurrenten fühlen könnten, Attac als ihr «Baby» empfinden, haben die Gründer mehrfach genäht, als sie nach einer Form für Attac suchten: Attac ist ein Verein. Das Collège des Fondateurs, die konstituierende Versammlung, besteht aus zehn Individuen (Viviane Forrester ist darunter, die Autorin von «Terror der Ökonomie», Manu Chao, der Sänger der neuen sozialen Bewegungen, Gisèle Halimi, die Feministin, Ignacio Ramonet), vor allem aber aus den 47 NGOs und politischen Gruppen, die die Ziele von Attac unterstützen und mit dieser Organisation eine wirkungsvolle gemeinsame Aktionsbasis schaffen – ein Bündnis vor allem für alle Verteidigungsfälle gegen die internationale Wirtschafts- und Finanzordnung und ihre Auswirkungen, aber auch für gelegentliche gemeinsame Aktionen auf anderen Gebieten. Ansonsten bleibt jede Gruppe frei in ihren Entscheidungen: die Arbeitslosenorganisation AC! gehört dazu, die «Freunde der Erde», die anarchistische Zeitung *Charlie Hebdo*, die von José Bové gegründete Confédération Paysanne, Pierre Bourdieus Netzwerk Raisons d'agir, die linken Gewerkschaften der Lehrer, der Post, der Allgemeinmediziner, linkschristliche Gruppen und die laizistische Familienvereinigung.

Satzungsgemäß wählt dieses Gründerkolleg 18 von den 30 Mitgliedern des Verwaltungsrates, der die politischen Richtlinien von Attac bestimmt; auch der Präsident wird von diesen 18 Mitgliedern bestellt – eine Regelung, die Attac vor «Entrismus» bewahren soll, der stillen Übernahme durch andere Organisationen oder gar Parteien. Vor allem die Furcht vor den auch in Frankreich mit ihren radikal wirren Weltrevolutionsideen agitierenden Trotzkisten spielte dabei eine Rolle, aber auch die Begehrlichkeit anderer Parteien, die nur allzu gern erfolgreiche Bewegungen in «Frontorganisationen» verwandeln. «Pour le moment» sei Attac ganz nützlich, sagen diese Leute. Und mit solchen Leuten hat man so seine Erfahrungen, nicht nur in Frankreich.

Man muss das Chaos lieben

Die Gründer von Attac sind zumeist in ihren Fünfzigern; es ist ihr letzter politischer Versuch, biographisch gesehen. Sie haben erlebt, wie der Radikalismus der Siebziger sich selbst zerstörte und wie die neoliberale Ideologie in zwanzig Jahren bis in die letzten Ritzen der Gesellschaft drang. Sie wissen: Die Hegemonie über die politischen Gedanken wieder zu erobern, das ist die Voraussetzung für alles Weitere. «Die Ideen und die Kräfteverhältnisse drehen sich seit den 95er-Streiks, aber sie drehen sich nur langsam; und die herrschenden Eliten auch der Mehrheitslinken sind immer noch vom Liberalismus angesteckt» – Pierre Khalfa, der Vorsitzende der Postgewerkschaft SUD-PTT, urteilt vorsichtig. «Jetzt keine großen Modelle, kein Revolutionarismus, bloß keine Internationale, sondern in Filigranarbeit kleine Inseln aufbauen, von denen später radikale Reformen in Angriff genommen werden können. Mehr kann man im Augenblick nicht verlangen.» Und das ist eine Angelegenheit, für die man den langen Atem braucht. Deshalb immer wieder die Formel von der «aktionsorientierten Bildungsbewegung».

Und doch ist Attac eine Bewegung, die selbst ihre Gründer immer wieder überrascht. Niemand hat mit den Regionalgruppen (die deshalb in der Satzung nicht einmal auftauchen) gerechnet, mit den Karléns und Cipières, die den Kampf gegen die Despotie in Tunesien und für die lokalen Wasserwerke aufgenommen haben, die an einem Netzwerk EU-Maghreb stricken möchten oder mehr Kulturrevolution wollen und die – alten Instinkten folgend – jede Pariser Zentrale misstrauisch beobachten, also auch die eigene. «Wir machen, was wir sollen», sagt Jean-Luc Cipière, «sie stören uns nicht. Wir haben keine Differenzen. Aber in diesem Land werden auch sie dem Jakobinismus nicht entkommen.»

In der Pariser Zentrale von Attac arbeiten nur sieben Hauptamtliche. Die Organisation ist schlank, die Verwaltung der Mitgliederbeträge hat man an eine kleine Firma abgegeben. Nichts von alternativem Chaos, keine halb benutzten Kaffeetassen, eine geordnete konzentrierte Büroatmosphäre in zwei Stockwerken eines unauffälligen Hauses in der stillen Rue Pinel im 13. Arrondissement. Keine Parolen über den Fenstern, an den Mauern nicht einmal Spuckis, die eine Woche vor der WTO-Konferenz in Doha im ganzen sonstigen Bezirk kleben: «OMC (das französische Kürzel für WTO) = Orchestration de la Malaise Colossale». An den Wänden hängen ein paar Attac-Plakate: «Noch sauberer waschen: im Finanzparadies CASH», «Le Monde n'est pas une marchandise», «Riappropriarsi insieme del nostro mondo», dazu zwei neue Pariser Straßenschilder: der «Impasse du libéralisme» und die «Avenue de la Taxe Tobin». Neben dem Dienstplan der einzige Hauch von Anarchie, ein Theaterplakat: Die «Coyoten von Belleville» spielen ein Stück über Zorro und Zapata, die Volkshelden.

«Man muss das Chaos lieben», so erklärt Christophe Ventura die Struktur der Organisation. Der 28-jährige Historiker ist direkt von der Universität – wo er von Tocqueville, Keynes, Marx gelernt hat – zu Attac gegangen. «Diese Robin-Hood-Idee der Tobin-Steuer hat mich gereizt, vor allem aber dieses völlig neue, unbenutzte demokratische Modell. Die Struktur von Zentrale, regionalen Gruppen, einer Mitgliederversammlung und einem Konvent aller lokalen Gruppen, ist ein wunderbares Werkzeug. In diesem lockeren Verband können sich alle bewegen, er ist offen für viele Aktionsformen und politische Überzeugungen.» Das Attac-Netzwerk erlaube vieles: den anarchistischen Syndikalismus der lokalen Interessen, die «Identitätspolitik» der Verteidigung gewachsener Strukturen und kultureller Minoritäten und zugleich die konsequente Verfolgung der globalen Ziele durch die Zentrale, die an den «großen Zielen» festhalten kann und sie nicht, wie in einem Aktionsbündnis, ständig gegen andere Gruppen verteidigen muss oder, wie in einer Delegiertenpartei, dem Votum von Parteitagen unterwerfen. «Ich hätte gern mal vier Wochen, um nachzudenken, wie sich das alles weiterentwickeln kann», sagt Ventura, der fürs Internationale zuständig ist, «aber wir können gar nicht anders als in einer Zeit des beschleunigten Rhythmus die Balance halten zwischen der Mobilisierung von Menschen und der Zeit, die wir brauchen, um Inhalt zu produzieren.» Schulungsmaterial wie den «Tobin-Kit» oder die kleinen Taschenbücher des 1001-Nacht-Verlages über die Multis und die Mechanismen der Finanzmärkte, die 5 Euro kosten und in jede Gesäßtasche passen. Oder über Strategien nachzudenken. Aber Seattle, Washington, Prag, Göteborg, Genua – die Treffen der Weltregierung ohne Parlament setzen die Agenda, und die Kette der Demonstrationen darf nicht abreißen, denn es sind diese spektakulären Ereignisse, die Attac eine Bühne zur öffentlichen Thematisierung geben. «Zwischen Seattle und Genua hatten wir fast keine Presse», seufzt Christophe Ventura, eher bedauernd, dass nicht genug Ruhe bleibt für den langsamen Aufbau des Netzwerkes zwischen all den Aktionen und Anrufen der Journalisten von *Time* oder vom *Nouvel Observateur*, die etwas wissen wollen über Steueroasen, Mitgliederstärke oder die Aktionspläne, die in Porto Alegre ausgebrütet werden. «Natürlich sind wir mit mehr Erwartungen überschüttet, als wir befriedigen können.» Man wird in der gefräßigen Medienwelt schnell zum gefragten Spezialisten, vor allem nach spektakulären Geschehnissen wie Genua. «Aber es geht gar nicht anders: Wir lernen eben beim beschleunigten Marschieren.»

Attac Deutschland – Bildungswerk und außerparlamentarische Opposition

Attac Deutschland stand derweil noch am Start. Ein Aufbruch in fensterlosen und überfüllten Hörsälen. Dort stundenlang zu hocken, zwei Tage hintereinander in schlechter Luft, auf der Tagesordnung steht das Weltfinanzsystem, und draußen scheint die letzte Herbstsonne – das ist üblicherweise nicht, was man unter einem beflügelnden Wochenende versteht. Doch ebendies: motivierend und anstachelnd, nannten Besucher den ersten Attac-Kongress Ende Oktober 2001 in der Berliner Technischen Universität.

«Tolle Stimmung, tolle Vorträge» – der in München lebenden Amerikanerin Sue Dürr rutscht bei der Erinnerung an Berlin noch Wochen später ein anerkennendes «Whoopee!» heraus. Für den jungen Krankenpfleger Bernd Menzel waren zwei Tage «politischen Auftankens» die Initialzündung, um gleich nach seiner Rückkehr in der Nürnberger Regionalgruppe aktiv zu werden. Schlichtweg «glücklich» strahlte Podiumsredner Jürgen Borchert, Sozialrichter aus Heidelberg, der seit Jahren hartnäckig für ein gerechtes Sozialversicherungssystem streitet, sich damit aber lange politisch vereinsamt fühlte: «Wenn es Attac nicht gäbe, dann müsste man die Bewegung erfinden.» Und mit einem «Riesenerwartungsdruck» sah sich zwar einer der Initiatoren konfrontiert, Peter Wahl, der in der entwicklungspolitischen Gruppe WEED schon seit vielen Jahren für ökologische Verantwortung und soziale Gerechtigkeit in der Weltwirtschaft kämpft – aber selbst dieser eher nüchterne Intellektuelle war überwältigt, weil «alle Erwartungen übertroffen worden sind». Dreitausend statt der erwarteten paar hundert Teilnehmer waren in die TU geströmt. Über 80 Workshops verteilten sich auf die blickdichten Betonräume zu den verschiedensten Aspekten der Globalisierung: «Es gibt noch andere Bildung als Kapitalbildung», «Die Verschweizerung des Weltfinanzsystems», «Der Konsument als Revolutionär? Die Macht des neuen Weltbürgers». Und auch über diese organisierten Veranstaltungen hinaus standen überall Gruppen und diskutierten, in den Fluren, im Foyer, bei der Tanzparty bis tief in die Nacht.

Der 11. September hatte das Ereignis zwar unerwartet überschattet, ja seinen Erfolg infrage gestellt. Einzelne Medienkommentare hatten den Globalisierungskritikern geistige Nähe zu einem Terrorismus unterstellt, der mit den New Yorker Twin Towers nicht zufällig das Zentrum der globalen Finanzwelt als symbolträchtiges Ziel erkoren hatte – auch wenn sich Attac und andere von dem unfasslichen Gewaltakt noch so klar distanzierten. Zudem rückten die US-Bombardierungen in Afghanistan neue machtpolitische Fragen in den Vordergrund, auf die die Organisation gar nicht vorbereitet war.

Doch zugleich rissen Terror und Krieg ebenjenen Gerechtigkeitskonflikt zwischen Nord und Süd schockartig aus der Verdrängung, den Attac ja gerade thematisieren wollte. Und so versicherte das neu entstandene Netzwerk sich selbst und einer erstaunlich großen Journalistenschar: Uns gibt es. Und: «Eine andere Welt ist möglich», lautete das Motto des Kongresses – eine Welt, die nicht mehr, wie das ihr übergestülpte neoliberale Modell es fordert, allein nach ökonomischen Kriterien bewertet werden darf, sondern politisch gestaltet werden muss. Attac trat als Themengenerator für gefährlich vernachlässigte Fragen auf den Plan. Das zentrale Anliegen, das den Kern aller Attac-Forderungen zur Kontrolle der Finanzmärkte und Reform des Welthandelssystem ausmacht, brachte Susan George in einem Satz auf den Punkt: «Wir wollen die internationale Sphäre demokratisieren!»

Es wurde gestritten, gezweifelt, überzogen gehofft. Und war doch wie ein Durchatmen. Immer wieder lag das Wort in der Luft. endlich. Endlich fasst sich nicht mehr jeder – oder jede – beim Zeitunglesen allein an den Kopf angesichts von Meldungen über Bauernaufstände in Indien, Finanzcrashs in Südostasien, Sweat-Shops in Mexiko oder die Privatisierung der Wasserversorgung in Bolivien, wo mancherorts nur noch die Reichen das wichtigste Lebensmittel bezahlen können. Endlich werden wieder grundsätzliche Fragen gestellt, könnte es wieder inhaltsreichen Streit geben über Kultur und Demokratie, Macht und Verteilungsgerechtigkeit. Alles Themen, die viele vielleicht nicht mehr «links» nennen wollen, die aber nach dem Zusammenbruch des sozialistischen Systems zusammen mit der Linken aus der Öffentlichkeit verschwunden waren.

Endlich Gegenwind. Endlich auch eine neue außerparlamentarische Oppostion für die ehemalige APO an der Regierung. Die Protagonisten von Rot-Grün, auf die sich nach 16 Jahren Reformlähmung unter Helmut Kohl alle Erwartungen gerichtet hatten, waren in den Augen der meisten Kongressteilnehmer entweder selbst Neoliberale geworden oder fanden sich ohne Not mit kläglichen Detailsiegen ab. Joschka Fischers Satz, er kenne keine grüne, nur deutsche Außenpolitik; Schröders These, dass es nur «moderne» oder «unmoderne» Wirtschaftspolitik gebe – die darin zum Ausdruck kommende Anpassung an die bleierne Alternativlosigkeit hat viele befremdet. Ihnen sprach Horst Schmitthenner in Berlin aus der Seele: «1998 fand der Regierungswechsel statt», erklärte der IG-Metall-Vorstand beim Attac-Kongress – «der Politikwechsel blieb aus.»

Diesen Wechsel doch noch herbeizuführen, dabei sollte Attac helfen. Was die *taz* nicht zu Unrecht als Versammlung eines Akklamationsvereins kritisierte, war daher auch Absicht: Die Podiumsredner waren zugleich Animateure, analytisch, aber auch pathetisch. Die WEED-Vorsitzende Barbara Unmüssig etwa bescheinigte Attac das «Potenzial, zu einem bedeutenden Faktor bei einer humanen und demokratischen Regulierung der Globalisierung zu werden». Jürgen Borchert rechnete detailliert die Umverteilung von unten nach oben in Deutschland vor. Er erinnerte mit Zitaten aus der Verfassung mahnend daran, dass die Sozialverpflichtung des Eigentums immer nach der Erfahrung großer Kriege auf der politischen Agenda stand, und verpasste dem neuen Bündnis bereits eine imposante Ahnengalerie: von der Boston Tea Party bis zu den Montagsdemos in der früheren DDR. Ebenso der Schweizer Soziologe und Bankenkritiker Jean Ziegler: Nachdem er wortgewaltig die Risiken unverantwortlicher Kapitalspekulationen und die schier grenzenlose Anhäufung von Reichtümern bei immer weniger Individuen und Unternehmen gegeißelt hatte, setzte er den Sturm auf die Finanzmärkte mit jenem auf die Bastille gleich. Susan George schließlich verlieh ihren Zuhörern endgültig das Gefühl, einem großen Augenblick in der Geschichte beizuwohnen: «Sie alle werden Ihren Enkeln einmal erzählen, dass Sie beim Gründungskongress von Attac dabei waren», rief sie und versicherte wohl doch etwas voreilig und knapp vor der Kitschgrenze, «dass die Bewegung ihre Mission erfüllen und man sich noch weit in der Zukunft an sie erinnern wird».

«Es ist jetzt schick, bei Attac Mitglied zu sein»

Mag zwar sein, dass Attac beim TU-Kongress in «beseelter Kirchentagsatmosphäre» die «alten Ikonen des Protests noch einmal abgestaubt» hatte, wie Martina Meister in der *Frankfurter Rundschau* lästerte, von Horst Eberhard Richter («Die neoliberale Vision ist am Ende») bis zu einem heftig um bescheidenen Auftritt bemühten Oskar Lafontaine («Demokratisch gewählte Regierungen und nicht die Märkte müssen die Politik bestimmen!»). Tatsächlich tauschten auch unter den Teilnehmern manche seit der Studenten-, Frauen-, Friedens- und Ökologiebewegung Ergraute den wissenden «Na klar, auch hier!»-Blick aus oder grüßten sich mit: «Man lebt noch!». Und der polnische Journalist Adam Krzeminsky fühlte sich erinnert an die Atmosphäre des Tunix-Kongresses der Spontis vor über zwanzig Jahren.

Doch dem mokanten Spott über unterstellte 68er-Nostalgie folgte selten sachliche Untermauerung – Alter schützt vor Erkenntnis nicht, und auch nicht vor Nachdenken. Zudem hätte eine gerade erst entstandene Bewegung zwar auch interessante Redner präsentieren können – aber vermutlich noch keine Zugpferde. Vor allem aber tummelten sich neben den 45- bis 60-jährigen Wiedergängern mindestens ebenso viele Studenten, Schüler, Lehrlinge mit Collegeblocks und Isomatten in der TU – weshalb andere klischeelüsterne Medien sogleich mit dem gegenteiligen, ebenso falschen Stempel «neue Jugendbewegung» bei der Hand waren. Offenbar nur vom Schreibtisch aus. Denn in der Berliner Realität kamen auch Gewerkschafter, Lehrer, Kulturreferatsangestellte, Arbeitslose, Lektoren, Hausfrauen, Publizisten, NGO-Profis, Pastoren zusammen – alles querbeet durch die Schichten und Generationen. Auch manche Unverbesserliche oder selbst ernannte Heilige politischer Sekten mit revolutionären Erlösungshoffnungen an anarchistischen oder esoterischen Büchertischen waren darunter. Doch solche Randerscheinungen lenkten nur ab von dem Ernst, der Kompetenz, auch der kritischen Distanz, mit der sich die überwiegende Mehrheit der Besucher so hochkomplexen Fragen wie jenen des globalisierten Handels- und Finanzsystems stellte, nach Deutung suchte und demokratische Einflussmöglichkeiten abwog.

Mag auch sein, dass die Selbstvergewisserung der keimenden Bewegung hier und da auf Kosten sachlicher Differenzierung ging. Nicht jedes Unglück, das an den Pranger gehört, ist schließlich allein der Globalisierung geschuldet. Die Perspektivlosigkeit der verarmten Massen ist zwar in der Tat ein Nährboden für terroristische Gewalt, da hatten die Attac-Redner Recht – doch die einzige Erklärung für den Fall Bin Laden und dessen Al Qaida ist sie gewiss nicht. Aber Einseitigkeit, Widersprüchlichkeit, Zuspitzung, Emotionalität standen noch bei jeder Bewegung am Anfang. Auch bei dieser, die jedoch zugleich – entgegen einem weiteren Klischee der «Ein-Punkt-Bewegung» für die Tobin-Steuer – längst einen Katalog konkreter Forderungen vorlegte, unter anderem:

- Die Schließung der Steueroasen und «Offshore-Zentren»
- Keine Privatisierung der sozialen Sicherungssysteme (z. B. gesetzliche Krankenversicherung oder Rente)
- Schuldenstreichung für die Entwicklungsländer
- Strengere Banken- und Börsenaufsicht auch für die so genannten Institutionellen Anleger
- Stabilisierung der Wechselkurse zwischen den drei Hauptwährungen Dollar, Euro und Yen
- Die demokratische Umgestaltung internationaler Finanzinstitutionen
- Die stärkere Besteuerung von Kapitaleinkünften und großen Vermögen
- Eine umfassende Reform des ungerechten Welthandelssystems

Dass für Attac Deutschland eine Konkretisierung all dieser Ziele und ihrer praktischen Umsetzung, vor allem die Entscheidung für Prioritäten, also ein riesiges Pensum inhaltlicher Arbeit erst noch bevorsteht, war beim Attac-Kongress allen klar. «Reform des ungerechten Welthandelssystems» – ein so weites Feld muss man erst mal mit präzisen Vorstellungen ausfüllen. Oder wie gelingt es, Schulden der Entwicklungsländer so zu streichen, dass davon nicht nur korrupte Eliten profitieren? Ebenso klar war, dass die Antwort auf solche und andere Fragen bei einer derart heterogenen Bewegung nicht leicht sein würde. Aber Attac will kein politisches Franchise-Unternehmen sein, das ein fix und fertig verpacktes Produkt namens Globalisierungskritik made in Frankreich bei einem Kongress präsentiert und dann bundesweit vertreibt. Auch was das Netzwerk darstellen sollte – einen gesellschaftlichen Raum für Wissensvermittlung und Meinungsbildung? Eine Bewegung, die sich die Parteien vorknöpft? Die Vorstufe einer eigenen Partei? –, sollte offen diskutiert werden von jenen, die sich an der Basis engagieren. Denn in Deutschland wird es «föderaler» zugehen, soll die Bundesebene den «Dezentralen» verantwortlich sein. «Wir wollen von unten kommen», sagt Astrid Schaffert, die die Ortsgruppen berät.

Und von denen gibt es immer mehr, auch der Kongress trieb die Mitgliederkurve von Attac weiter nach oben: War das Wachstum nach dem Start um die Jahreswende 2000 über eineinhalb Jahre zähflüssig verlaufen, so stieg es als Folge der Ereignisse um den G8-Gipfel in Genua laut Attac-Mitbegründer Sven Giegold mit bald 1500 Attacis «geradezu New-Economy-mäßig» an – und nach dem Kongress noch New-Economy-mäßiger innerhalb weniger Wochen auf über 4000; im Frühjahr 2002 sind es bereits über 6000. Zu den Mitgliedern zählen als Erstunterzeichner der Ökonom Elmar Altvater, der IG-Medien-Vorstand Detlev Hensche, der Theologe Friedhelm Hengsbach, der Wirtschaftswissenschaftler Rudolf Hickel, die sozialdemokratischen Bundestagsabgeordneten Andrea Nahles und Detlev von Larcher, die Schriftstellerin Dorothee Sölle, der Sänger Konstantin Wecker.

Übliche Verdächtige. Aber auch bei bisher unpolitischen Menschen, sagte die Bundesjugendsekretärin des DGB Claudia Meyer in Berlin, sei es jetzt geradezu «schick, bei Attac zu sein». Neben den Einzelmitgliedern sind außerdem rund 100 NGOs, Vereine und Institutionen als Unterstützer Teil des Netzwerks. Um nur wenige zu nennen: die Aktion Selbstbesteuerung, der Bund für Umwelt- und Naturschutz, das DAG Bildungswerk, die DGB-Jugend, GEW und ver.di, Kairos Europa, Medico International, diverse Kreisverbände von Jusos und Bündnis 90/Die Grünen, das Oswald von Nell-Breuning-Institut, Pax Christi, Terre des Hommes, der Weltfriedensdienst. Attac-Gruppen haben sich in rund 100 Städten gegründet; jeden Monat kommen neue Initiativen hinzu. Dabei hatte Attac Oberlausitz lange nicht mehr als vier Mitglieder – in Hamburg, Berlin oder Köln waren gleich zu Anfang weit über 100 Interessenten, Suchende wie Zielstrebige, dabei. Wer sind die Attacis? Was bewegt sie, was wollen sie bewegen?

Endlich raus aus der politischen Verlassenheit

Als Stadtbibliothekar liest man viel. Reginald Koenig beschäftigt sich dabei nicht nur mit Belletristik, er verschlingt auch Sachbücher über soziale Themen und Ökonomie. Das Interesse war bisher eher intellektuell; politisch aktiv war der 37-Jährige noch nie. Martin Zeis hingegen hat sich immer irgendwo engagiert. Von der Wilhelm-Reich-Gruppe beim Studium in den Siebzigern in Freiburg landete der 48-jährige Berufsschullehrer über einen linken Philosophie-Arbeitskreis im Anti-Atom-Bauernkrieg in Wyhl und ist «von den Grünen bitter desillusioniert, seit sie in der Regierung sind». Ein Kongress in Paris bei der Intellektuellenzeitschrift *Le Monde Diplomatique* und die Teilnahme am ersten Weltsozialforum in Porto Alegre waren Schlüsselerlebnisse für seine Erkenntnis, «dass unterhalb des planetarischen Zusammenhangs politisch nichts mehr geht», wenn man «Dämme gegen die soziale und ökologische Zerstörung bauen will». So hatten Zeis und Koenig nur gemeinsam, dass sie beide in Stuttgart lebten. Doch eines Abends besuchten sie den gleichen globalisierungskritischen Vortrag – der letzte Anstoß, eine Attac-Gruppe in Stuttgart zu starten. Seitdem, sagt Martin Zeis, schläft er nicht mehr viel vor lauter Lektüre, E-Mail-Korrespondenz und Organisationsarbeit. «Trotzdem: Ich arbeite sogar im Job besser», schwärmt er, «wegen des Hochgefühls! Endlich bin ich wieder raus aus meiner politischen Verlassenheit.»

Im Stuttgarter Forum 3, einem Kultur- und Veranstaltungszentrum mit den Rundungen anthroposophischer Architektur, tagt regelmäßig das Attac-Plenum, und heute stellen sich die Mitglieder zum ersten Mal einander vor. Man sei nämlich, erzählt Martin Zeis, zunächst vom Krieg in Afghanistan, der WTO-Konferenz in Doha im November und dem Brüsseler Gipfel im Dezember überrollt worden, habe sofort eine Aktion nach der anderen organisiert. Außerdem sei gleich eine weitere Gruppe an der Hochschule in Hohenheim gegründet und der Kontakt mit internationalen Kunststipendiaten auf Schloss Solitude aufgenommen worden. Um die lokalen Auswirkungen der Globalisierung aufzuzeigen, nutzten wieder andere Mitglieder das Attac-Forum, um eine Veranstaltung über die Rolle Stuttgarter Unternehmen auf den Weltmärkten zu organisieren; eine weitere wurde gleich anschließend geplant, die aufzeigen sollte, «wie DaimlerChrysler sich vor Steuern drücken kann». Gleich reichlich zu tun also – sodass sich die rund 80 regelmäßig Aktiven von bald über 200 Attac-Interessenten in Stuttgart (Stand Januar 2002) bisher noch kaum kannten. Erst jetzt erzählen sie sich ihre politischen Meinungen, Antriebe, Ziele. Und in der Tat: Das Spektrum reicht weit. Zu weit?

Schüler von «Linksruck» mit roten Sternchen auf dem T-Shirt üben sich in sozialistischer Rhetorik, die den anthroposophisch orientierten Naturkosthändler Thomas Autenrieth vermutlich eher befremdet. Er versucht, im alternativen «Bund freier Unternehmerinitiativen» «das Wirtschaftsleben auf eine humanitäre Basis zu stellen» und will mit Attac vor allem «ein Stück Demokratie zurückzuerobern». Kirchlich Engagierte wollen die Armut in den Entwicklungsländern öffentlich an den Pranger stellen; ein afrikanischer Mitarbeiter von Brot für die Welt das Thema Welternährung auf die Tagesordnung setzen. Ina Schön, eine 20-jährige Studentin der Sozialpädagogik, hat nach langer Suche endlich eine Organisation «mit Power» gefunden, die Rot-Grün sozialpolitisch Dampf machen soll: «Selbst bei Greenpeace kriegt man doch, wenn man sich engagieren will, nur das Überweisungsformular zugeschickt.» Ihr sechs Jahre älterer Ehemann Holger, früher Postbeamter, zurzeit als «geordneter Anarchist» in verschiedenen Jobs, kämpft dafür, «dass auch in der Welt nach uns noch Familien gegründet werden können». Schon in der Summe dieser Motive wird deutlich: Globalisierung ist auch eine Projektionsfläche. Wird der kleinste gemeinsame Nenner für so viele verschiedene Erwartungen auf die Dauer groß genug sein?

Doch gerade der «verstärkte Austausch zwischen den Lebenskulturen» ist es, der zur geschilderten Hochstimmung von Martin Zeis beiträgt. Wie alle Bewegungen hat Attac auch eine soziale Funktion. Denn es stimmt ja: In einer individualisierten Gesellschaft, in der Kirchen, Vereine, Parteien eine immer geringere Rolle spielen, sortieren sich die

Schichten, Alters- und Interessengruppen, sodass die Begegnung mit anders lebenden und denkenden Menschen keineswegs mehr selbstverständlich ist. Hier im Stuttgarter Forum 3 findet sie statt, und noch längst nicht alle sind aufgetreten: Als Nächstes stellt ein Vertreter der Dienstleistungsgewerkschaft ver.di 3000 Mark Spenden und gemeinsame Veranstaltungen zum WTO-Dienstleistungsabkommen in Aussicht. Und eine Lehrerin, Typ schwäbisch perfekt, sagt, ihr habe eine Reise nach Lateinamerika die Augen für weltwirtschaftliche Zusammenhänge geöffnet, aber sie sei politisch unerfahren und erhoffe sich jetzt vor allem Argumentationshilfen: «Jeder spürt doch längst, dass etwas falsch läuft. Aber bei den meisten Leuten ist eben noch kein Leidensdruck da.»

Hintergrundwissen, Informationen, die ihre diffuse Vorstellung von der Globalisierung erhellen – das wollen alle. So entwickelt sich an diesem Abend die Diskussion, ob man das besser mit Referenten von außen, angeleitetem Selbststudium oder innovativen Lernmethoden wie Rollenspielen erreichen kann. Oder mit Vorträgen der Experten in den eigenen Reihen, in denen es auch viele kritische Gewerkschafter, Ökonomen oder Dritte-Welt-Engagierte mit fundierter Länderkenntnis gibt.

Daran wird deutlich, dass Attac zwar ein Katalysator ist – aber nicht bei null anfängt. Viele Mitglieder sind seit vielen Jahren aktiv – nur hatten ihre Themen keine Öffentlichkeit. Sie zählten nicht; immer weniger. In den Parteien war mit den kontroversen, angeblich nicht vermittelbar komplexen Fragen kein Blumentopf zu gewinnen; auch in den Gewerkschaften galt als – im besten Fall «rührende» – Nervensäge, wer sich in Zeiten der Arbeitslosigkeit zu Hause für seine Kollegen in Brasilien oder Südkorea interessierte. Für die Arbeit der meist kleinen entwicklungspolitischen oder ökologisch engagierten Gruppen, ob Bürgerinitiativen oder in den Kirchen, zeigten die Medien kaum Aufmerksamkeit.

Astrid Schaffert zum Beispiel, eine der wenigen fest Angestellten von Attac und aktiv in der Hamburger Gruppe, hat schon vor zehn Jahren in Freiburg eine Konferenz zum Klimagipfel in Rio organisiert, wo statt vager Vereinbarungen drastische CO_2-Reduktionsziele gefordert wurden. Auch während ihrer gesamten Studienzeit in Göttingen war sie in Sachen Ökologie und Dritte Welt aktiv, stritt für die Entschuldung der Entwicklungsländer, «obwohl wir in den Zeitungen das ewige Klischee lasen, die jüngere Generation sei politisch so desinteressiert». Ihr politisches Engagement wollte sie am liebsten zum Beruf machen. Fundiert informiert und erfahren berät sie nun zwischen ihren spielenden Kindern von der eher engen Hamburger Wohnung aus die Attac-Gruppen, wie man Seminare moderiert, Aktionen plant, Kampagnen durchführt.

Oder Philipp Hersel aus Berlin: Handelspolitik und Finanzmärkte treiben den Politologen seit Jahren um, zuletzt als Mitarbeiter bei der NGO BLUE 21. Er schreibt Gutachten darüber, sein Wissen ist in den Büros von Bundestagsabgeordneten gefragt: «Man kannte sich seit Ewigkeiten», sagt er über die Gründungsgruppe von Attac. Das Netzwerk als Vehikel ließ dann Dritte-Welt-Engagierte, die kurz vorher noch als Miesepeter in Sack und Asche verhöhnt worden waren, nach Seattle und Genua plötzlich wie Phönix aus der Asche zu gefragten Interviewpartnern aufsteigen.

So beschleunigten die Medien Wachstum und Einfluss der Organisation – in einem Maß, das die Mittel und realen Fähigkeiten der Beteiligten zunächst gar nicht gleich einlösen konnten. Attac und andere globalisierungskritische Gruppen seien keineswegs neu, sie «revitalisierten» bereits bestehende «Bewegungskerne», betont auch Dieter Rucht vom Berliner Wissenschaftszentrum, der soziale Bewegungen erforscht und selbst bei Attac Mitglied ist; sie führten aber darüber hinaus «den Protestgruppen frische Kräfte, insbesondere jüngere, zum Teil bislang kaum politische Menschen zu. Damit erlangt die anfängliche Überschätzung zunehmend Realitätsgehalt. Die Bewegungen gewinnen an Gewicht, weil sie für gewichtig gehalten werden.»[1]

Die Vielfalt der Mitglieder ist bei allen Gruppen groß, darüber hinaus haben sie oft einen deutlich lokalen Charakter. Ortstermin im Nürnberger Gewerkschaftshaus. An der Fassade hängt ein langes Transparent, darauf sind engzeilig die Namen all jener Firmen aufgelistet, die in den letzten zehn Jahren Arbeitskräfte entlassen mussten, einfach dichtgemacht haben oder abgewandert sind. 50 000 Jobs gingen in der Region verloren. Die Arbeitslosigkeit ist auf zehn Prozent gestiegen und trifft viele Ältere und niedrig Qualifizierte, die auch nichts

Neues mehr finden. «Die übrigen Unternehmen sparen bis zum Anschlag, um wettbewerbsfähig zu bleiben», sagt der 31-jährige Stefan Seitz, Typ Rockmusiker in Leder, der nach Lehre und Berufstätigkeit in einem Metallberuf jetzt Soziologie studiert. «Das bedeutet Entlassungen und Rackern ohne Ende für jene, die bleiben, bei flexiblen Arbeitszeiten, für das gleiche Geld.» Mag sein, dass im relativ wohlhabenden Schwaben mehr Menschen noch «keinen Leidensdruck haben», wie jene Lehrerin fand – in Nürnberg jedenfalls kriegen laut Stefan Seitz «viele die Veränderungen längst unmittelbar zu spüren». Auch deshalb wird Attac in der traditionellen Arbeiterstadt von der IG Metall unterstützt, mit Versammlungsräumen, Fotokopierern, Telefon.

Seitz hat die Attac-Gruppe gemeinsam mit dem ebenso gestandenen wie umtriebigen fränkischen Studien- und Gewerkschaftskollegen Bernhard Dobbert vorangetrieben, der sowohl IG Metaller als auch Grüner ist und «die Verkrustungen» bei beiden Organisationen aufbrechen will: «Attac wird Grüne und Gewerkschaften verändern.» Robert Schuh, der dritte Initiator im Bunde, ist für die IG Metall in den Firmen des Nürnberger Raums unterwegs und weiß aus Gesprächen mit Unternehmern wie Arbeitnehmern, wie bedroht sich alle, auch der Mittelstand, durch die Globalisierungszwänge fühlen. Er darf einen Teil seiner Arbeitszeit für Attac verwenden. Mit dem Ziel, Druck auf die Parteien auszuüben: «Sie sind nur noch Machtverteilungsmaschinen. Sie bieten keine Identifikationsmöglichkeit mehr.» So drücke sich im Interesse an Attac auch eine «Sehnsucht nach gemeinsamen Wertsystemen» aus. Und nach Beteiligung: «Die bundesdeutsche Nachkriegsdemokratie ist erstarrt.» Ein halbes Jahr lang hätten die drei Freunde von der IG Metall, vernünftige Rebellen, erst mal Bücher gelesen und Aufsätze aus dem Internet, erzählt Schuh. «Nach Genua dachten wir dann: Das ist der Zeitpunkt. Wir buchten einen Raum für 20 Personen. Es kamen 100.» Darunter neben den Gewerkschaftern «zwei Stück Professoren, ein Gentechniker, ein Philosoph, Ärzte, Arbeitslose, Studenten …»

Zum Beispiel der angehende Architekt Nico Sportelli. Erstmals politisch aktiv ist er geworden, weil bei Attac Nürnberg – wie in einigen Gruppen – praktisch ohne Hierarchien gearbeitet wird. Es gibt nur einen lockeren Koordinierungskreis, der Plenartreffen vorbereitet und die Aktivitäten koordiniert, beispielsweise auf der Internetseite ankündigt. Doch die wird ebenso von jedem bestückt, der etwas einspeisen will, und die Arbeitsgruppen planen ihre Veranstaltungen eigenständig. Es fehlen Präsident, Sprecher, jede Art von Funktionsträgern. Mit einer derart unverbrauchten Organisation können sich auch die Jüngeren identifizieren. «Bei mir ist das der Kern der Motivation», sagt Nico Sportelli, «dass ich kommen und gehen kann, wann ich will. Und dann will ich kommen!» So bedient Attac das Bedürfnis der individualisierten Gesellschaft nach Spontaneität und den Wunsch, sich an Organisationen nicht zu fest zu binden – so politisch riskant diese unzuverlässige Ungezwungenheit langfristig sein mag. Termine werden zumindest in Nürnberg spontan verabredet, bei geplanten Aktionen arbeitet mit, wer gerade Zeit und Lust hat.

Die einen gestalten dann ein Nord-Süd-Straßentheater um das Thema Verschuldung, die anderen einen Attac-Infostand. Das Interesse der Passanten sei groß gewesen, meint Robert Schuh: «Als Gewerkschafter wird man jedenfalls eher mal beschimpft.» Er heckt gerade eine Veranstaltung mit dem Grafen Faber-Castell aus, der für seine weltweiten Unternehmen «eine saugute Sozialcharta erarbeitet hat. Man muss doch auch mal positive Beispiele nennen.» Am meisten Aufsehen erregte bisher die «Aktion gegen Rechtspopulismus und geistige Brandstiftung»: Beim CSU-Parteitag im Oktober, an jenem Tag, an dem der italienische Ministerpräsident Silvio Berlusconi dort reden sollte (was er dann nicht tat), stapelten Attac-Leute vor dem Reichsparteitagsgelände sechs Fernsehbildschirme mit Zitaten Berlusconis und Edmund Stoibers zu einem kleinen Videoturm. Extremer Polizeischutz hatte die Spannung in der Stadt aufgeladen; entsprechend sensationslüstern habe die Parteitagspresse «von uns Globalisierungskritikern wohl mindestens erwartet, dass Autos brennen», sagt mit ironischem Lächeln Robert Schuh. Doch auf Schlachtenbilder warteten die Journalisten vergeblich und stießen auch beim Attac-Happening «bloß auf ein paar superliebe Theologiestudenten». Was aber hat Berlusconi mit Globalisierung zu tun? «Wir wollten auf die Unterhaltungsinflation aufmerksam machen», so der Gewerkschafter, «die uns weltweit von den politischen Entwicklungen ablenken soll. Zugleich auf die Gefahr, dass konzentrierte Medienmacht manipulieren, mit der Angst der Menschen spielen kann.» Außerdem: «Berlusconi verantwortet Genua!»

Attacis backen Arbeitsplätzchen

Symbolhafte Spektakel, ähnlich wie sie Greenpeace zum Ökologiethema inszenierte, haben mit Attac neue Konjunktur. Die Nürnberger wollen als Nächstes schon mal auf lokaler Ebene ein Tobin-Steuer-Konto für freiwillige Zahler eröffnen. Eine «Geldwäsche» in der Alster demonstrierte die Hamburger Gruppe. Steueroasen und schwarze Koffer irritierten in den Fußgängerzonen diverser bundesdeutscher Städte. Die Berliner schoben kurz vor Weihnachten «Arbeitsplätzchen» in den Ofen. In Bochum rissen sich Studenten aus Protest gegen die öffentliche Sparpolitik im Bildungssystem mitten im Hörsaal «letzte Hemden» vom Leib. Und in München fassten sich Attacis an den Händen zur «Börsenumzingelung» – «na gut», gibt eine der Beteiligten zu, «ganz herum haben wir nicht geschafft.»

Doch im Vordergrund neben dergleichen öffentlichkeitswirksamen Aktionen steht für die meisten ein «demokratischer Lernprozess» – wie in Frankreich. Parteien und Gewerkschaften, meint Robert Schuh, «kümmern sich nicht ausreichend um die Köpfe. Mit ihrer politischen Bildung erreichen sie die Leute nicht mehr. Da stößt Attac in ein Vakuum.» Fast alle Mitglieder wissen, dass sie über die Institutionen, Gremien und Prozesse, in denen die keineswegs schicksalhafte Globalisierung politisch geformt wird, noch viel zu wenig wissen. So werden nun in Nürnberg Texte des französischen Soziologen Bourdieu studiert, in Berlin nimmt sich die «Lesegruppe» Richard Sennetts Buch «Der flexible Mensch» vor; die Münchner diskutieren «No Logo» von Naomi Klein. Und in allen Städten gibt es Arbeitsgruppen, die sich mit Büchern, Broschüren und Internet die Finanzmärkte erklären, sich mit IWF und Weltbank beschäftigen, mit Struktur und Einfluss der Welthandelsorganisation, einer demokratischen Zukunft Europas, der Ökonomisierung des Alltagslebens, der Privatisierung des Renten- und des Gesundheitssystems. Keine Marx-Schulungen an heiligen Texten wie früher. Man recherchiert gemeinsam aktuelle Informationen und diskutiert sie in der Breite der versammelten Weltanschauungen.

«Gegenöffentlichkeit»: Der Bedarf daran ist wieder gestiegen. In den Siebzigern hatte die Ökologie- und Friedensbewegung Selbstbetrug, Lügen und Widersprüche eines einseitig in Großstrukturen denkenden Politik- und Wissenschaftsbetriebs enttarnt; jetzt soll der Scheinwerfer auf Selbstbetrug, Lügen und Widersprüche einer einseitigen Ökonomie gerichtet werden. Damals seien die Medien ungebrochen wissenschaftsgläubig gewesen, meint die frühere Musikpädagogin Sue Dürr; heute gelte es der marktgläubigen Mehrheitsperspektive kritische Stimmen entgegenzuhalten. Die Ehefrau des Physikers Hanspeter Dürr vom Global Challenges Network, die als Ansprechpartnerin auf der Homepage der Münchner Attac-Gruppe steht, stammt aus Kalifornien und war dort bereits an der Universität Aktivistin. Sie lebt in einem Häuschen mit verwunschenem Garten im Norden Schwabings. In München hat sie Gegenöffentlichkeit schon mit Protesten und Informationsveranstaltungen über die Gefahren der Atomenergie und über die amerikanischen Stationierungspläne hergestellt. 1997 organisierte sie Veranstaltungen über das Multilaterale Investitionsabkommen MAI: «Das haben wir auch ein wenig mit scheitern lassen.» Damals war sie erschrocken darüber, «wie wenig sich selbst die Beamten aus dem Wirtschaftsministerium, die wir aufs Podium eingeladen hatten, mit der Situation in den Entwicklungsländern auskannten, wie sie unsere Argumente gar nicht nachvollziehen konnten, nach dem Motto: ‹Ihr habt doch auch Aktien, oder?›». Und jetzt erlebte sie beim Gespräch mit einem Bundestagsabgeordneten über die drohende Privatisierung der Wasserversorgung als mögliche Folge des WTO-GATS-Abkommens eine Art Déjà vu: «Der wusste so gut wie nichts.» Was ihre Überzeugung nur bekräftigte: «Wir müssen die Politiker unter Druck setzen – aber erst mal müssen wir auch sie aufklären.» Also «erst uns informieren und dann die anderen». Attac München sendet zum Beispiel jeden Monat eine Stunde im Lokalradio Lora.

Sue Dürr hofft, dass das Bündnis auf die Dauer Lösungen erarbeitet und in die Gesellschaft trägt, wie man «den zerstörerischen Wachstumskapitalismus überwinden kann – weil er mit der Realität des Planeten nicht vereinbar ist. Wie man für das Leben wirtschaften kann.»

Das breite Spektrum politischer Herkünfte bei Attac, das die Münchner Gruppe kennzeichne wie die anderen, hält auch sie eher für eine Chance. Die «ganz Linken» gehen ihr «mit ihrer barschen Rhetorik» zwar manchmal ein wenig auf die Nerven, «die wirken als Bürgerschreck.» Aber insgesamt sei «der Umgang der Leute miteinander heute ganz anders als früher. Es herrscht nicht mehr dieses feindliche Gebrüll, auch keine endlosen Diskurse über jede einzelne Textzeile. Die Kompromissbereitschaft ist größer.»

Immerhin, ein minimales gemeinsames Fundament muss es geben; einige grundlegende Übereinkünfte, an die sich alle Attac-Gruppen halten können, wenn es Konflikte gibt. Nach einem Selbstverständnispapier, das Werner Rätz und Peter Wahl aus der Gründergruppe erarbeitet haben, legt sich das Bündnis explizit auf keine Theorie, Ideologie, Weltanschauung oder Religion fest.[2] «Wir sind ein offenes Netzwerk, keine geschlossene Gesellschaft», hatte Barbara Unmüssig beim Berliner Kongress betont. Jeder soll mitstreiten können, ob Katholik oder Kommunist, Trotzkist oder Humanist, Sozialdemokrat oder Christsozialer. Er sollte nur die oben genannten konkreten Attac-Forderungen von der Tobin-Steuer bis zur Abschaffung von Steueroasen teilen. Und zweitens Grundsätze, so Peter Wahl, die bewusst «in einer gewissen Vagheit und Unschärfe» gehalten sind, um das Bündnis auf möglichst breite Füße zu stellen:

- Attac lehnt die gegenwärtige Form der Globalisierung, die neoliberal dominiert und nur an den Gewinninteressen der Wirtschaft orientiert ist, ab: Die Welt ist keine Ware.
- Attac setzt sich stattdessen für die Globalisierung von sozialer Gerechtigkeit, politischen, wirtschaftlichen und sozialen Menschenrechten, für Demokratie und umweltgerechtes Handeln ein.

Das sind die beiden Kernsätze. Darüber hinaus werden zwei Grenzpfähle gesetzt. Ausgeschlossen sind Neofaschisten, die immer mal wieder versuchen, mit nationalistisch, gar antisemitisch motivierter Kapitalismuskritik bei Attac unterzuschlüpfen: «Für Rassismus, Antisemitismus, Fremdenfeindlichkeit, Chauvinismus und verwandte Ideologien gibt es keinen Platz.» Ebenso wenig dürfen Personen oder

Gruppen mitarbeiten, die Gewalt als politisches Mittel akzeptieren – nach Seattle, Göteborg, Prag und Genua das Thema, «nach dem uns Journalisten wieder und wieder fragen», wie Attac-Mitbegründer Sven Giegold im Bundesbüro leicht genervt bemerkt. Denn die Haltung ist kategorisch: «Attac handelt gewaltfrei. Punkt.»

Ganz ohne Verständnis ist Sven Giegold allerdings nicht dafür, «dass man Wut empfinden kann über die politische Untätigkeit angesichts wachsender Ungerechtigkeit auf der Welt. Den Gessler-Hut grüßen wollen wir nicht.» Aus anderen Gründen lehnt es Peter Wahl von WEED ab, sich von Militanz und Gewalt zu «distanzieren»: denn diese Formulierung unterstelle fälschlich, schreibt er, dass die Bewegung zuvor auf einer militanten Position gestanden habe. Gewalt kritisiert Wahl als «Instrumentalisierung der Zivilgesellschaft»: «Mit dem Hineintragen von Militanz in eine soziale Bewegung diktiert man dieser den Charakter der Aktionsformen, ohne sich der Mühe demokratischer Überzeugungsarbeit unterziehen zu müssen.» In der öffentlichen Debatte marginalisiere das Gewaltthema kraft seiner Bilderträchtigkeit und existenziellen Dimension zudem alle inhaltlichen Anliegen. Gesellschaftliche Veränderungen müssten aber «durch die Köpfe der Menschen gehen». Ähnlich argumentiert ein Attac-Positionspapier. Und zornig schreibt Susan George: «Unsere Ideen, die Gründe für unsere Opposition, unsere Vorschläge werden vollständig in den Hintergrund gedrängt … Ich habe, ehrlich gesagt, die Nase voll von jenen Gruppen, die sich nie an Aktionsvorbereitungen beteiligen, die der täglichen Kleinarbeit fern bleiben, aber bei Demonstrationen gewissermaßen von oben einfliegen, um Randale zu machen, ohne sich um Vereinbarungen zu scheren, die andere ausgehandelt haben … Mir reichen diese tyrannischen Typen …»

Kern der internen Attac-Kultur ist das Konsensprinzip: Wir machen nur, worauf wir uns einigen können – alles andere machen wir nicht, jedenfalls nicht gemeinsam. Attac schließt ein, nicht aus: Als etwa einige Zwischenrufer beim Kongress in Berlin dem Bündnisgrünen Daniel Cohn-Bendit die Attac-Mitgliedschaft bestreiten wollten, weil er den Afghanistan-Einsatz der Bundeswehr befürwortete, schüttelte die große Mehrheit im Saal empört den Kopf. Schon um des schieren Überlebens willen achten selbst die radikalen Splittergruppen hochempfindlich darauf, dass das endlich erreichte, noch schwache Bündnis bloß nicht wieder zerbricht.

Was nicht heißt, dass es nicht hoch herginge. Zum Beispiel, wenn der einschlägige Kommunist mit dem Reformismus-Vorwurf auftaucht und mit ihm die Grundsatzfrage: Den Kapitalismus bloß zähmen – oder ihn überwinden? Der große Unterschied zu früher: Dieser ewige Kommunist wird bei Attac von Jüngern weder angehimmelt noch niedergebrüllt. Man hört ihm zu – und konzentriert sich dann wieder auf Sachfragen. Realistisch und pragmatisch finden die meisten Attacis: Besser eine «systemimmanente» Tobin-Steuer als gar kein zähmendes Regelwerk für die Finanzmärkte. «Der Streit kann heftig sein», resümiert Bernhard Dobbert, «aber die Zusammenarbeit funktioniert.» Ein Student im Nürnberger IG-Metall-Haus deutet die Toleranzbereitschaft als altersübergreifende Symbiose: «Wir Jüngere hatten nach 16 Jahren vielleicht einfach noch keine Gelegenheit, uns stabile Weltbilder anzueignen; wir fangen ja jetzt erst an, politisch nachzudenken. Und die Älteren haben nach den Erfahrungen von früher die Schnauze von selbstzerstörerischen Flügelkämpfen endgültig voll.» Und Martin Zeis schwärmt von dem ganz neuen «offenen Dialog», «der dem Individuum maximale Freiheit gibt, das Programm und die Aktivitäten nach seinen Vorstellungen mitzugestalten». Kaum zu glauben, aber die besonders in Deutschland, besonders im linken Spektrum so beliebten, mit allen Mitteln geführten Schlachten um programmatische Reinheit scheinen bei Attac tatsächlich auszubleiben. Bisher.

Dabei schlägt, bei allen Bekenntnissen zum Pluralismus, das Herz der meisten Attacis links – wie das von Oskar Lafontaine. Unüberhörbar jedenfalls bei der Truppe politisch erfahrener Haudegen, die sich als – natürlich spontane – Delegation der Bochumer Gruppe im Café Ferdinand vorstellt. Das Ruhrgebietsbündnis ist besonders aktiv; neben Friedensdemos, WTO-Informationsstand und einer kritischen Veranstaltung über die Citibank gemeinsam mit ver.di protestierte Attac dort im Weihnachtsgetümmel gegen DB-Chef Mehdorns Absicht, die Bahnhofsmissionen zu schließen. Gekommen sind aufmüpfige Parteigänger, die sich immer wieder an den Rand gedrängt fanden oder über ihn hinaus.

Peter Rath beispielsweise, Kaufmann, Pädagoge in der Erwachsenenbildung und Kleinverleger kapitalismuskritischer Schriften, verließ die Grünen, als die dem Kosovo-Einsatz zustimmten. Anschließend «hospitierte» er bei der PDS im Ruhrgebiet, dort war es ihm aber wohl zu unausgegoren, «die haben zum Glück vergessen, mir einen Mitgliedsausweis zu schicken, da musste ich nicht extra wieder austreten». So setzt er seine Suche «nach etwas Besserem als dem Sozialismus als Alternative zum Kapitalismus» jetzt bei Attac fort. Ihm gegenüber sitzt Michael Büttner, der in einem Call Center der Citibank einen der ersten New-Economy-Betriebsräte initiierte. Auch er hat bei den Grünen «den Austritt geprobt». Trat dann trotzig in die SPD ein und beobachtete bei seinen neuen Genossen «enorme innere Emigration. Ab Unterbezirksebene gelten nur noch festgesetzte Meinungen.» Umso wichtiger ist es für ihn, gleichzeitig in einem offenen Feld aktiv zu sein: «Attac muss den Parteien Druck machen und darf ihnen auf keinen Fall ähneln.» Und dann ist da noch der belesene Übersetzer Jürgen Bargmann, «sieben Jahre SPD, sieben Jahre DKP, und die PDS geht mir nur noch nicht genug auf die Nerven». Parteien, findet er, seien viel zu sehr mit sich selbst und zu wenig mit Inhalten beschäftigt. Seine politische Konsequenz: «Ich baue auf die Produktivität des pluralen Chaos.»

Doch die Frage nach der Grenze des Chaos bleibt: Franst eine Bewegung nicht aus, wenn sie inhaltliche Konflikte einfach löst, indem sie noch eine weitere Arbeitsgruppe gründet? Verliert sie ihren Wiedererkennungswert, wenn die einen unter der Attac-Fahne gegen Bomben auf Afghanistan demonstrieren, während die anderen meinen, das sei Sache der Friedensbewegung? Muss das Netzwerk Attac nicht weiterhin die politische Marktlücke der Finanzmarktkontrolle füllen? Wird nicht beliebig und damit ineffizient, wer jede Meinung, jedes Interesse integriert? Kurzum: Kann man auf Dauer gemeinsam und verschieden sein? Der Anthroposoph Thomas Autenrieth antwortet feierlich mit einem Lob der Widersprüche von Novalis: «Sollte das höchste Prinzip das höchste Paradoxon in seiner Aufgabe enthalten? Ein Satz sein, der schlechterdings keinen Frieden ließe, sooft man ihn auch schon verstanden hätte? Der unsere Tätigkeit unaufhörlich rege macht, ohne je zu ermüden, ohne gewohnt zu werden?» So kann man es auch sagen.

Spannung aushalten: Mit Attac ist einerseits tatsächlich etwas ganz Neues entstanden, eine Bewegung aus Einzelnen und Organisationen für ökonomische Gerechtigkeit, die Meinungspluralismus um ihrer eigenen Kraft, ihres politischen Gewichts willen ertragen will, ja sogar fördern, mit bemerkenswert selbstverständlicher demokratischer Reife und Disziplin. Und doch werden sich Konflikte im Laufe der Arbeit gewiss zuspitzen. Schon allein aus Kapazitätsgründen kommt man um Prioritäten nicht herum. Und damit um Streit: etwa über die Frage, wie viel Aktion sein soll und wie viel Kompetenz. Wie viel Planung notwendig ist und wie viel Spontaneität möglich. Wie viel Entscheidungsfreiheit und -macht den einzelnen Arbeitskreisen zukommt und wie viel den «Koordinierungskreisen». Wie viel verpflichtendes Erscheinungsbild nach außen braucht Attac und wie viel Meinungsfreiheit der einzelnen Mitglieder? Ist dies ein lockeres Bündnis oder eine straffe Organisation? Und selbst wenn man all diese Struktur- und Strategiefragen auf regionaler Ebene klären kann: Wie sieht es dann überregional aus? Damit beschäftigt sich das Attac-Bundesbüro.

NGO? Netzwerk? Bewegung? Verein?

Vielleicht wäre es vielen Bewohnern des niedersächsischen Städtchens Verden lieber gewesen, wenn ihr adretter Heimatort nicht ausgerechnet wegen der Leute im Ökohaus bundesweit Aufmerksamkeit erregt hätte. Stellt doch dieses alternative Zentrum inmitten einer Mehrheit aus CDU- und FDP-Wählern und gestutzten Vorgärten einen ausgesprochenen Störfall dar: mit dieser struppigen Pflanzenkläranlage vor dem Gebäude und dem Frauen-, Mütter- und Lesbenzentrum; mit dem Laden für biologische Baustoffe und den Dritte-Welt-Gruppen, der Kleinkunstkneipe und dem kollektiven Mittagessen, preiswert trotz eigens angestelltem Koch und mit Rohstoffen vom Biobauern.

Allerdings war eine hell und heiter umgebaute ehemalige Kaserne genau die richtige Adresse für eine Organisation, der es bei ihrem Einsatz für mehr soziale Gerechtigkeit auch um größere Chancen für den Frieden geht. Mit einem privat zusammengekratzten Eigenanteil und einem hohen Darlehen haben die Bewohner dreieinhalb Millionen

Mark für den Kauf zusammengekriegt. «Dass eine andere Welt möglich ist», sagt Attac-Mitbegründer Sven Giegold, «wollten wir hier auch praktisch demonstrieren.» Der jungenhaft wirkende 32-Jährige, sanft im Auftritt, aber im Urteil scharf, ist einer der Strategen und Organisatoren in der ursprünglichen Attac-Zentrale. Kaum zu glauben, dass man aus diesen viel zu engen Büros voller Faltblätter, Plakate, Computer, Papierstapel das «Wachstumsmanagement» einer bundesweiten Organisation leisten konnte. Von hier aus werden Materialien versandt, Zuschüsse eingetrieben, Aktionsvorschläge erdacht und verteilt, bundesweite Arbeitsgruppentreffen, Vorträge, weitere Gründungsversammlungen organisiert. «Wenn man wächst, wächst zwar die Begeisterung mit», sagt Sven Giegold, «aber auch der Ärger.» Zurzeit sei er «ein wenig unfit. Weil so viel zu tun ist.» Gut, dass es nur ein paar Schritte sind bis zum Wald, wo man mittags bei einem Rundgang Weißkohlauflauf und Stress verdauen kann.

Schon Giegolds Studium in Bremen und Birmingham war bestimmt von seinem politischen Engagement: Seit Jahren aktiv in der Jugendumweltbewegung und im BUND, wollte er sich auch an der Uni beispielsweise mit den Möglichkeiten einer ökologisch begründeten Re-Lokalisierung der Wirtschaft beschäftigen. Am Ende der Ausbildung fand er jedoch, «dass der Wandel der globalen Wirtschafts- und Finanzregeln jetzt noch wichtiger ist». So beratschlagte er mit einer Gruppe von Freunden, wie man dieses Thema in Deutschland international vernetzt vorantreiben könne. «Wir wollten etwas aufbauen, was in die Globalisierung eingreift – aber zugleich Leben, Arbeit und Politik verbinden. Jedenfalls auf keinen Fall so enden wie die alten Säcke aus den Umweltverbänden, die sich ganz normal etabliert haben und höchstens noch einmal die Woche über das Böse in der Welt klagen.» Um sich über oppositionelle Aktivitäten zu den Themen Schuldenerlass und Finanzmärkte zu informieren, reisten Giegold und Friends zu der Verbraucherschutzorganisation Public Citizen und zu anderen NGOs in die USA. Und gründeten schließlich Share (englisch: teilen). Mit aller Konsequenz: Um in Verden mitmachen zu können, gab Christoph Bautz seinen Job als Diplom-Biologe beim Naturschutzzentrum Darmstadt auf, der Physiker Oliver Moldenhauer seine Doktorandenstelle am Potsdamer Institut für Klimafolgenforschung.

Der Politologe Felix Kolb verschob sein Promotionsvorhaben an der ehrwürdigen Cornell University, die Allround-Aktivistin Jutta Sundermann ließ alle anderen Projekte liegen, und die Sozialwirtin Astrid Schaffert verkniff sich den Umzug in ihr geliebtes Freiburg im Breisgau. So fing alles an. Genauer gesagt: auch so.

Denn etwa zeitgleich begann in Bonn der politische Stratege bei WEED Peter Wahl die Gründung einer Organisation zum Thema Finanzmärkte vorzubereiten. Der NGO-Aktivist und Publizist, als Student der Romanistik und Gesellschaftswissenschaften von 68 geprägt, erkannte wie die französischen Attac-Gründer immer dichtere Indizien, dass eine «historische Situation» einer breiten Bewegung Wege eröffnete. «Schon der Widerstand gegen das MAI hatte gezeigt, dass die Akzeptanz der Globalisierung zu sinken begann. Dann kam die breite Mobilisierung der Jubilee-Kampagne für einen Schuldenerlass, vor allem in den USA», so beschreibt er seine Beobachtungen. «Die Reden von Managern wie James Wolffensohn und Joseph Stiglitz signalisierten, dass sich auch in der Weltbank der Wind allmählich drehte; die Konflikte in Seattle, dass die Offensive des Lächelns der Globalisierer gegenüber der Zivilgesellschaft nicht den gewünschten Erfolg gebracht hatte. Außerdem war das Selbstbewusstsein der Dritte-Welt-Staaten gewachsen; an ihrem Widerstand sind letztlich die WTO-Folgeverhandlungen gescheitert.»

Dort, in Seattle, sagt Wahl, sei «der Groschen bei mir endgültig gefallen: als ich sah, wie unzählige junge Leute in der großen Konzerthalle acht Stunden lang Reden von Walden Bello oder Susan George aufsaugten wie trockene Schwämme; wie sie Wort für Wort mitschrieben. Da dachte ich: Gleichheit is back on the Agenda. Der Zeitpunkt ist da.» Gemeinsam mit der Heidelberger Organisation Kairos Europa, mit Share, ILA und Pax Christi gründete Wahl im Januar 2000 das «Netzwerk zur demokratischen Kontrolle der Finanzmärkte», das sich im November 2000 umtaufte in Attac. Grob gesehen entstand eine Symbiose, bei der Wahl und einige Köpfe aus anderen NGOs eher die inhaltlich-strategische Arbeit koordinierten, die aktionsorientierten Share-Leute eher die Organisation. Neun Mitarbeiter gibt es mittlerweile in Verden, davon drei Teilzeitkräfte, die aus Spenden und Mitgliedsbeiträgen bezahlt werden, und zwei Stellen sind durch Arbeitsmarktprogramme finanziert. Hinzu kommen noch Hospitanten und Schüler, die zwischendurch mal jobben. Die Übrigen arbeiten ehrenamtlich; Sven Giegold etwa verdient sein Geld freiberuflich mit Vorträgen, Gutachten, Studien. Er sagt: «Wir sind hier dazu da, Attac groß zu machen.» Ab dem Frühjahr 2002 werden sie dabei allerdings von einem Büro in Frankfurt abgelöst. Symbolhaft mitten im Bankendschungel, aber möglichst weit entfernt, so Giegold, «vom Berliner Klüngel».

Doch auch das gemütliche Verden an der Aller, das atmosphärisch von den Politikzentren noch weiter weg liegt, als es die räumliche Distanz ohnehin nahe legt, war für die Attac-Offensive kein Hinderungsgrund – weil es das Internet gibt. Es hat die Arbeit aller NGOs erleichtert, aber ein komplexes Netzwerk aus NGOs und Einzelpersonen, in dem es auf Transparenz und möglichst schnellen und gleichen Informationsstand über immerhin weltweite Zusammenhänge ankommt, ist durch das Internet überhaupt erst möglich. So hat jedes Attac-Mitglied, aber auch jeder Neugierige aus Coburg oder Köln, Birmingham oder Bombay Zugriff auf Protokolle, Positionspapiere («Die Knackpunkte von Doha») und wissenschaftliche Aufsätze, die die Verdener ins Netz gestellt haben; ähnlich können sich deutsche Attacis auf der französischen, schwedischen oder kanadischen Website versorgen. Tageszeitungsartikel zu aktuellen Debatten, Attac-Stellungnahmen wie der offene Brief an den Bundeskanzler in Sachen Devisenumsatzsteuer oder Rundbriefe anderer NGOs von Genf bis Brüssel werden über die Mailingliste verbreitet. Dort geben auch Mitglieder ihre Meinungen ab; endlose Netzdebatten fanden über die Frage statt, welche Rolle Oskar Lafontaine spielen solle (Mehrheitsvotum: bloß keine bedeutende, aber gut, dass er dabei ist). Das Netz bietet ein Feld zur gegenseitigen Bestärkung, etwa wenn «Kalle Peace» mit der John-Lennon-Zeile «You may say I'm a dreamer, but I'm not the only one» seine Mails unterzeichnet. Aber es ist auch eine Abspielfläche für die Ergüsse von Querulanten: Nachdem immer mehr Mitglieder gegen eine ins Penetrante ansteigende «Mailing-Flut» protestierten, wurde zusätzlich zum anfangs ganz offenen Forum in Verden mittlerweile eine weitere Liste mit Moderation eingeführt, die ein wenig vorsortiert.

Eine neue Qualität von Öffentlichkeit entsteht so. Dazu gehört die

Erweiterung des politischen Wahrnehmungshorizonts, weil man per Internet die Lesefrüchte von ähnlich interessierten Menschen aus den verschiedensten Kontinenten, politischen und beruflichen Zusammenhängen teilt: Aufsätze von Arundhati Roy oder Noam Chomsky aus internationalen Blättern, Kommentare afrikanischer Tageszeitungen zum 11. September, Papiere der pakistanischen Labour Party oder der amerikanischen Grünen zu den Bombardements in Afghanistan – Perspektiven, die in bundesdeutschen Medien unterbelichtet bleiben. Kaum vergleichbar wären Aufwand und Zeit, wollte man solche publizistischen Beiträge per Post kommunizieren. Rundversandt übers Internet werden zudem Presseauswertungen von Attac-Aktionen. Jede Gruppe vor Ort hat ihre eigene interne Mailingliste, um Diskussionen vorzubereiten, Termine anzukündigen, spontan Aktionshelfer zu mobilisieren. Beitrittsformulare: gleich am Computer ausfüllen, absenden. Faltblätter, Argumentationshilfen aus Verden, Textentwürfe, an deren Vollendung man sich beteiligen will: einfach ausdrucken. Beschlüsse, Debatten und Hintergründe aus Sitzungen der internen Gremien: im Internet-Protokoll jederzeit nachlesbar.

Desgleichen der Haushalt, der im Jahr 2001 die bescheidene Summe von 173 000 Mark umfasste und sich wegen des unerwarteten Wachstums bei den Einnahmen um 182 Prozent, bei den Ausgaben um 163 Prozent erhöhte. Für 2002 wird er bereits auf 400 000 Euro geschätzt. Im Wesentlichen Mitgliedsbeiträge (15–60 Euro im Jahr) oder Spenden, nur vereinzelt sind Projektzuschüsse darunter, sei es von der Heinrich Böll Stiftung oder dem Ausschuss für entwicklungsbezogene Bildungsarbeit ABP der evangelischen Kirche. Die Attac-Gruppen erhalten 30 Prozent der Mitgliedsbeiträge aus ihrer Region für eigene Aktivitäten überwiesen. Astrid Schaffert in Hamburg berät sie darüber hinaus, bei welchen Institutionen man Gelder mobilisieren kann – auch solche Empfehlungen vermitteln sich per Internet leichter.

In den ersten Monaten nach der Gründung lief es in Verden noch zäh. Die Mitgliedsorganisationen steckten wenig Kraft und Geld in einen neuen Überbau, dessen Notwendigkeit sich erst noch erweisen musste; die Öffentlichkeit interessierte sich noch weniger. Bis Genua. Plötzlich: Attac auf allen Kanälen. Der Arbeitsanfall, so ein Verdener Hilferuf im Netz, war «so erfreulich wie dramatisch». Die Medien, vermutet Sven Giegold, hätten nicht gewusst, wie sie den Widerstand beim G8-Gipfel einordnen sollten: «Da haben sie sich irgendwann darauf geeinigt, uns zur Antiglobalisierungsbewegung schlechthin zu machen.» Dabei sei Attac kein Sprachrohr und erhebe keinerlei Anspruch auf Führung. Aber es zog der Name: frech, angriffslustig, leicht zu merken, viel leichter als andere Bezeichnungen mit unerklärlichen Großbuchstaben. Die professionelle Pressearbeit aus Verden tat ein Weiteres – und der Eindruck, Attac sei eine Art Dachverband.

Diskutieren, umsetzen, Ergebnis!

Sven Giegold indes spricht lieber von der Gründung als «Kampfabteilung der NGOs». Er hat Recht mit seiner Analyse: Die oppositionelle Szene, gleich ob im Bereich Ökologie, Arbeit oder Dritte Welt, hat sich in den neunziger Jahren in Deutschland in den Nichtregierungsorganisationen konzentriert und die professionelle Informations- und Lobbyarbeit auf Regierungsebene in den Mittelpunkt gestellt. Das ist teils eine Konsequenz aus ihrem politischen Erfolg, immer wieder fragten politische Akteure die Kenntnisse und Vorschläge ja tatsächlich nach, und ihre Einflussnahme zeigte einige Wirkung. Doch manchmal erreichten Regierungen mit solchen Akzeptanz-Umarmungen auch, dass Kritiker ihre Forderungen verwässerten, dass sie sich von ihren eigenen Prioritäten ablenken und, wie bei der Weltklimafrage, auf einen offiziellen Themenkatalog einschwören ließen. Ein ambivalenter Weg. Die NGOs hätten zwar «eine Menge Expertise angesammelt und Diskursarbeit geleistet», urteilt Sven Giegold, «auf die wir als Attac jetzt auch zurückgreifen können». Doch zugleich verschwanden die kritischen Themen der Globalisierung immer mehr aus der Wahrnehmung der breiten Öffentlichkeit und mit ihnen eine Bewegung, die den Anliegen der NGOs Nachdruck verlieh, den Regierungen Druck machte.

Gegen diese Entwicklung setzt Attac nun seine auch regional praktizierte «Doppelstrategie»: Einerseits bläst das Bündnis den Aktivitäten jeder einzelnen Mitgliedsorganisation zusätzlich Wind unter die Segel, wenn es auf Bundesebene und über seine einzelnen Gruppen die gleichen Themen aufgreift. Beispielsweise die Folgen des im WTO-TRIPS-Abkommen festgesetzten Patentrechts für Entwicklungsländer – die Medico International oder BioSkop zugleich schon lange auf ihrer Aktivitätenliste haben. Andererseits verbreiten Gewerkschaften, Kirchen, entwicklungspolitische NGOs oder studentische Gruppen mit ihrer Infrastruktur auch die Attac-Kernanliegen. So wirkt Attac wie ein Verstärker. Zugleich sind Konflikte bei dieser Konstruktion relativ leicht entschärft: Strittige Themen, für die kein Konsens zustande kommt, kann die abgewiesene Organisation ja immer noch für sich, nur nicht unter Attac-Label, weiter verfolgen.

Die lockere Verbindung, die in erster Linie auf eine möglichst breite Basis zielt, entspricht ganz Peter Wahls Vorstellung: «möglichst keine Vereinsmeierei, möglichst keine traditionalistischen Begriffe für die Organisation». So gibt es bisher auch auf Bundesebene keinen offiziellen Vorsitzenden, kein Präsidium oder einen Vorstand, keinen Sprecher, wenn auch eine Kerngruppe von Personen, die sich öffentlich eher als andere äußern, und eine je nach Zeit und Interesse entschiedene Aufgabenverteilung. Und neben verschiedenen bundesweiten Arbeitsgruppen (z. B. WTO, Soziale Sicherung, neuerdings auch Ökologie) reduziert sich das Formale einstweilen auf zwei Gremien: den «Ratschlag» (dessen Name allerdings durchaus an Tradition anknüpft, an jene der gehassliebten grünen Partei), das ist das Treffen der Attac-Gruppen und Mitgliedsorganisationen zweimal im Jahr. Und den Koordinierungskreis, den politisch prägenden Ort, wo Strategien entwickelt und laufende Entscheidungen gefällt werden. Er wurde beim ersten Ratschlag im April 2000 sozusagen nach dem Lustprinzip gebildet («Wer will mitmachen?»), im Laufe der Zeit immer wieder ergänzt und per Ratschlag-Konsens legitimiert. Zurzeit sind Mitglieder: Lena Bröckl aus Berlin, Martin Glück von Kairos Europa, Kurt Haymann von Attac München, Martin Herndlhofer von Pax Christi und Attac Frankfurt, Philipp Hersel von BLUE 21, Anna Karrass von Attac Hamburg und Astrid Kraus von Attac Köln, Sven Giegold und Oliver Moldenhauer aus dem Verdener Büro, Pedro Morazan von Südwind, Eva Quistorp für die Attac-Frauen, Claudia Meyer vom DGB-Bundesvorstand, Werner Rätz von der ila und Peter Wahl von WEED, Hugo Braun als Vertreter der Arbeitslosen-«Euromärsche».

Anfangs war die Toleranz unter Attacis groß gegenüber Abstimmungen, an denen sich selbst Nichtmitglieder beteiligen dürfen, solange sie bloß anwesend sind; gegenüber eher spontan eingesprungenen statt gewählten Akteuren und Pi mal Daumen ermitteltem Konsens. Doch mit der Erweiterung des Bündnisses wächst sein politischer Einfluss, die Chance, dort ein Podest für die persönliche Profilierung zu finden – und damit die Notwendigkeit, im Interesse demokratischer Transparenz einen festeren rechtlichen Rahmen zu schaffen und eine effiziente, demokratisch legitimierte Führungsstruktur.

Zurzeit sind im «KoKreis» mit wachsender Zahl und Heterogenität der Attac-Mitglieder die NGOs und Vereine gegenüber den Einzelpersonen überrepräsentiert; die Gründerväter (und -mütter) gegenüber anderen NGOs und die Attac-Gruppen haben noch kaum etwas zu sagen. Zwei Frauen wurden in Berlin per Konsenszuruf spontan hineingewählt, außerdem je eine Vertreterin des DGB und des neu gegründeten Frauennetzwerks. Doch was in einem Bündnis aus 100 Mitgliedern funktioniert, wird sich in einer Organisation mit mehreren Tausend ändern. Und auch beim Ratschlag stellt sich die Frage: Soll weiterhin jeder stimmberechtigt sein – oder gilt in Zukunft das Delegiertenprinzip? Nach welchem Modus soll gewählt und abgestimmt werden; ist das Konsensprinzip auf Dauer ausreichend, realistisch, effizient?

Denn je lockerer die Struktur, desto leichter ist die Vereinigung auch zu unterwandern. Immer wieder gab es zum Beispiel in Universitätsstädten Konflikte mit «Linksruck»: in Berlin druckten Mitglieder der radikal sozialistischen Gruppe Antikriegsflugblätter für Attac im Layout der eigenen Organisation; im Internet kursierte ein Papier, in dem Linksruck den Mitgliedern explizit nahe legt, Attac als Aktionsfeld zu instrumentalisieren. Noch wirksamer könnten in Zukunft einflussreichere Organisationen wie die Gewerkschaften oder die PDS versuchen, Attac für ihre Zwecke umzudeuten. Von einem nordrhein-westfälischen PDS-Funktionär kursiert das Zitat, Attac eigne sich vorzüglich als Wählerinitiative. Peter Wahl: «Die Riesendiskussion um die innere Demokratie ist jetzt da: Bleiben wir eine Bewegung ohne feste Strukturen – oder werden wir ein Verein?»

Ihre Dringlichkeit zeigte sich selbst bei der Besetzung ebenjener

Arbeitsgruppe, die sich über Strukturen Gedanken machen soll: Als sich beim Berliner Ratschlag zwei Frauen für diese Aufgabe meldeten, die gerade erst bei Attac eingetreten waren, gab es Murren, Protest im Publikum – Positionen muss man sich wohl doch erst verdienen. Oliver Moldenhauer, der den Ratschlag um Konsens bemüht moderierte: «Ich möchte vorschlagen, dass wir das niedriger hängen. Vor kurzem waren wir noch froh, wenn überhaupt jemand etwas übernehmen konnte!» Das Plenum bestand darauf, dass sich jeder Kandidat vorstellte, und wollte abstimmen. Schon erschallte auch der Ruf: «Antrag auf Quotierung!» Eine Ahnung von den frühen grünen Parteitagen kam auf. Aber schließlich geht es auch bei Attac um nicht mehr und nicht weniger als gerechte Repräsentanz.

Zu alldem werden jetzt Konzepte erarbeitet, Diskussionsbeiträge aus den Attac-Gruppen jagen per E-Mail hin und her, bis der nächste Ratschlag im späten Frühjahr 2002 in einer vermutlich heftigen Sitzung darüber abstimmt. Ein weiteres Gremium könnte entstehen, der «Attac-Rat», dem neben dem KoKreis rund 35 weitere Mitglieder aus lokalen Gruppen und den wichtigsten Mitgliedsorganisationen angehören. Dieser Rat sollte mehr Perspektiven auf Bundesebene integrieren, Perspektiven aufzeigen, den KoKreis kontrollieren. Am Ratschlag soll weiterhin jeder teilnehmen und reden dürfen, aber stimmberechtigt wären laut einem Vorschlag in Zukunft nur noch Delegierte, deren Anzahl von der Mitgliederzahl der Gruppen beziehungsweise Organisationen abhängt. Das Konsensverfahren wird vermutlich auf Grundsatzfragen beschränkt; bei eher praktischen Entscheidungen, etwa über finanzielle Fragen, sollen notwendige Mehrheiten festgelegt werden. Die Attac-Gruppen sollen ihre Strukturen weiterhin möglichst frei regeln können. Bloß kein Strukturkorsett, keine Personalkriege. Das würde viele an der Basis nur abschrecken. Robert Schuh etwa sieht gerade in der Spontaneität von Attac die Attraktivität: «Diskutieren, umsetzen, Ergebnis.» Und Peter Rath aus Bochum meint: «Bei uns sollte man keine Karriere machen dürfen. Dominant bleiben muss die inhaltliche Arbeit.»

Warnung vor dem thematischen Supermarkt

Mit solcherlei Interna, mit der Selbstfindung im Doppelcharakter aus bewegungsübergreifendem Bündnis und lokal verankerter Mitgliederorganisation, war Attac nach dem Berliner Kongress auf allen Ebenen erst einmal beschäftigt. Es wurden von Verden aus eine medienwirksame Reise ins Luxemburger Steuerparadies organisiert, ein Aktionstag zum Gipfel in Doha mit verschiedenen Veranstaltungen in 30 Städten inszeniert, und Arbeitskreise – etwa zu WTO und sozialer Sicherung – erarbeiten auf Bundesebene gemeinsame Positionen. Doch nach einem Jahr «Gipfelhopping» von Genua über Brüssel bis nach Porto Alegre wird die Frage brisanter: Wo will Attac jetzt hartnäckig dranbleiben? Im Jahr 2002 gibt es weniger Großereignisse der internationalen Wirtschaftspolitik als 2001; andererseits wird in Deutschland gewählt – da muss umso klarer sein, was man mit Priorität anpacken will. Was soll als Nächstes Aufmerksamkeit erregen? Denn Journalisten sind schnell gelangweilt – und auf ihre Neugierde sind Bewegungen wie Attac angewiesen, wenn sie Druck erzeugen wollen. Wo also liegen die wichtigsten Aufgaben?

Ziemlich weit vorn auf der Liste steht das Bemühen darum, Integrationsfiguren zu gewinnen. Attac Frankreich wäre ohne den passionierten Bauern José Bové vermutlich halb so populär. In Deutschland hingegen fehlen noch Künstler, öffentliche Sympathieträger, glaubwürdige Persönlichkeiten, die mit den Anliegen des Netzwerks identifiziert werden. Bisher hat sich nur Konstantin Wecker engagiert, bei dessen Konzerten Infostände aufgebaut werden – und die junge Schriftstellerin Sibylle Berg, deren egozentrisch verrückte Texte genauer betrachtet stets von Moral handeln, «von Gut und Böse», wie sie selber sagt. Auf Attac gestoßen war Berg, die zuvor noch nie politisch organisiert war, durch einen «wunderschönen Bericht» über den World-Music-Star Manu Chao, der immer wieder bei Demonstrationen der Globalisierungskritiker auftritt. «Zeitgemäß, populär und sinnvoll» erschien ihr sogleich der Einsatz für die Tobin-Steuer und «die Möglichkeit, Milliarden in die Dritte Welt umzuverteilen». Die Autorin verbreitet auf ihren Lesetouren Informationsmaterial, bringt bei Interviews das Gespräch auf das Netzwerk und informiert darüber auf ihrer Website: «Ich habe viele junge Leser, die sich gern engagieren würden und nicht wissen, wo.»

Doch darüber hinaus fehle bei «leuchtenden Intellektuellen» aller Art aus Verlagen, Redaktionen und Hochschulen bisher der Resonanzboden, meint KoKreis-Mitglied Philipp Hersel aus Berlin, mit Ausnahme von Sozialwissenschaftlern oder Ökonomen wie Elmar Altvater, Jörg Huffschmid, Rudolf Hickel oder Birgit Mahnkopf oder dem Politologen Claus Leggewie, für den Attac zugleich ein seinem Arbeitsgebiet entsprechendes Studienobjekt ist. So blieben flammende Feuilletondebatten über Attac und seine Anliegen oder gar Talkshow-Auftritte mit Breitenwirkung bisher aus. Neben der Suche nach geistreichen und prominenten Werbeträgern wurde jüngst nach französischem Vorbild ein wissenschaftlicher Beirat gebildet; ein Pool von 35 Experten, von der Psychologin Thea Bauriedl bis zu Wolfgang Sachs vom Wuppertal Institut, der für Vorträge und Medienauftritte eingespannt werden kann und seine wissenschaftlichen Erkenntnisse und Urteile in die Sachdiskussionen einspeist.

Die Debatten über die inhaltliche Profilierung allerdings haben oberste Priorität. Denn Verzettelung droht. Schrittweise hat sich Attac immer mehr vorgenommen. So war der eingangs zitierte Forderungskatalog ursprünglich auf acht Bremsregeln für den Finanzmarkt beschränkt – das Attac-Markenzeichen. Schlüssig war es noch, die «Reform des Welthandels» zu ergänzen. Bei der Ausweitung der Liste auf die Rentenfrage aber, die als rein nationales Thema diskutiert wird, war der Vermittlungsschritt zum Privatisierungsdruck der neoliberalen Globalisierer schon größer. Und die Änderungswünsche, die dann beim Ratschlag im Rahmen des Berliner Kongresses angemeldet wurden, machten unübersehbar, dass sich das Netzwerk in der Vielfalt der Anliegen verkämpfen könnte: Unter dem Eindruck der Bombardierung in Afghanistan wurden auch Krieg und Frieden als Attac-Anliegen aufgenommen, die «Verteidigung demokratischer Rechte» einbezogen und das Engagement gegen die Privatisierung der Renten auf alle sozialen Systeme ausgeweitet, inklusive Bildung. Und die Frauenfrage … Die Warnung haben sich die Attac-Leute schon selbst ins Stammbuch geschrieben: «Ein thematischer Supermarkt endet schnell in Wirkungslosigkeit … eine gewisse Konzentration auf die ökonomischen, international wirksamen Dimensionen der Globalisierung ist unerlässlich.» Doch wie weit reichen diese Dimensionen, bis wohin nicht mehr?

Sollte Attac zum Beispiel ausgerechnet die Gesundheitspolitik zum Schwerpunktthema dieses Jahres machen; die drohende schrittweise Reprivatisierung des Krankheitsrisikos? Eine bundesweite Arbeitsgruppe bereitet die Kampagne vor. Sie trägt Datenmaterial zusammen, das den Mythos von der «Kostenexplosion» entlarvt, und setzt sich mit Strategien wie der Stärkung der Prävention und der besseren Zusammenarbeit der Arztpraxen auseinander. Aber ist das der Job von Attac? Einer Organisation vor allem mit dem Verdienst, die verheerenden Wirkungen des IWF und des aufoktroyierten WTO-Systems für die Dritte Welt ins Licht der Öffentlichkeit gerückt zu haben? Sollte das Netzwerk nicht unbeirrt weiter die Reform des Finanzsystems und die drängende Nord-Süd-Debatte einfordern?

«Die Privatisierungsansätze in der Gesundheitspolitik sind eine konkrete Erscheinung nationaler Anpassungsstrategien an globalen Wettbewerbsdruck», kontert Sven Giegold. «Zu diesem neoliberalen Programm gehört unter anderem, die Kosten der sozialen Sicherungssysteme zu reduzieren, das heißt, die Staatsquote zu senken, die ‹Eigenverantwortung› zu stärken, die Versorgung in kommerzielle Hände zu geben, sodass womöglich nur noch Reiche sich alle Behandlungsmöglichkeiten leisten können. Attac will für mehr Gerechtigkeit auch in der Gesellschaft der Globalisierer streiten und endlich die riesigen Vermögenseinkommen in die Finanzierung der allgemeinen Krankenversicherungen einbeziehen. Darüber hinaus fordern wir, dass alle Bundesbürger in die Allgemeine Krankenversicherung einzahlen, damit die Qualität der öffentlichen Versorgung abgesichert wird. Das ist eine radikale Reformforderung; so weit geht bisher niemand.»

Aber sind das nicht spezifisch deutsche Debatten? Zwar steht die Privatisierung der Dienstleistungen in den nächsten drei bis fünf Jahren auf der Tagesordnung der WTO; die Chance bestünde, darauf frühzeitig politisch Einfluss zu nehmen. Aber das GATS-Abkommen hat noch keine konkreten Formen angenommen, seine Auswirkungen auf das deutsche Gesundheitssystem sind noch unklar. Und überhaupt: Kämpfen nicht schon andere Organisationen und Interessengruppen gegen die Erosion des Gesundheitssystems?

«Aber wer denn? Wir haben nie gesagt, dass wir nur internationale Aspekte aufgreifen», verteidigt Sven Giegold die Strategie. «Würden wir uns auf die Dritte Welt beschränken, so würde uns das auf eine Bewegung der Wohlmeinenden reduzieren. Denn im Weltmaßstab sind wir ja alle Globalisierungsprofiteure. Aber Gerechtigkeit ist auch auf nationaler Ebene ein Problem. Und bei unseren eigenen Sozialsystemen ist die Debatte konkreter. Dann ist die Zustimmung zwar einerseits nicht mehr so leicht. Andererseits ist sie stärker: Der Kampf gegen eine drohende Zweiklassenmedizin im eigenen Land und gegen Ungerechtigkeiten im Finanzierungssystem birgt größeren populären Gehalt als jener für internationale Kontrollmitteilungen für Kapitaleinkünfte, die doch einigermaßen abstrakt bleiben.»

Das Wahljahr könnte für das Thema Gesundheitspolitik sprechen: Sie wird vermutlich im Mittelpunkt des Parteienstreits stehen, und die Dienstleistungsgewerkschaft ver.di mobilisiert in gleicher Sache – das ermöglicht den Schulterschluss und erhöht den Nachdruck. Gemeinsame Veranstaltungen sind überall schon geplant. «Und dort werden wir unsere anderen Anliegen selbstverständlich weiter vertreten», betont Sven Giegold. Denn auch unter Attac-Mitgliedern gibt es viele, die im Abgehen von der engeren Attac-Thematik ein Risiko sehen und die Kernfrage anders beantworten: Soll sich Attac konzentrieren, um effizient und identifizierbar zu sein?

Schon jetzt haben nicht nur Medien Probleme mit der Menge der Themen und Positionen bei dem «breiten Bündnis zur Durchsetzung einiger Kernforderungen». «Es ist schwer, die Haltung der Bewegung mit Gewissheit festzulegen», schrieb etwa die *International Herald Tribune*. Und wenn manche NGOs nicht bei Attac eintreten, weil ihnen das Netzwerk zu radikal antikapitalistisch sei, andere aber wie der Bundeskonkress der entwicklungspolitischen Gruppen (Buko) einer systemimmanent «außerparlamentarischen Sozialdemokratie» fernbleiben wollen, dann mag daraus Eifersucht sprechen gegenüber der viel beachteten neuen Konkurrenz auf dem Markt oppositioneller Initiativen – andererseits zeigt sich in diesem Widerspruch, wie unscharf die Anliegen des Netzwerks wahrgenommen werden. Ähnlich argumentiert der Berliner Sozialwissenschaftler Dieter Rucht, der selbst bei Attac mitwirkt: «Sobald die globalisierungskritischen Bewegungen vor der

Aufgabe stehen, Prioritäten festzulegen und zu konstruktiven Vorschlägen Position zu beziehen, herrscht Unklarheit oder Uneinigkeit. Dieser Zustand wird derzeit als Stärke (‹Vielfalt statt Einfalt›) ausgegeben, kann jedoch nicht von Dauer sein.»

Das Dilemma ist nicht neu, es unterscheidet Bewegungen von Parteien, und keiner hat den Zwiespalt so genau beschrieben wie Elias Canetti bezüglich der «offenen Masse» (im Gegensatz zur «geschlossenen Masse», die sich nach außen abgrenzt): «Ihr Zerfall setzt ein», so der Schriftsteller in seinem Werk «Masse und Macht», «sobald sie zu wachsen aufhört. Denn so plötzlich, wie sie entstanden ist, zerfällt die Masse. In dieser spontanen Form ist sie ein empfindliches Gebilde. Ihre Offenheit, die ihr das Wachstum ermöglicht, ist zugleich ihre Gefahr. Eine Ahnung vom Zerfall, der ihr droht, ist immer in ihr lebendig. Durch rapide Zunahme sucht sie ihm zu entgehen. Solange sie kann, nimmt sie alles auf. Aber da sie alles aufnimmt, muss sie zerfallen.»[3]

Insofern wagt Attac die Quadratur des Kreises mit dem Versuch, «die Vorzüge der einzelnen Organisationstypen miteinander zu verknüpfen und deren Nachteile zu vermeiden», wie es im Selbstverständnispapier heißt; «die Flexibilität und Offenheit von Netzwerkstrukturen, ohne deren Unverbindlichkeit, mit dem machtpolitischen Gewicht von sozialen Bewegungen ohne deren Instabilität, und der Kompetenz, Stabilität und Verbindlichkeit von NGOs und Verbänden ohne deren Abhängigkeiten und Bürokratisierungstendenzen». Wie Attac das Spannungsverhältnis zwischen Kontinuität und Konfusion, Pluralität und Beliebigkeit aushält: Auch davon wird abhängen, ob die neue oppositionelle Hoffnung schneller als gedacht wieder in sich zusammenfällt wie ein verheißungsvoll in den Ofen geschobenes Soufflé. Oder ob sie weiter aufgeht. Denn bemerkenswerte Wirkung haben die Globalisierungskritiker bereits gezeigt.

«Das sind ja keineswegs bloß Spinner»

Allem voran, wie gesagt, bei den Medien, jedenfalls nach dem Genua-Schock: «Globaler Protest im Rampenlicht» lautete ein Titel der *taz*. Und auch wenn die *Frankfurter Allgemeine Sonntagszeitung* angewidert über «Gutmenschentum und vergorenen Sozialismus» herzog, die *taz* über Debatten «an der Abbruchkante» spottete («Wow, Sturm auf die Bastille, Revolution!») und andere Blätter die Heterogenität des Netzwerks oder seine Hoffnung auf die «Rückkehr des Staates» (Lafontaine) kritisierten: Die Globalisierungskritiker waren «Hoch im Kurs», die *Süddeutsche* sah nun den «Protest als Imperativ», laut *FAZ* wollte Attac schließlich «Mit Volldampf die Welt verbessern». Selbst «in den Mainstream der Wirtschaftsberichterstattung» sei man vorgedrungen, triumphierte Barbara Unmüssig von WEED, und in der Tat: von der *Financial Times* bis zu den Wirtschaftsteilen der Tageszeitungen wurden sowohl das Phänomen der globalisierungskritischen Bewegung als auch in ganzen Serien deren Anliegen diskutiert.

Als Folge flatterte Anfrage um Anfrage in die Verdener Kaserne. Wochenlang waren die KoKreis-Mitglieder und andere Attacis unterwegs, zu Gesprächen auf Podien, in Seminarräumen und Restaurants. Sie waren Gast bei mehr oder weniger prominenten Politikern von Heidemarie Wieczorek-Zeul über Rezzo Schlauch bis Gabi Zimmer. Sie diskutierten mit den verschiedensten Gremien aller roten und grünen Parteien, auf allen Ebenen und im ganzen Land; dass CDU und CSU kein Interesse zeigten, findet Sven Giegold eher bedauerlich, denn «ein paar gute Leute gibt es da auch». Attac-Mitarbeiter besuchten Ministerien, Universitäten und Fachhochschulen, Wirtschaftsarbeitsgemeinschaften, Waldorfpädagogen, die Heinrich Böll Stiftung, Kulturzentren, DGB, ver.di, IG Metall.

Vor allem das Verhältnis zu den Gewerkschaften gestaltet sich seither, ähnlich wie in Frankreich, immer enger: Die IG Metall zögerte zunächst, angeblich war unter anderem die klare Positionierung von Attac gegen die Privatisierung der Renten umstritten. Doch dann forderte IG-Metall-Chef Zwickel zu bundesweiter Kooperation auf; auf regionaler Ebene war die Zusammenarbeit ohnehin schon eng. Auch ver.di-Chef Frank Bsirske begrüßte öffentlich, dass sich auf gesellschaftlicher Ebene eine neue Opposition formiert. Die ÖTV ist bereits Mitglied, und dass die neue Dienstleistungsgewerkschaft nicht ebenfalls längst auf der Liste steht, sei, heißt es bei ver.di, nur dem organisatorischen Chaos der eigenen Aufbauarbeit geschuldet. Ansonsten ist die Tür weit geöffnet: «Zusammenarbeit, wann immer es geht». Attac und die Arbeitnehmerorganisationen wollen sich gegenseitig stark machen: ver.di und IG Metall verfügen über Infrastruktur und Geld – während Attac für die Gewerkschaften, die wie die Parteien an Mitgliederschwund besonders unter jungen Leuten leiden, eine Nachwuchs-Infusion bieten kann. Nicht nur ein Konkurrenzverhältnis, auch eine Symbiose.

Im Sommer 2001 jedenfalls kippte die öffentliche Meinung über Globalisierungskritiker von Ausgrenzung in Neugierde, ja Sympathie. Selbst der *Spiegel*, der Globalisierungskritiker noch wenige Wochen vorher als gewalttätige, verirrte junge Seelen präsentiert hatte, gab deren Organisationen und Anliegen plötzlich breiten Raum und stellte die Gretchenfrage auf dem Titel: «Wem gehört die Welt?». Welchen Anteil an diesem hohen Interesse der Institutionen und Medien der Schreck über die Aggressivität der Demonstranten und vor allem die brutale Polizeigewalt in Genua hatte; in welchem Maße die längst bekannten kirchlichen oder politischen Dritte-Welt-Organisationen dazu beitrugen und wie viel das neue Netzwerk, das lässt sich nicht bemessen – auch wenn Attac im Sommer 2001 mehr oder weniger zum öffentlichen Synonym für die Globalisierungskritiker geworden war.

Auf Öffentlichkeit reagierte dann auch der Bundeskanzler. Womöglich erinnerte sich Gerhard Schröder daran, wie die SPD einst viele junge Wähler und Mitglieder erst an die Ökologiebewegung und dann an die Grünen verlor. Womöglich hatte er Witterung aufgenommen, wie breit ein unklares Unbehagen über die Globalisierung in der Bevölkerung war. Womöglich teilte er tatsächlich ihre Kritik? Denn der Schlüsselvorwurf, dass das Primat der Politik in Gefahr ist, trifft Schröder, der gern mal staatsinterventionistisch nach Gutsherrenart regiert (siehe Holzmann), auch selbst – jedenfalls drückte er im September bei einer internationalen Wirtschaftstagung der SPD überraschend großes Verständnis für die Bewegung aus: «Ich spreche hier ausdrücklich nicht vom Krawallblock», sagte der Kanzler, «sondern von der überwiegenden Mehrheit engagierter Jugendlicher, die nicht nachlassen, uns zu ermahnen, dass auch wirtschaftliche Entwicklung in großen Dimensionen einen Sinn haben muss.» Zwar distanzierte er sich auch von ihrer Analyse, sprach von «vermeintlichen Auswirkungen der Globalisierung». Aber: «Das sind ja keineswegs bloß Spinner», so

Schröder. «Sie beklagen das, was der Autor Peter Schneider einmal die ‹Weltraumkälte der Globalisierung› genannt hat.» Und er betonte, dass es Gemeinsamkeiten gebe, denn die Bundesregierung setze sich «für die Einführung internationaler Umwelt- und Sozialstandards ein. Wir engagieren uns für eine besondere internationale Finanzarchitektur und für klare Regeln im Kampf gegen Wirtschafts- und Währungskrisen. Mit vielen anderen arbeiten wir für die Bekämpfung von Geldwäsche, und wir setzen uns für wirksame Beschränkungen bei so genannten Steueroasen ein.» Bei der Durchsetzung der Tobin-Steuer sehe er zwar politische und rechtliche Schwierigkeiten. Ebenso wie sein französischer Amtsbruder Lionel Jospin kündigte er jedoch an, «dass ich mit unseren europäischen und insbesondere französischen Partnern darüber reden will, wie wir auf die relative Verselbständigung spekulativer Finanzströme reagieren wollen.»[4]

Ähnlich wie die Ansprache Johannes Raus nach dem 11. September, in welcher der Bundespräsident einen Zusammenhang zwischen weltweiter Armut, Ungerechtigkeit und gewalttätigem Terror herstellte, wirkte Schröders Rede auf Attac-Mitglieder bestätigend, ja als Verstärker. Auch wenn seine Worte mit seiner Politik alles andere deckungsgleich sind.

«Ihr seid eine sehr gelegene Konkurrenz»

Ob ihnen auch Politik folgt, hängt nicht zuletzt davon ab, welchen Druck der Kanzler aus dem Inneren seiner Partei bekommt. Vor allem: wie ausdauernd dieser Druck ist, auch dann, wenn man damit keine Schlagzeilen gewinnt. Neoliberales Denken ist, das spräche dagegen, in der SPD tief verankert; der Vorzeigesozialdemokrat in Sachen «Wirtschaftskompetenz» Sigmar Mosdorf beispielsweise pflegt jede Kritik am bestehenden Welthandelssystem sofort als «altes Denken» zu geißeln. Daneben gibt es aber Politiker wie Ernst Ulrich von Weizsäcker, den Vorsitzenden der Enquete-Kommission Globalisierung im Deutschen Bundestag: In seinem Wahlkreis ließ er sich über Satellit bei einem Informationsstand der Stuttgarter Regionalgruppe mitten in der Fußgängerzone live aus Doha zuschalten und berichtete kritisch über den Fortgang der WTO-Konferenz. Immerhin 14 sozialdemokratische Bundestagsabgeordnete schlossen sich dem von Attac initiierten World Parliamentarians Call für die Tobin-Steuer an; weitere 35 Unterzeichner kommen von PDS und Grünen. Und die Bundestagsabgeordnete Andrea Nahles, selbst Attac-Mitglied («und zwar schon zu einem Zeitpunkt, da galten die noch als Chaoten»), sieht gleich mehrere Indizien dafür, dass das Engagement von Attac und anderen Globalisierungskritikern Wirkung zeigt und sich das Kräfteverhältnis in der SPD zugunsten einer kritischeren Analyse der Globalisierung verschiebt. Das auffällig gute Wahlergebnis für Heidemarie Wieczorek-Zeul beim SPD-Parteitag beispielsweise; der Beschluss, ihren Entwicklungshilfeetat jährlich zu steigern; das Papier der SPD-Linken «Gegen die Privatisierung der Welt» – all diese Signale seien zwar gewiss auf den 11. September und die Ereignisse in Genua zurückzuführen, aber eben auch auf die Öffentlichkeitsarbeit von Gruppen wie Attac. «Das war keineswegs nur ein Schröder-Parteitag, wie die Journalisten alle geschrieben haben», urteilt Nahles. «Die SPD hat klar opponiert. Eine Regierungspartei drückt ihr Missfallen eben anders aus. Subtiler.» Nur mit Hilfe des öffentlichen Drucks sei es auch möglich gewesen, dass die Tobin-Steuer auf dem Parteitag nicht mehr als unrealistisch «ganz schnell in den Boden gestampft» wurde, sondern dass eine Machbarkeitsstudie von der Entwicklungshilfeministerin unter Beteiligung des Finanzministeriums in Auftrag geht – «und Heide Wieczorek-Zeul will das wirklich machen». Mal sehen, wie weit sie gehen darf.

Eine Debatte über die Globalisierung gab es schon einmal in der SPD, schon vor Seattle und Genua. Aber wer sich nach Oskar Lafontaines abruptem Rücktritt im Frühjahr 1999 kritisch zum Welthandels- und Weltfinanzsystem äußerte, der habe ein «Non-Thema» behandelt, sagt Andrea Nahles, und sei gleich unter Generalverdacht geraten, «bekennender Lafontainianer zu sein. Dabei wäre die SPD als Volkspartei die einzige gewesen, die derart komlexe Fragen hätte popularisieren können.» Diese Tabuisierung hätten Attac und die anderen Globalisierungskritiker immerhin aufgebrochen: «Ich danke euch, dass ihr uns dabei geholfen habt. Mit dem Verweis auf euch kann ich jetzt wieder Dinge sagen, die vorher ins Leere gelaufen wären.» Insofern sei Attac «eine sehr gelegene Konkurrenz».

Ähnlich sehen es jene Grünen, die von den Neoliberalen in der Partei erfolgreich an den Rand gedrängt wurden. «Unsere Positionen sind wieder gestärkt», meint eine von ihnen, Annelie Buntenbach. «Da das rot-grüne Projekt nur noch durch Druck von außen wieder angeschoben werden kann, sehe ich hier eine reale Chance.» Die Parlamentarierin scheint indes selbst der wandelnde Gegenbeweis: Weil sie mit ihren kritischen Positionen zu Globalisierung, Sozialpolitik und Militäreinsätzen nicht die demokratisch fragwürdige Rolle einer Daueroppositionellen in der Fraktion geben mochte, wird sie für den Bundestag nicht mehr kandidieren und kündigte schon an, «jetzt auch mehr bei Attac zu machen».

Ein Weg, den viele an der Basis noch radikaler gehen. Sie treten bei den Grünen ganz aus. Oder sie legen, wie in Bochum der Kreisverband nach der Entscheidung für den Militäreinsatz in Afghanistan, ihre Mitgliedsbeiträge auf Eis und treten geschlossen bei Attac ein. Die Beziehung zwischen dem Netzwerk und den Grünen ist mit höherer Spannung aufgeladen als gegenüber der SPD. Zum einen waren es die Grünen, die bisher ein enges Verhältnis zu Bürgerinitiativen und NGOs hatten – und nun müssen gerade sie sich als Anpasser und Verräter beschimpfen lassen. Zum Zweiten liegt der Mainstream sozialen Denkens bei den Grünen mittlerweile auf sanfter Reparaturlinie: «Armutsbekämpfung ja, Verteilungsgerechtigkeit nein», kritisiert Annelie Buntenbach; «Schuldenerlass ja, Welthandels- und Weltfinanzstrukturen verändern nein». Das neoliberale Denken sei in Fraktion und Parteispitze der Grünen weiter verbreitet als in der SPD. Ein Beispiel gibt ausgerechnet die Staatssekretärin im Entwicklungshilfeministerium Uschi Eid. Es sei nur schwer erklärlich, erklärte sie, dass eine «diffuse Protestbewegung wie Attac» wachsenden Zulauf erhalte, während afrikanische Länder begännen, den Blick auf eigene Versäumnisse und Fehler zu lenken, und die weltweiten Wirtschaftsverflechtungen als Chance betrachten.[5] Eids Kritik ist zwar berechtigt, dass manche Attacis zu einer unkritisch pathetischen Mitleidshaltung gegenüber der Dritten Welt neigen und die Verantwortung der Mächtigen des Südens ausklammern. Aber gerade afrikanische Regierungen haben sich – trotz des geringen Gewichts ihrer Stimme – bei WTO-Verhandlungen in Genf, Seattle oder Doha stets heftig gegen diese Form der «Chance» engagiert. Zudem reduziert Eid wie Mosdorf ihre Kritik an den Globalisierungkritikern aufs Formale: Diese brächten «dieselben Argumente wie vor 30 Jahren».

Eine Abwehrhaltung, die auch Joschka Fischer formulierte, indem er den Globalisierungskritikern schlicht «abgestandenen Antikapitalismus» bescheinigte. Erstaunlich eigentlich angesichts der Erkenntnisse, die er in seinem Buch «Für einen neuen Gesellschaftsvertrag» festhielt: «Selbst die mächtigsten Zentralbanken der Welt, der Federal Reserve Board in Washington, die japanische Zentralbank in Tokio und die Deutsche Bundesbank in Frankfurt haben auf diese Spekulation nur noch begrenzten Einfluss», schreibt Fischer. «Jede nationale Politik, die diese Tatsachen glaubt ignorieren zu können, wird von den Märkten gnadenlos bestraft werden mittels Weichwährung, Kapitalflucht, Investitionsverweigerung, etc., und eine solche Entwicklung wird wiederum zu einer unverzüglichen Krise der Binnenwirtschaft mit fatalen Folgen für die Mehrheitsfähigkeit dieser Politik führen, d. h., sie wird sehr schnell abgewählt werden.» Nationalstaatliche Politik, heißt es weiter, werde «auf gefährliche Weise delegitimiert. Dieser Zustand wird so lange andauern, wie die regulierende Hand der Politik nicht in der Lage ist, den Märkten in den internationalen Raum zu folgen ...»[6] So sah es der Außenminister 1998. Abgestandener Antikapitalismus?

Attac hält den Grünen den Spiegel vor, konfrontiert sie mit der eigenen Vergangenheit: Waren sie nicht selbst einmal außerparlamentarische Opposition? Und tatsächlich Antikapitalisten? Der Politologe Claus Leggewie kommentierte: «Joschka Fischer redet über den Zorn der Jugend wie einst die Alte Welt über ihn.»[7] Unangenehme Fragen werden virulent: Was haben die Grünen mit ihrem Anteil an der Macht konkret erreicht? Was auf der Strecke gelassen? Übrig geblieben sei immerhin der grüne Grundkonsens, das konzedieren selbst scharfe innerparteiliche Kritiker, dass gegen Demonstranten keine Gewalt ausgeübt werden darf. Umso mehr rüttelte Genua die ambivalenten Gefühle und Gedanken auf. Die Folge war, so die Wahrnehmung der Attacis, eine Mischung aus Abmahnungen à la Fischer und Anbiederung. Eine väterlich respektive mütterlich arrogante Umarmung, wie sie besonders deutlich in einem *taz*-Streitgespräch zwischen Kerstin Müller und Sven Giegold zum Ausdruck kam. Darin räumte die grüne Fraktionschefin ein, «dass wir das unterschätzt haben … Ich finde es sogar positiv, wenn es eine neue Bewegung gibt, die uns immer wieder drängt.» Aber dann: «Ich erwarte, dass man auch honoriert, was wir geleistet haben.» Typisch für die latent angespannte Kommunikation von oben (Müller, vernünftig) nach «unten» (Giegold, trotzig) ist der Dialog über die Tobin-Steuer:

«**Giegold:** Was Ihr Ansehen bei uns sehr steigern würde: Bringen Sie einen Antrag ein in den Bundestag, machen Sie ein grundsätzliches Votum zur Besteuerung von Devisentransaktionen. Wenn Deutschland als drittgrößte Wirtschaftsnation erklären würde: ‹Wir finden dieses Instrument gut›, dann würde uns das einen guten Schritt weiterbringen.
Müller: Ich bin ja richtig enttäuscht, wie gemäßigt Ihre Forderungen sind.
Giegold: Bringen Sie den Antrag nun ein oder nicht?
Müller: Wenn der Koalitionspartner das mitmacht, werden wir das tun.»

Daniel Cohn-Bendit immerhin setzte sich als einziger prominenter Grüner beim Berliner Kongress unmittelbar, öffentlich dem Verratsvorwurf der Attacis aus. Allerdings ist auch seine Auseinandersetzung mit der Bewegung schillernd: Ursprünglich hatte er die Globalisierungskritiker als «kopflose Idioten» gescholten (was er später als falsch zitiert dementierte). Dann, nach Genua, verteidigte er sie gegenüber Joschka Fischer: Der rede mit der «Wahrnehmung der Herrschenden … blöd daher». In Berlin nun warnte Cohn-Bendit die Globalisierungskritiker sehr berechtigt davor, das «Volk von Seattle» zu fest, womöglich als Partei zu institutionalisieren. Doch sein Einwand kam gleich als kokette Selbstgeißelung daher, als rede er seinem Publikum nach dem Mund: «Viel Spaß! Wenn ihr euch wirklich vernichten wollt, dann geht diesen armseligen Weg der Grünen», rief Cohn-Bendit, der für diese Partei immerhin im Europaparlament sitzt. Der schmerzlichste Stachel im grünen Fleisch dürfte indes neben Konkurrenz und Generationenkrach sein, dass die gesellschaftlichen Auswirkungen der Globalisierung schlicht unterschätzt wurden – ausgerechnet von jener Partei mit dem Anspruch, Zukunftsfragen sensibler als andere zu spüren, sie früher anzupacken und in die Öffentlichkeit zu tragen. Erst im Herbst 2001 ist in der Bundestagsfraktion beispielsweise eine Projekt-AG Globalisierung eingerichtet worden.

Tatsächlich hat das gesamte Parlament bisher praktisch nicht darauf reagiert, dass internationale Verflechtungen längst viele politische Entscheidungen auf nationaler Ebene beeinflussen. Wenn sich die Politiker aber etwa bei WTO-Projekten nicht frühzeitig einmischten, «dann kommt bei uns alles nur noch als Sachzwang an», stellt eine grüne Abgeordnete fest. Ein Beispiel ist das TRIPS-Abkommen der WTO, das auf dem Umweg über die Gesetzgebung der Europäischen Union auch den Bundestag zu einer weit reichenden Biopatentierung verpflichtete. Erst als die Fraktionen unmittelbar mit dem Thema befasst waren, wurde ihnen klar, welche Macht die rein ökonomisch denkenden Gremien in Genf in dieser Frage inzwischen weltweit ausüben – erst zehn Jahre nach den entsprechenden WTO-Verhandlungen wird erkannt, dass demokratisch gegengesteuert werden muss. Doch entsprechend eng war in der Biopatentierungsfrage noch der Spielraum. Bei der Privatisierung der Dienstleistungen, die im Rahmen des GATS in den nächsten Jahren verhandelt werden soll, könnte es trotz dieser Erfahrung ähnlich laufen. Denn was in der Welthandelsorganisation geplant und vorbereitet wird, das durchschauen meist nur Spezialisten in den Ministerien – in den Fraktionen wird der globale Rahmen noch längst nicht wie angemessen automatisch mitgedacht, ja es liegen oft nicht einmal die notwendigsten Informationen darüber vor, und darum scheint auch kaum jemand zu kämpfen. Nur so konnte es wohl geschehen, dass der Bundestag den gesamten WTO-Vertrag 1995 bereits zehn Wochen nach seiner Unterzeichnung durch das Ratifizierungsverfahren jagte – normalerweise dauert das Monate, oft Jahre. Oder dass das Parlament über die Position bei der Welthandelskonferenz in Doha erst debattierte, als diese bereits auf EU-Ebene abgestimmt, also gar nicht mehr zu verändern war: Zeitpunkt verpasst.

Umso wichtiger sind Bemühungen wie jene des Franzosen Harlem Désir, die Parlamente der Welt stärker miteinander in Verbindung zu bringen, eine parlamentarische Versammlung bei der WTO zu gründen. Umso wichtiger ist auch, dass sich die globalisierungskritische Bewegung noch dichter als bisher international vernetzt.

Demokraten aller Länder ...

Entsteht da eine neue Internationale? Christophe Ventura aus der Pariser Attac-Zentrale hebt die Hände hinter seinem Schreibtisch: «Gut, unsere Ziele sind nur durch internationale Kooperation zu erreichen. Aber Attac International? Das gibt es nicht.»

Sicher, es gibt kein Büro, keine Statuten, keine Direktiven, kein Zentralkomitee. Kein Attac-Büro in Brüssel oder New York. Aber Attac ist international und wird es mit rasender Geschwindigkeit von Monat zu Monat mehr. Unter www.attac.org findet man Andorra, Argentinien, Belgien, Bolivien, Brasilien, Burkina Faso, Chile, Costa Rica, Dänemark, Deutschland, Ecuador, Elfenbeinküste, Finnland, Frankreich, Griechenland, Großbritannien, Irland, Italien, Japan, Jersey, Kamerun, Kolumbien, Luxemburg, Marokko, Niederlande, Norwegen, Österreich, Paraguay, Polen, Portugal, Quebec, Schweiz, Senegal, Slowenien, Spanien, Schweden, Tunesien, Ungarn, Uruguay, Venezuela – in 41 Ländern der Welt gibt es Ende 2001 Attac-Gruppen. Und natürlich sind die französischen Gründer die dezenten Antreiber und Geburtshelfer gewesen: Keine sechs Monate nach der Entstehung von Attac Frankreich lädt Bernard Cassen NGOs aus der ganzen Welt, vor allem auch aus Ländern, die von den Finanzkatastrophen der Vorjahre betroffen waren, nach Paris ein. Thema: «Konkrete Aktionen, um den von der Demokratie eingebüßten Spielraum zurückzuerobern», sowie «klare und konsensfähige Vorschläge wie zum Beispiel die Tobin-Steuer».

Am 11. Dezember 1998, dem fünfzigsten Jahrestag der UN-Erklärung der Menschenrechte, gründen Delegierte aus zehn Ländern nach zweitägigen Diskussionen die «Internationale Attac-Bewegung für die demokratische Kontrolle der Finanzmärkte und ihrer Institutionen».

Im Januar 1999 kommt es zur ersten internationalen Attac-Aktion: «Das andere Davos». Rund 1000 Demonstranten laufen durch die Straßen des Graubündner Ski-Paradieses, veranstalten ein Forum der Alternativen und stören die Ruhe der versammelten ökonomischen Weltelite. Das war der Probelauf.

Vom 24. bis 26. Juni 1999 versammeln sich, eingeladen von Attac und der siegreichen MAI-Koalition, unterstützt von der Universitätsleitung und fünf Bürgermeistern der Pariser Region, 1200 Aktivisten aus 80 Ländern in Paris in der Universität Paris VIII in Saint-Denis. «Wir sind ein Inselpuzzle aus all den Kämpfen, die sich gegen die Finanzhegemonie, das neue Politbüro der ultraliberalen Internationale richten, dessen Hauptmitglieder die Weltbank, der IWF, die OECD, die WTO und die G7-Gruppe sind. Überall», so eröffnet Bernard Cassen den Kongress, «auch in den entlegensten Ecken der Welt bestehen solche ‹Kampfinseln›: im Namen des Zugangs zum Boden, zum Wasser, zum Gesundheitswesen, zur Bildung, zum Wissen, zur Arbeit, zu Bürgerrechten, zu gewerkschaftlichen Rechten, zu demokratischen Rechten, zur Gleichstellung von Männern und Frauen … Würden die Medien sich ebenso intensiv der Bestandsaufnahme solcher Kampfinseln wie den Finanzoperationen, den Unternehmensfusionen und anderen alltäglichen Aktivitäten des Kapitals zuwenden, so würde in der Tat eine ganz andere internationale Landschaft vor unseren Augen entstehen.»

In Seattle betritt diese neue weltweite Koalition dann zum ersten Mal die große, die Medienöffentlichkeit. Und mit den folgenden Demonstrationen in Bangkok, Washington, Genf, Bologna, Millau, Prag, Bangalore, Melbourne, Seoul und Nizza entwickelt sich das Modell der «globalen Stellvertreterdemonstration».[1] Wo immer eine multilaterale Institution tagt, ruft eine regionale Allianz zu einer Großdemonstration, auf der die allgemeinen Forderungen nach einem Umbau der internationalen Finanzinstitutionen, aber auch die Nöte der nicht anwesenden Kontinente thematisiert werden. Diese Demonstrationen – und die Reaktionen von Polizei, Politik und Medien – verbreiten die Botschaft weltweit. Das Netz von Attac wächst. In vielen Ländern leisten die Franzosen diskrete Gründungshilfe. Susan George, die Vizepräsidentin, eine Amerikanerin in Paris, deren furiose Analysen über Weltmarkt, Schuldenfalle und ungleichen Tausch in den letzten zwei Jahrzehnten für alle Entwicklungs-NGOs kanonisch geworden sind[2], François Chesnais, der marxistische Ökonom, Bernard Cassen, Ignacio Ramonet und viele andere reisen zu Vorträgen nach Spanien, Italien, Finnland, Schweden, Kanada …

Attac International, das ist heute zunächst die globale Gegenöffentlichkeit im Internet, die sich eröffnet, wenn man www.attac.org oder eine nationale Adresse anklickt. Hunderttausende von Menschen in allen Kontinenten lesen jede Woche das Bulletin «Sand im Getriebe», das in Paris herausgegeben und von 500 ehrenamtlichen Übersetzern ins Chinesische, Holländische, Deutsche, Spanische, Ungarische, Italienische, Japanische, Norwegische, Polnische, Russische übersetzt wird. Hier werden Analysen im Vorfeld der nächsten Demonstrationen veröffentlicht, hier klagt der Nobelpreisträger Joseph Stiglitz die Weltbank an, hier schreibt Naomi Klein ihre Kolumnen über die neuesten Aktionen gegen Markenwahn und Konsumismus, analysiert Walden Bello die «neue Weltkriegsordnung der USA», wird von Experten die argentinische Finanzkrise untersucht. Hier ist ein Kalender, der weltweit die Termine aller Attacis anzeigt, und hier steht auch die kurze Notiz, dass Jostein Gaarder, der Autor von «Sophies Welt», kurz nach der Gründung von Attac Norwegen den «Prix Sophie 2001» (100 000 Dollar) an Attac verliehen hat. Hunderttausende können in den elektronischen Quartalszeitschriften, in den Websites aller Attac-Filialen Abhandlungen, Polemiken, Informationen und Hinweise auf tausend weitere Links finden. So wird eine gemeinsame Gesprächsgrundlage für die globale Bürgergesellschaft gelegt.

Aber was verbindet die Attacis von Norwegen und beispielsweise Senegal? Bis jetzt recht wenig außer dem Internet. «Über den Informationsaustausch hinaus haben wir keine organisatorische Verbindung mit anderen Attac-Gruppen», sagt Dahou Karim in Dakar. Attac Senegal selbst ist wenig mehr als ein loses Netzwerk aus dreißig Aktiven, zumeist Akademikern und NGO-Aktivisten, die ihre Aufgabe vor allem darin sehen, in der globalen Gegenöffentlichkeit, auf den internationalen Kongressen der NGOs und Weltinstitutionen die Interessen Afrikas, die Probleme von Schulden, Rohstoffpreisen, Hunger und Migration einzubringen. «Das ist nicht immer einfach. Die europäische Bauernlobby, aber auch die Gewerkschaften sind nicht gerade unsere natürlichen Verbündeten.» Aber Attac mit seiner internationalen Ausrichtung, so hofft Dahou Karim, könne schon bald eine wichtige Rolle bei der Feinarbeit leisten, die nötig wäre, wenn es zu einem fairen und realistischen Interessenausgleich zwischen Nord und Süd kommen soll. Attac-Mitglied und Poet Thierno Seydou Sall hingegen misst auf der Website von SenAttac metaphernreich und gallig die Distanzen aus, auch die unter Wohlmeinenden, die Nord und Süd noch voneinander trennen:

«Zogen mich doch vorige Nacht ein paar junge Amerikaner, trunken und überreizt von ihrem Ausflug in unsere exotischen Gärten in die quälenden Gefilde der Rechtfertigungen: ‹Und was ist mit der Beschneidung?› Mein Geist begann zu rotieren, im knarrenden Takt des Ventilators. Und mein Geist sagte mir: Ach, Afrika wird niemals einen finanziellen Orgasmus erleben, denn es wird misshandelt durch die Beschneidungen der Weltbank und des Währungsfonds. In den gut sterilisierten Sälen dieser internationalen Etablissements werden die Verstümmelungen und die Blutungen mit feinsten Sektkelchen und reich verzierten Tellern angerichtet.»

Wachstumsschmerzen in Europa

In Europa hemmt einstweilen eine andere Ungleichzeitigkeit den Weg zu schnellen, effektiven Bündnissen: das große Ungleichgewicht zwischen Attac Frankreich und allen anderen. Die außerordentlich günstigen Gründungsbedingungen – das logistische Netz, das *Monde Diplomatique* bot, die materielle Unterstützung durch die Gewerkschaften und die nie ganz erloschene Kraft des linken Republikanismus – gibt es anderswo nicht, aber für eine große europäische Aktion für die Tobin-Steuer, gegen die Steueroasen, gar eine europäische Initiative zur Änderung der Regeln von WTO und IWF müsste es starken Druck in vielen europäischen Ländern geben. «Wir sind froh, dass es euch jetzt gibt, denn wir brauchen euch», ruft die unermüdbare Susan George auf dem Berliner Gründungskongress den deutschen Attacis zu. «Aber wir sind noch ganz am Anfang» – schallt die Antwort zurück, nicht nur aus Verden, sondern aus allen europäischen Ländern, in denen Attac sich gegründet hat.

«Wachstumsmanagement» ist eben nicht nur Sven Giegolds Lieblingswort, auch Raffaele Laudani in Bologna, Aron Etzler in Malmö, Marco Feistmann in Zürich oder Kenneth Haar in Kopenhagen stöhnen unter den Wehen des Anfangs. Überall wurde Attac 2001 gegründet und hatte riesigen Zulauf. 2000 Mitglieder in Italien, 1000 in Dänemark, 4000 in der kleinen Schweiz und 9000 in Schweden – womit die beiden Letztgenannten, bezogen auf die Bevölkerungszahl, an der Spitze liegen. Überall sind enttäuschte Grüne, versplitterte Altlinke, NGOs auf der Suche nach neuen Bündnissen dabei. Frustrierte Gewerkschafter und Sozialdemokraten, engagierte Humanisten und Christen sind zu Attac gestoßen und tragen – im Guten wie im Störenden – ihre politische Vergangenheit in die Organisation. Und überall, vor allem nach Genua, kommen viele ganz Junge, die zum ersten Mal aktiv werden und einen riesigen Wissensdurst mitbringen.

Deshalb sei «Bildungsarbeit und noch einmal Bildungsarbeit» so wichtig, sagt Aron Etzler, der Attac Sverige gegründet hat. «Wir müssen vor allem in die Schulen und Gewerkschaften gehen und die Ideologie der Sozialpartnerschaft kritisieren. Die Linke in diesem Lande war ja schon lange defensiv geworden. Und viele sind dann auf Nebenfragen ausgewichen wie die Umwelt. Das ist ja nicht unwichtig, aber dabei haben sie total die Eigentumsfrage vergessen.» Etzler ist Lehrer an einer Volkshochschule in Malmö. Mit einer kleinen Gruppe von Freunden hat er die Gründung ein Jahr lang professionell vorbereitet: «In Prag waren wir noch zu neunt, und ein halbes Jahr später kam unser Überraschungsangriff», berichtet der 28-Jährige stolz. Zwei Monate lang wurde Attac Schweden von allen Medien gehätschelt: als dissidente Stimme gegen den neoliberalen Konsens. «Aber seit Göteborg sind wir in der Defensive. Die Medien hassen uns, der Unternehmerverband hat eine Propagandaoffensive gegen uns losgetreten. Und wir sind immer noch damit beschäftigt, uns um diejenigen zu kümmern, die jetzt zu langen Haftstrafen verurteilt sind, zum Teil aufgrund manipulierter Videos. Das war für viele ein Schock, das Land war an diese Art der Polizeieinsätze nicht mehr gewöhnt. Jetzt bauen wir Brücken zwischen den Behörden und den Radikalen. Man kann die ja nicht sich selbst überlassen.»

Überall stehen die Attac-Komitees vor der Aufgabe, lokale und nationale Themen sinnvoll und folgenreich zu verbinden, den Zusammenhang herzustellen zwischen Massenentlassungen, Sozialabbau und neoliberaler Weltordnung. In der Schweiz ist es die Schließung von Postämtern, die den Bürgern an die Traditionsnerven geht, in Schweden könnte es die Privatisierung der Bahn sein, die zwar nicht zu englischem Chaos geführt hat, wohl aber zu einem neuen Klassensystem der Beförderung. «Das ärgert die Leute, und da können wir ansetzen», überlegt Aron Etzler. Sein Kopenhagener Attac-Genosse Kenneth Haar arbeitet für die linkssozialistische Parlamentspartei SPP, er akzentuiert die Notwendigkeit, auf die Gewerkschaften zuzugehen. «Wir müssen uns um die Entlassungen kümmern, denn nur, wenn wir die Gewerkschaften gewinnen, werden wir in ein paar Jahren vielleicht stark genug, um die Tagesordnung in den wichtigen Fragen mitzubestimmen.»

In Kopenhagen wie in Malmö, in Oslo und Bologna muss die spezifische Balance gefunden werden zwischen dem Attac-Kerngeschäft und den anderen wichtigen Anliegen, die von den Aktivisten mit Vorgeschichte mitgebracht werden. «Viele NGOs bei uns waren ziemlich eingeschlafen, und wir stehen für einen Neuanfang. Aber wir müssen denen erst mal klarmachen, dass wir keine verjüngte Erweiterung ihrer politischen Familie sind.» Nur mit einer knappen Mehrheit und viel Einsatz hat Kenneth Haar verhindert, dass Attac sich zusammen mit der Friedensbewegung in eine Afghanistan-Kampagne stürzte. Und natürlich kamen auch in Kopenhagen die Trotzkisten: «Aber das haben wir nun hinter uns und ebenso die erste neoliberale Gegenattacke.» Der Unternehmerverband und die Liberalen hatten eine «Informationskampagne» gestartet: «Sie haben einen Tag lang vor den McDonald's-Filialen gestanden und jede Menge Hamburger gegessen. Einigen ist ziemlich schlecht geworden. Na ja, Opfer muss man bringen im Kampf.»

Auch bei Attac: «Im Augenblick arbeite ich zwanzig Stunden am Tag für Attac», stöhnt der 26-jährige Sozialwissenschaftler Raffaele Laudani, der in Bologna die Öffentlichkeitsarbeit macht, «im Augenblick wollen alle alles machen, deshalb machen alle alles doppelt. Und deshalb sind alle erschöpft. Das kann nicht so bleiben. Aber dies ist doch endlich eine Sache, die man mitgestalten kann», lacht er am Telefon, «auch wenn sie seit Genua alles abhören. Aber so dilettantisch: Ich höre die Polizisten immer reden.»

Berlusconi, so scheint es, hilft eher. Nach Genua sind in vielen Städten Sozialforen entstanden, zumeist Allianzen bestehender Gruppen: Tutte Bianche, Laboratori Desubbedienti, Platzbesetzer, alte Linke. Und sehr viele Christen. Schließlich ist der Papst mit seinen heftigen Äußerungen gegen die totale Kommerzialisierung der Welt inzwischen das einzige antikapitalistische Staatsoberhaupt Europas. «Unsere größte Leistung bisher», sagt Laudani, «war die Organisation für den Frieden, gegen Berlusconis Pro-Amerika-Auflauf. Wir haben in Rom mindestens 200 000 Leute auf die Beine gebracht, Berlusconi kaum 50 000.» Auch in Italien bringen die von Attac frisch Mobilisierten ihre spezifische Themenmischung mit: Ernährungssouveränität und Wasserversorgung sind wichtig für die Italiener, aber auch die NATO. «Unter dem Eindruck des Kosovo-Krieges sind hier viele Gruppen entstanden, und wir bei Attac finden auch, dass die NATO eine der Institutionen der kapitalistischen Globalisierung ist. Auch das müsste eines der großen Themen von Attac werden.»

Für 2002 hat sich Attac Italia eine ehrgeizige Kampagne vorgenommen, die genug Dynamik verspricht, um die heterogene Mitgliedschaft zu integrieren. «Wir werden die Tobin-Steuer ins Parlament bringen. Bei uns können 50 000 Bürger die parlamentarische Behandlung eines Gesetzesvorschlags erzwingen. 40 Abgeordnete unterstützen unsere Kampagne schon jetzt, und am 26. Januar werden wir sie ins Rollen bringen. Nobelpreisträger Dario Fo und viele andere Künstler werden uns unterstützen. Wir werden 200 000 Unterschriften kriegen, mindestens.»

First Things First – Next Things Next

Brüssel, 14. Dezember 2001. Der Demonstrationsweg, den das Bündnis D 14 mit der Polizei ausgehandelt hat, führt durch windige Vorstädte, noch jenseits der Immigrantenviertel, durch einen Kanal vom Laakener Schloss getrennt, in dem die EU-Regierungschefs über die Kontingente beraten, mit denen Europa den Krieg der USA in Afghanistan, Somalia und anderswo unterstützen will. Die Läden der Geschäfte sind heruntergezogen, Schilder informieren die «chers clients», dass wegen des EU-Gipfels geschlossen sei. Und so sieht fast niemand den jungen blau geschminkten Mädchen zu, die aus einer riesigen

Weltkugel verzweifelt ihre Arme recken. An der Spitze des Zuges fährt ein Behinderter, über dem Rollstuhl das Transparent «Who are we?». Die Frage scheint ein wenig veraltet heute. Am Anfang der Demonstration, unter den rotweißen Fahnen, marschieren 5000 Anhänger von Attac mit den Forderungen: Tobin-Steuer und Schließung der «Finanz-Paradiese». Hinter ihnen der lange bunte Zug von Genua-Demonstranten aus Italien in ihren weißen Overalls, englischen und belgischen Oxfam-Gruppen mit den Schuldenerlass-Parolen, Aktivisten der drei radikalen französischen Gewerkschaften SUD-PTT (Post), SUD-CRC (Gesundheit) und FSU (Lehrer). Natürlich sind die französischen Veteranen vom Marsch der Arbeitslosen auch dabei, die Socialist Workers Party fordert wie immer die Weltrevolution, auch die DKP gibt es noch, und irgendwo marschiert ein verlorenes Häufchen von Grünen. Seit Genua scheint Attac die informelle Führung in der außerparlamentarischen Politik zugefallen zu sein, und der *Stern* hat Attac zur «Bewegung des Jahres 2001» erklärt.

Aber seit Genua, und nicht erst seit dem 11. September, stellt sich auch die Frage: Wie kann man die Thematisierungsmacht, die von den Großdemonstrationen ausging und, anders als bei Nizza oder Göteborg, die Medien in ganz Europa erreicht, ummünzen in politischen Einfluss? Kann es sein, dass das Modell «Demonstration» an seine Grenze gestoßen ist? Die Gegenseite ist ja nicht untätig. Sanft: mit starken Reden über die Notwendigkeit, die Globalisierung zu steuern, mit «Sympathie» (Schröder), «Interesse» (Jospin) und dem Einsetzen von Expertenkommissionen zur Tobin-Steuer. Und weniger sanft: Die europäischen Innenminister haben ihre Zusammenarbeit verstärkt. Noch sind präventive Reiseverbote für computererfasste «Gewaltbereite» die Ausnahme. Kontraproduktiv sind sie allemal: Sie verstärken allenfalls die Empörung und Nervosität bei den jüngsten und unerfahrensten Protestreisenden. Diesmal hatten ein paar tausend deutsche Grenzschützer verdächtige Reisebusse verfolgt, die Insassen kontrolliert und die Besitzer von Brotmessern nach Hause geschickt. Verhindern können sie damit nichts. Aber andersherum: Bewirken Demonstrationen wie die an diesem kalten Dezembertag noch etwas?

Es endet alles friedlich, der Schwarze Block hat nichts anzugreifen außer zwei Bankfilialen, deren Scheiben zu Bruch gehen. Die Polizei hält sich – wir sind hier schließlich in Nordeuropa – in den Nebenstraßen. Erst am Schluss, als 10 000 oder mehr Suppe essen und auf das versprochene Konzert warten, riegeln Wasserwerfer und Doppelketten hermetisch die Abfahrtswege ab. Wer raus will, muss sich an die Wand stellen, die Beine breit machen und sich abtasten und auf harte Gegenstände im Rucksack untersuchen lassen. Keine Kamera filmt das, so wie der ganze friedliche Zug von 30 000 Demonstranten aus einem guten Dutzend Länder den meisten Medien Europas, mit Ausnahme von *Le Monde*, nicht einmal eine Meldung wert war. Allenfalls den belgischen, und dann mit dem erleichterten Seufzer: Politik-Karneval, aber nichts passiert.

Am Vortag hatten, ebenso unbeachtet von den europäischen Zeitungen und TV-Anstalten, mehr als 80 000 Gewerkschafter den publikumsfreien Parcours schon einmal genommen und «ein soziales Europa» gefordert. Er sei sehr zufrieden, hatte der belgische Premier am Abend erklärt: Die Gewerkschaften hätten deutlich zum Ausdruck gebracht, dass sie mehr Europa wollen; die Politiker im Schloss arbeiteten daran.

Auch das könnte die Zukunft sein: eine gut formierte «Demokratie» mit drei Öffentlichkeiten – die mediale Selbstdarstellung der leitenden Staatsangestellten, die systemkonforme Opposition und «die Extremisten», gegeneinander abgeschottet durch Ordnungskräfte und die Komplizenschaft der Medien. Schon frohlockten am Ende des Jahres 2001 die Kommentatoren: Die «Anti-Globalisierungsbewegung» werde «schrittweise in der Bedeutungslosigkeit versinken … sie sind nicht mehr neu, überraschen niemanden mehr». In der «normalen Berichterstattung» spiele sich der Meinungsstreit deshalb nun wieder «üblicherweise zwischen Politikern, Funktionären, Unternehmern und öffentlich anerkannten Experten ab – also zwischen Institutionen, die die Marktwirtschaft gestalten. Als bloß Betroffene haben die Globalisierungskritiker dort keinen Platz und kein Gewicht.» Und so werde die Bewegung wieder in ihren «Urzustand» zerfallen: eine Vielzahl von Gruppen, die vergeblich um Aufmerksamkeit ringen.[3]

Die kleine Gruppe von Attac-Aktivisten aus Belgien, Holland, Frankreich, Deutschland und Dänemark, die sich am Abend vor der Demonstration in einem Freizeitheim in der Rue de la Couronne trifft, ist für solche Orakel des politisierenden Feuilletons unempfänglich. Aber sie weiß auch, dass die Spannung von Aktion, Aufmerksamkeit, Aufklärung und Politik nicht abreißen darf. Wenn die Medien ermüden, weil sie den Barrikadenkampf zwischen den Großen der Welt und den Schwarzen Blöcken offenbar brauchen; wenn die Gipfelteilnehmer selbst ihre Veranstaltungen für «nicht mehr zeitgemäß» halten oder sie in immer entlegenere Weltgegenden verlegen, dann muss man selbst Ereignisse schaffen. «Wie ist es mit einer großen, koordinierten europäischen Aktion für eine Einführung der Tobin-Steuer in der EU?», fragt Bernard Cassen in die Runde. «Unser Parlament hat sich dafür ausgesprochen. Ist es noch zu früh, dies europäisch mit einer Aktion, etwa auf der Ebene der EU-Kommission direkt anzugehen? Was meint ihr? Könnt ihr das diskutieren bei euch?» Auch ein europäisches Sozialforum könnte die Entstehung einer kontinentalen Bewegung mit Thematisierungskraft voranbringen. Aber wo kann es stattfinden: in Sevilla? Da ist die Stadtverwaltung politisch auf der anderen Seite. In Berlin? Die deutschen Aktivisten wissen noch nicht, ob sie das organisatorisch stemmen können.

Der Abend verläuft kaum weniger informell als die halbjährlichen Treffen von Attac Europa: «Man hört, was so läuft, man diskutiert, ob man sich um Terrorismus und Krieg auch noch kümmern muss, und man plant das nächste Groß-Event», sagt Sven Giegold lakonisch. Und große gemeinsame Aktionen, spektakulärere Varianten der schwimmenden Offshore-Zentren auf der Hamburger Alster oder der Aktion «Große Wäsche» auf den Plätzen von Luxemburg? «Na, das wird noch so ein, zwei Jahre dauern.» Aber wenn «first things first» die Regel für das Verhältnis von Kerngeschäft und sonstigen politischen und sozialen Problemen, von Zentralen und Mitgliedern ist, dann gilt für die strategischen Planungen: «Next things next.» Und so diskutiert die Runde noch kurz das Attac-Treffen auf dem Weltsozialforum im brasilianischen Porto Alegre, bevor die Bar im Freizeitheim öffnet.

Porto Alegre – Bürgerforum, Fachkonferenz, Markt der Möglichkeiten

Auf dem Hof der katholischen Universität kam Stein zu Stein – gesammelt auf indischen Äckern und in brasilianischen Wäldern, an afrikanischen Stränden und am Rande europäischer Straßen aufgelesen. Nach vier Tagen war ein großes Mosaik entstanden: eine andere Weltkugel. In den großen Hörsälen debattierten Wissenschaftler über die Schuldsklaverei, Dritte-Welt-Theoretiker über Alternativen zur kapitalistischen «Entwicklung». Frei Betto, der brasilianische Theologe der Befreiung, redete über die Religion als unaufgebbare Fortschrittskraft, Danièle Mitterrand über die politische Unterdrückung, Eduardo Galeano, der poetische Chronist des Halbkontinents, attackierte die USA, und der Präsidentschaftskandidat der brasilianischen Arbeiterpartei Lula da Silva diskutierte mit Jean-Louis Chevènement über die Unverzichtbarkeit des Nationalstaats. Und drum herum Hunderte von Workshops, in denen Regenwaldschützer, Alternativlandwirte, Indianerräte, Arbeitslosenselbsthilfegruppen, Opfer von Polizeiterror, Feministinnen, landlose Bauern, Gentechnik-Gegner, Behinderten-Initiativen Kontakte knüpften und Pläne schmiedeten.

10 000 Delegierte von NGOs aus mehr als hundert Ländern trafen sich vom 25. bis zum 30. Januar 2001 in Porto Alegre zum Ersten Weltsozialforum (Forum Social Mundial). Auf den Straßen der Hafenstadt im südbrasilianischen Rio Grande del Sul demonstrierten 40 000 Einheimische mit ihnen, im großen Open-Air-Auditorium sang Manu Chao, und nicht nur er. In Arbeitsgruppen dachten Juristen über ein neues Völkerrecht, Ökonomen über die Regionalisierung des Weltmarktes, Wasserexperten, Solaringenieure und Agronomen über die Bewirtschaftung globaler Güter nach. José Bové schritt, wie erwartet, zur Tat und riss auf einer nahe gelegenen Farm ein paar genmanipulierte Pflanzen aus, wurde von der Zentralregierung ausgewiesen, was auf Protest zurückgenommen wurde. Und auf einer Fernsehkonferenz mit dem gegnerischen Weltwirtschaftsgipfel in Davos fand Attac-Chef Cassen im geläuterten Spekulationskönig George Soros einen Befürworter der Tobin-Steuer.

Wie kam es dazu? Schon seit geraumer Zeit hatten die Vertreter einiger brasilianischer NGOs darüber nachgedacht, ob es nicht an der Zeit sei, über die Massendemonstrationen gegen IWF, Weltbank und WTO hinaus positive politische Akzente zu setzen, in weltweitem Rahmen eine «andere Globalisierung» zu propagieren. Unmittelbar nach dem «Anti-Davos»-Protestkongress in der Schweiz, den Attac mitveranstaltet hatte, diskutierten sie die Idee in Paris mit Bernard Cassen. Und der schlug sofort Porto Alegre vor. Brasilien, weil ein solcher Kongress in der Dritten Welt stattfinden müsse, und Porto Alegre, weil die Stadt und die Provinz Rio Grande del Sul von der Partido dos Trabalhadores (PT) regiert wird, der einzigen, großen Oppositionspartei Brasiliens. In der Millionenstadt war überdies seit einiger Zeit ein viel beachtetes politisches Projekt umgesetzt worden: das «partizipative Budget». Ein Modell, nach dem die Bewohner der Stadtbezirke in demokratischer Abstimmung selbst bestimmen können, für welche Zwecke – soziale, pädagogische, medizinische – die Zuwendungen des Staates ausgegeben werden sollten. Das Resultat: Das politische Interesse der Bürger wuchs rasant, und die Korruption ging auf null.

Noch im Februar 2000 beschlossen ABONG (die Dachorganisation der brasilianischen NGOs), Attac, CUT (der brasilianische Gewerkschaftsverband), das Movimento Siem Tera (die Assoziation der Landlosen Brasiliens), einige andere NGOs und kritische Wissenschaftlervereinigungen, das Weltsozialforum in Porto Alegre zu veranstalten. Stadt und Staat sagten großzügige Hilfe zu, und Ende Juni, auf dem NGO-Gegengipfel zur UNO-Konferenz «Kopenhagen + 5», wurde Porto Alegre 2001 besiegelt.

Porto Alegre 1 – das war eine bunte, idealistische, selbstbewusste Mischung aus globaler Bürgerversammlung, Weltjugendtreffen, Kirchentag, Fachkonferenz, politischem Kongress – ein Markt der Möglichkeiten regionalen Widerstandes, fröhlich und selbstbewusst dominiert von der nicht US-amerikanischen, nicht europäischen, nicht weißen Welt.

Das Weltsozialforum, von den Monopolmedien Brasiliens zunächst verschwiegen oder denunziert, wurde zum Medienerfolg – in der lateinamerikanischen Presse, den afrikanischen und asiatischen Ländern. In Europa wurde es – wiederum mit Ausnahme von Frankreich –

als Marginalie zu dem anderen, am selben langen Wochenende stattfindenden Wirtschaftsgipfel in Davos behandelt. Aus Deutschland, wo vorher kaum etwas über das Großereignis zu lesen war, kamen einige NGO-Vertreter und eine PDS-Abgeordnete; der Leiter des ansässigen Goethe-Instituts, ein bayerischer Sozialdemokrat, hat dann in letzter Stunde vier Sozialwissenschaftler eingeladen, «damit das hier nicht alles die Brasilianer und die Franzosen machen».

Es gab keine Deklaration von Porto Alegre, keine Resolutionen, nur große Emotionen auf der Schlussveranstaltung mit hundert Fahnen und einem hundertfachen Ja auf die Frage, ob eine andere Welt möglich sei. Aber das Entscheidende waren die Verabredungen, die dort getroffen wurfen, die Kontakte, die geknüpft, die gemeinsamen Aktionen, die geplant wurden, von einer breiten Koalition, die nicht in jeder Einzelheit einer Meinung ist, aber das Wesentliche teilt: Sie lehnt die Umgestaltung der Welt nach dem Modell des Washington-Konsenses ab, und sie will von Mal zu Mal deutlichere Vorschläge, Lösungen und Strategien auf die Tagesordnung setzen, in Porto Alegre und bei anderen Gelegenheiten.

Natürlich hat die internationale Bürgerbewegung, auch das wurde in Porto Alegre offenbar, noch einen langen Weg vor sich zur «neuen globalen politischen Kraft». Bis auf weiteres wird der Widerstand gegen die tausend Formen der Ungleichheit im Wesentlichen lokal und regional sein. Wird sich in Europa auf die Verteidigung von Arbeitsplätzen, Lebensformen und Natur beschränken, sich in Lateinamerika auf Landverteilung, Gewerkschaftsrechte und gegen die Macht der Oligarchien richten – und in großen Teilen Afrikas und Asiens auf die Sicherung des bloßen Lebens. Der westeuropäischen Arbeitslosen und der malaysischen Weber; der mexikanischen Fabrikarbeiter und der amerikanischen Rentner; der italienischen Gewerkschaften und der maghrebinischen Arbeitsmigranten; der brasilianischen Landlosen und der deutschen Kleinbauern, der chinesischen Handarbeiterinnen und der deutschen Junk-Toy-Käufer; der russischen Elektroniker und der holländischen Ingenieure – sie werden vom selben globalen System dominiert, ausgebeutet, entfremdet, aber ihre unmittelbaren Interessen sind nicht identisch; sie können bis heute nur moralische Koalitionen eingehen, ohne faktische Macht.[4]

Selbst das eine einigende, universale Interesse an der Bewahrung der natürlichen Lebensgrundlagen des Planeten spielte in Porto Alegre keine strategische Hauptrolle. Denn nicht nur die zerstörerische Blockade aller Umweltvereinbarungen durch die USA versperrt den Weg zu einer Welt-Umwelt-Ordnung; die schiere Not lässt für viele Länder der Dritten Welt eine ökologische Politik immer noch als Luxus erscheinen. Und das Projekt einer globalen Energiewende, die der Natur eine Pause geben, die Abhängigkeit der Südländer von Importöl lockern, ihre Handelsbilanzen entlasten und eine Re-Regionalisierung der Landwirtschaft ermöglichen könnte, scheitert derzeit nicht nur an Einsicht und an Geldmangel – auch sie ist auf ein Umlenken der hochindustrialisierten Regionen und eine drastische Änderung der Regeln des Weltmarktes angewiesen.[5] So ist das wichtigste gemeinsame organisierbare Interesse aller, die auf verschiedene Weise beim großen Geldspiel verlieren: die Änderung der globalen Rahmenbedingungen, die weltweit die Politik entmachten. Deshalb, aber auch wegen seiner globalen Vernetzung und – aufgrund seiner engen Partnerschaft mit *Monde Diplomatique* – seiner Medienstärke hat Attac unter den rund 50 Organisationen im Vorbereitenden Rat für Porto Alegre 2 eine wichtige strategische Rolle.

Ein globaler Marshallplan – und seine Finanzierung

Im Jahr 2002 werden es 70 000 oder mehr Menschen gewesen sein, die zur zweiten globalen Bürgerversammlung nach Porto Alegre gekommen sind, um zu demonstrieren, um in 800 Workshops Erfahrungen auszutauschen. Der polemische Bezug auf das «World Economic Forum»[6] spielt keine Rolle mehr. In vier großen Themenblöcken werden Pläne für die «andere Globalisierung» vorgestellt und diskutiert:

- **Die Produktion des Reichtums und die Zukunft der Gesellschaften**: Wie müssen Handel und Kapitalverkehr so organisiert werden, damit eine gleichmäßige Entwicklung aller Gesellschaften möglich wird; wie kann ein Schuldenerlass durchgeführt werden, sodass er den Völkern und nicht korrupten Eliten nutzt; wie können die MNK kontrolliert werden; wie die Gewerkschaften sich internationalisieren?

- **Die Verfügung über die «globalen Güter» und ihre nachhaltige Nutzung:** Umwelt, Wasser, Wissenschaft und Technik, das genetische Erbe, der öffentliche Raum sind «globale Güter», die allen zukommen müssen – wie können diese Menschheitsressourcen nachhaltig bewirtschaftet und gerecht verteilt werden?

- **Die Organisation der Zivilgesellschaft und der Öffentlichkeit:** Wie sehen Strategien zur Demokratisierung der Medien, der Bildung aus; wie können die Migrationsströme gelenkt, das Flüchtlingselend abgebaut, die Intoleranz bekämpft; wie kann die Wissenslücke zwischen Nord und Süd geschlossen werden?

- **Politische Macht und Ethik in der neuen Gesellschaft:** Wie sieht eine demokratische Weltordnung aus; wie können Menschen überall an dieser Demokratie partizipieren; wie viel Souveränität brauchen die Staaten, welche Rechte muss die Weltgemeinschaft haben; was sind die Voraussetzungen zu einer Entmilitarisierung der Welt?

Attac organisiert den ersten Themenkreis und unterbreitet dort einen ausgefeilten Vorschlag, wie durch die Kontrolle der Finanzmärkte und ein globales Steuersystem ein «Planetarischer Gesellschaftsvertrag» finanziert werden könnte. In einem Vortrag, den sie kurz nach dem 11. September an der von George Soros ins Leben gerufenen «Central European University» in Budapest hielt, hat die Vizepräsidentin von Attac Frankreich, Susan George, diesen «globalen Marshallplan» skizziert. Er verknüpft ökologische Erneuerung, globale Armutsbekämpfung und weltweite Demokratisierung.[7] Und er stellt dem System der Entwicklungshilfe einen «globalen Keynesianismus», ja, die Idee eines «global welfare state» gegenüber. Utopisch, so hielt sie ihren Kritikern entgegen, sei es, anzunehmen, man könne mit weniger als großen Schritten das Abgleiten der Welt in mehr Ungleichheit, mehr Hunger, mehr Chaos und mehr Terror vermeiden.

Der Attac-Vorschlag in Porto Alegre führt den Gedanken fort: Unter der Leitung einer reformierten UNO sollen zwei Fonds zur souveränen Entwicklung der armen Länder gegründet werden: einer zur Stabilisierung der Wechselkurse und der Rohstoffpreise, der andere zur direkten Finanzierung von Technologietransfer, Bildung, Gesundheit, Energieversorgung und Umweltsanierung. Finanziert werden sollen die Fonds aus drei globalen Steuern: einer auf die Finanztransaktionen (Tobin-Steuer), einer auf die Direktinvestitionen der Multis und einer «Einheits-Steuer», die es den Multis unmöglich macht, ihre Gewinne dorthin zu schieben, wo sie gering oder gar nicht besteuert werden. Überdies schlägt Attac eine ganze Reihe neuer internationaler Rahmengesetze vor: zur Regulierung der Devisen-, Aktien- und Derivatsmärkte, zur Kontrolle der Finanzoasen, zur Reform der internationalen Finanzinstitutionen etc.[8]

Auch die «Leit-Papiere» der anderen Foren in Porto Alegre bezogen sich implizit oder ausgesprochen, technisch oder moralisch auf diese Idee eines New Deal zwischen Nord und Süd, Arm und Reich. Ob das französische Komitee für die Entschuldung der Dritten Welt (CADTM) das Konzept «Entwicklungshilfe» durch das der «globalen Steuern» oder gar der «Reparationen» für vergangene Ausbeutung ersetzt; ob das Oxfam-Papier zu «intellektuellem Eigentum und globaler Wissensgesellschaft» realistische Wege sucht, die Behebung der Not im Süden und die legitimen Rechte von Patentinhabern zu vermitteln; ob «Corporate Watch» und «Global Exchange» gegen die unwirksamen Verhaltenskodizes, mit denen die Multis ihre sozialen und ökologischen Verpflichtungen freiwillig regeln wollen, die Forderung nach einem wirksamen internationalen Unternehmensrecht setzen; oder ob Walden Bello über eine neue politische Rahmenordnung nachdenkt, die jedem Land die Autonomie gibt, seinen Entwicklungspfad selbst zu wählen, ohne dass das in Isolationismus führt oder den Welthandel ruiniert – immer sind die Überlegungen bezogen auf die Leitidee der globalen Zivilgesellschaft, die den Bürgern in allen Weltregionen und Nationen die Souveränität zurückerstatten will, die sie brauchen, um sich «die Zukunft der Welt wieder anzueignen». Die Alternative zur konzerngetriebenen Globalisierung – so sagt es einer der bekanntesten Entwicklungstheoretiker des Südens, Samir Amin – «liegt nicht in rückwärts gewandter Nostalgie, sondern in einem in die Zukunft gerichteten Konzept des Globalismus, in einer plurizentrischen Welt, in der die Ungleichheit zwischen Regionen und Ländern durch ein komplexes Bündel von Verhandlungen, politischen Maßnahmen und Regelwerken systematisch reduziert wird».[9]

Es geht also um die Universalisierung der Demokratie, um die Souveränität aller Bürger dieser Welt. Die modernen Demokratien entstanden als Nationalstaaten. Und die Souveränität der Nationalstaaten begründete sich mit ihrer Macht zur Steuererhebung. Die großen demokratischen Revolutionen – die Französische und die Amerikanische – entzündeten sich am Kampf um die Besteuerung. Heute ist die Wirtschaft global, aber der Rahmen, in dem sie steht, ist es nicht. Und die zentrale Forderung einer weltweiten Demokratiebewegung muss ein weltweites Steuersystem für wirtschaftliche Akteure sein, die weltweit tätig sind. Das ist logisch, und das macht – neben den anderen Reizen der Tobin-Steuer – die Attraktivität von Attac aus.

Dennoch: Das eigentliche Wunder von Attac liegt darin, dass in 29 Ländern der Erde – und es werden immer mehr – eine weltweite Bürgeropposition entsteht, die nicht länger an Symptomen ansetzt, sondern sich dem abstrakten, komplizierten Kern des Gesellschaftsgetriebes zuwendet, ihn studiert und sich zutraut, die Grundlage für eine demokratische Weltordnung durchzusetzen.

Was von diesen Forderungen, die von Aktion zu Aktion präziser analysiert und populärer formuliert werden, den Weg in die Debatten der politischen Institutionen, der Öffentlichkeit und der Parlamente findet, wird von den Medien abhängen. Und damit von den nächsten Aktionen.

Es ist an der Zeit, durch die Türen zu gehen

Die Weltsozialforen von Porto Alegre und die Wiederholungen an anderen Orten der Erde, die folgen werden, sind Feiertage der weltweiten Sozialbewegung. Etwa so, wie es vor hundert Jahren der 1. Mai war: der Tag, an dem die Bewegung ihre großen Ziele und Prinzipien bekräftigt, auch wenn die ihr Angehörigen wissen, dass es lange dauern wird. Aber auch der Tag, an dem die Mitstreiter sich begegnen, miteinander fröhlich sind, und an dem die «Gesellschaft der Zukunft» im Vorschein sichtbar wird. Es sind Feiertage für die Seele. An denen gehen große Menschheitsworte und Gefühle eine heftige Mischung ein, und die neue Welt scheint in die Nähe gerückt. Aber «Eine andere Welt ist möglich» – das heißt ja nicht nur, dass sie denkbar ist. Die wissenschaftlichen Vorarbeiten, die Erfahrungen der Aktivisten zeigen: Sie ist machbar, die Instrumente liegen auf dem Tisch, überprüft sie, wendet ein, setzt euch auseinander. Oder sagt, dass ihr sie nicht wollt.

Aber Porto Alegre ist weit und nur einmal im Jahr. Danach geht der Alltag der Aufklärung, das Tagesgeschäft der Überzeugung weiter. Die Aktionsbedingungen für die globale Demokratiebewegung haben sich seit dem 11. September geändert. Nicht unbedingt verschlechtert. Die Assoziation von «Globalisierungsgegnern» mit Terroristen taucht zumindest in den seriösen Medien nicht mehr auf, und die Stimmen, die auf eine Änderung der internationalen Wirtschaftsordnung drängen, haben klangvolle Namen: Joseph Stiglitz, Erzbischof Tutu, José Saramago. Sicher, «das Imperium schlägt zurück», aber auf seine Weise. Das Weltwirtschaftsforum weicht im Januar 2002 von Davos nach New York ins Waldorf Astoria aus und spricht sich dort ebenso deutlich für weltweiten Freihandel wie globalen sozialen Fortschritt aus. Die Zeit der großen Gipfel von IWF, G8, OECD scheint zu Ende zu sein, und mit ihr die Dramaturgie von Machtdarstellung und Protest; die Zeichen dafür mehren sich: Im März 2001 schon traf sich eine Runde von Ministern, Beamten und Unternehmensberatern in Washington und erörterte unter anderem, ob es nicht besser sei, diese Treffen künftig «auf Kreuzfahrtschiffen» oder «mitten in der Wüste» anzuberaumen, die Tagungsorte geheim zu halten; und weiter: wie man den «NGOs andere Sandkästen zum Spielen geben» könne, oder – so ein US-Beamter – sie «entlegitimieren» oder ihnen die Stiftungsgelder abdrehen.[10] Die europäischen Sozialdemokraten wenden sich «interessiert» der Tobin-Steuer zu, aber lassen sie von einer Kommission überprüfen, deren Vorsitzende eher skeptisch sind. Dieser weiche Widerstand in den kapitalistischen Demokratien mag auf lange Sicht die Thematisierungskraft von Attac und anderen sozialen Bewegungen eher schwächen als die Kriminalisierung und Überwachung «militanter Ränder», die –

noch – auf den Widerstand rechtsstaatlicher Institutionen trifft. Auch die Drohung des amerikanischen Justizministers Ashcroft, die Architektur des Internet umzubauen – was die soziale Bewegung stark treffen würde –, wird, solange die Terrorpanik nicht erheblich steigt, sich international nicht durchsetzen lassen.

Aber die Frage nach der Zukunft der demokratischen Allianz, von der Attac ein Teil ist, stellt sich auch unabhängig von solchen Reaktionen. Schon vor Genua wurde in der sozialen Bewegung über den «unbefriedigenden Krieg der Symbole»[11] nachgedacht, zu dem auch die Demonstrationen vor den Palästen der Welt-Politiker gehören: gälte es doch eher, diese Mächtigen aus ihrer Ohnmacht zu befreien. «Die großen Straßenaktionen parallel zu den Versammlungen der globalen Elite», schreibt Walden Bello, «haben (endgültig nach dem 11. September) die Grenzen ihrer Effektivität erreicht. Und das wird die Bewegung wohl zwingen, innovative Methoden zu entwickeln, die Massenaktionen, juristische und parlamentarische Mittel kombinieren.»[12]

Jahrelang hat die Bürgerbewegung von den Symbolen der «Gegner» gelebt: beim Kampf der Aktivisten gegen die Marken-Konzerne ebenso wie von den Demonstrationsbildern der Straßenschlachten vor den Konferenzsälen. «Aber diese Symbole waren nie die wahren Ziele; sie waren immer nur die Türen. Es ist an der Zeit hindurchzugehen.» Attac ist auf diesem Weg. Seine Leitforderung, die Tobin-Steuer, ist wegen ihrer Plausibilität Symbol und Lösungsschritt zugleich. Aber selbst dieser erste Schritt wird noch großer Anstrengungen bedürfen, und die Trägheit der Institutionen ist ohne andauernden öffentlichen Druck nicht zu überwinden.

Wie kann man ihn aufrechterhalten, ohne dass die Aktivisten erlahmen, sich anderen Projekten im großen Feld der Misere zuwenden oder sich unproduktiv radikalisieren? Wie kann man «die unsichtbaren Welten» sichtbar machen, die zwischen dem ökonomischen Fundamentalismus und dem abstrakten Traum der «anderen Welt» oder dem selbstgenügsamen Basteln in alternativen Nischen liegen?[13]

Das Erste wäre wohl, oft gegen den Anschein, laut auf dem Vertrauen zu bestehen, dass die Institutionen zumindest des europäischen Westens noch funktionieren. Attac ist deshalb folgerichtig auf die Parlamente konzentriert, aber auch dort erst am Anfang der Arbeit. 53 Bundestagsabgeordnete, die der Tobin-Steuer ihre Unterschrift geben, sind nicht genug. Nach den Gipfel-Palästen müssen nun die Parlamente – oder die Wahlkreisbüros der Abgeordneten – belagert werden. Mit Aktionen und in vielen einzelnen Gesprächen. Und vor allem: Ohne eine engere Zusammenarbeit von Attac und Gewerkschaften wird der politische Druck – auf den Straßen und in den Gremien – nicht ausreichen.

Auch nicht ohne die Medienaufmerksamkeit. Und die ist auf Bilder angewiesen. Aber was kann an die Stelle großer Aufmärsche treten? Auf dem Weihnachtsmarkt Arbeitsplätzchen zu verteilen, die Innenstadt von Marburg symbolisch zu «privatisieren» – das erweckt die städtische, aber nicht die große Aufmerksamkeit. Prominente Akteure könnten helfen, und sie werden es tun, in dem Maße, in dem die Bewegung es schafft, sich die Steineschmeißer vom Hals zu schaffen. Aber vielleicht ist ja auch das Greenpeace-Modell noch nicht ausgereizt: mit Aktionen am Rande der Legalität die Missstände und diejenigen, die sie dulden, in die Scheinwerfer zu ziehen. «Wie wäre es», sagte kürzlich ein alter Greenpeace-Aktivist, «mit einer ‹freiwilligen Steuerwehr›, die überall eingreift, mit roten Leiterwagen und Wasser oder anderen Flüssigkeiten, wo illegitime Gewinne gemacht, wo ungerechte Steuerlöcher klaffen, wo Reichtum aufgrund der Armut der anderen wächst?»[14] Das ist nur eine Idee. Was solche Protestprojekte auszeichnet und der neuen sozialen Bewegung Auftrieb gibt, ist die Verknüpfung von öffentlicher Wirksamkeit, Spaß, Aufklärung und Geselligkeit, ohne die Menschen, die es «eigentlich nicht nötig haben», nicht lange dabeibleiben. Das große Netz ist auf viele kleine Netze angewiesen. Menschliche Netze.

Weltgesellschaft mit langem Atem

Und das auch international. Die demokratische, transnationale Weltgesellschaft muss sichtbar und wirksam werden: nicht nur in den großen Forderungen, nicht nur in Porto Alegre und nicht nur in der internationalen Kooperation von kritischen Wissenschaftlern und dem

Austausch von Informationen im Attac-Netz. Ein schönes Beispiel ist der Gründungskongress von Attac Tunesien[15] am 5. Januar 2002. Seit dem 9. September 1999 hatten Fathi Chamki, ein Geographieprofessor an der Universität Mannouba, und seine Mitstreiter auf eine Genehmigung zur Vereinsbildung gewartet, ohne die soziale Aktivitäten in der 99,4 %-Demokratie des Autokraten Ben Ali verboten sind. Fathi Chamki und zwei weitere RAID-Mitglieder wurden verhaftet, verhört, saßen wegen «Verbreitung von Informationen, die die öffentliche Ordnung stören», einen Monat in Zellen, in denen bis zu 85 Häftlinge unter «tierischen Bedingungen» vegetieren. «Einige dieser Tiere weinten nur noch», erzählt Fathi Chamki, «andere versuchten, sich zu Tode zu hungern oder sich die Pulsadern aufzuschneiden.» Der Gründungskongress in seinem Haus war von fünf Polizeiwagen umstellt. «Wir haben es gewagt, ich bin sehr glücklich darüber, aber ohne die Solidarität von Attac Rhône hätten wir es kaum geschafft.» Jean-Luc Cipière und andere Attac-Mitglieder sind zur Gründungsversammlung nach Tunesien gekommen, Attac Rhône hat schon früher vor dem tunesischen Konsulat in Lyon demonstriert, ein Go-in bei Tunis-Air veranstaltet. «Die hatten nach ihren Anfangserfolgen so einen Punkt erreicht, wo sie ein wenig schläfrig wurden, weil sie keinen Widerstand mehr hatten», sagt Chamki, «die Aktionen gegen die tunesischen Einrichtungen haben, glaube ich, Attac Rhône enorm vitalisiert – und damit haben auch wir ihnen geholfen.» Und den Lyonnaisern ein neues Aktionsfeld im Zentrum der Attac-Ziele gegeben. Im Dezember 2000 organisieren beide Gruppen die Gegenveranstaltung zum Euroméditerranée-Gipfel in Marseille, zu einer der Folgeveranstaltungen des Abkommens von Barcelona (1995), auf der die Modalitäten für die wirtschaftliche «Partnerschaft» der EU und der Maghreb-Länder verhandelt werden.

«2010 sollen wir eine Freihandelszone bilden, aber die Assoziation an Europa ist für uns im Grunde ein zweites ‹strukturelles Anpassungsprogramm›, nach dem des IWF», erläutert Fathi Chamki. «Die größten Zementwerke sind schon verkauft, die größten Stromversorgungsunternehmen, für deren Bau wir immer noch die Kredite zurückzahlen, gehören jetzt amerikanischen und japanischen Multis.» Europa fordert eine Begrenzung des nationalen Budgetdefizits auf

3 Prozent, als Folge dessen privatisiert die Regierung, was das Land hergibt: den Gesundheitsdienst, Teile der Universitäten. Und die Opposition im Lande ist zum Schweigen gebracht, vor den Toren Europas: «Unsere Website ist blockiert worden. Ins Ausland kommen wir, aber untereinander ging nichts mehr. Doch mit ziemlich viel List und Know-how haben wir jetzt einen Umweg gebaut. Das ist im Grunde unsere Hauptarbeit: Wege zu finden, um den Raum der Öffentlichkeit etwas zu erweitern. Im April 2002 tagt Euroméditerranée zum zweiten Mal, im spanischen Valencia. Attac Tunesien und Attac Lyon bereiten den Gegengipfel vor – ein kleines Bündnis gegen die wirtschaftliche Liberalisierungswelle, die von Europa nach Süden rollt und die europäischen Aktivisten mit Notlagen konfrontiert, gegen die ihre eigenen Kämpfe luxuriös erscheinen.

Aktionen, die aus solchen transnationalen Bündnissen kommen, können viel bewirken – zum Beispiel die Anti-Nike-Koalition –, aber auf dem Gebiet von Attac erfordern sie extrem viel Arbeit: Wer genau verdient an der Staatsschuld von Senegal, in welchen Produkten stecken die Profite aus den chinesischen Sweat-Shops, in welcher Bank in Liechtenstein sind die Spekulationsgewinne bei der letzen Abwertung des Baht gelandet? Und wie kann man das sichtbar machen, mit Aktivisten an beiden Enden der Geldketten? Das erfordert Recherchen – aber die machen klüger; Kooperationen – die machen reicher; und Mittel – die zu besorgen macht weltgewandter. Attac, mit seiner wachsenden Mitgliedschaft, kann sich hier ein großes Feld erschließen, um auch unterhalb der Deklarationen und Kongresse in der Öffentlichkeit präsent zu sein.

Der Reiz sozialer Bewegungen besteht darin, dass Politik und Leben sich in ihnen mischen. Und das muss sein, damit man den langen Atem behält, um eine «andere Welt» möglich zu machen. Aber wie lange muss der Atem reichen? «Jahrhunderte.» Wie bitte? «Mehrere Jahrhunderte», kommt es noch einmal aus dem Telefon. «Sehen Sie doch die UdSSR an. Das wird mindestens genauso lange dauern, wieder gutzumachen, wie die brauchten, es anzurichten. Erst die Sowjets und dann der IWF. Ich glaube, man braucht globale Visionen, aber man muss auch wissen, wie lang der Weg ist, und den Triumphalismus vermeiden. Der Idealismus der Jungen ist wunderbar. Aber er zerbricht, wenn man nicht realistisch ist.» Der kanadische Übersetzer Pierre Henrichon ist 55 Jahre alt, seine erste Politikphase hatte er in den radikalen Siebzigern, danach war er «ein braver Bürger mit Haus und Kindern». Und nun hat er sich zwei Jahre lang so sehr in die Aufbauarbeit von Attac geworfen, dass «nichts von meinen Liebhabereien übrig blieb. Ich musste Dokumente für einen Film über die Globalisierung übersetzen, und als ich dabei auf die MAI-Sache stieß und gleichzeitig Ramonets Artikel las, riss der Faden. Es gibt Dinge, die sind einfach nicht tolerierbar. Und wenn man sich über die Finanzoasen kundig macht, weckt das einfach den Robin-Hood-Instinkt, die Witwen und die Waisen dieser Welt zu beschützen.»

Ohne eine starke Attac-Gruppe in den USA wird nichts gehen, schrieb Pierre Henrichon vor einem Jahr auf der Website von Attac Quebec – eine der didaktisch klügsten und lehrreichsten übrigens. «Zurzeit sieht es nicht danach aus», sagt er heute. «Mittelfristig könnte es eher eine kontinentale amerikanische Allianz für die Steuer und gegen die Finanzoasen geben, an den USA vorbei. Man muss sie wohl eher isolieren. Und das fällt ja auch nicht schwer. Die USA werden ja immer offener imperial. Man muss ja kein Anti-Amerikaner sein, um die Realität zu sehen. Brasilien und Argentinien werden aufwachen, aber das wird lange dauern, und man kann nur hoffen, dass sich die öffentliche Meinung dreht, gegen die Medien.»

Und dafür sei ein quantitatives Wachstum von Attac gar nicht so wichtig. «Wir sind eine kleine Gruppe, 600 Mitglieder, 50 bis 60 ehrenamtliche Aktive, und es geht uns ganz gut damit», sagt Pierre Henrichon, «jedenfalls halten wir nichts davon, eine Art Partei ohne Namen zu werden, und wir sehen die Zerstreuung der Kräfte in anderen Ländern mit ein wenig Reserve.» Anwälte, Wirtschaftswissenschaftler, Studenten gehören zur Gruppe, auch Beamte – sie studieren die fatalen Folgen des NAFTA-Vertrages für den innerkanadischen Finanzausgleich, verbreiten Analysen über globale öffentliche Güter, aber in ihren politischen Interventionen konzentrieren sie sich fast ausschließlich auf die Tobin-Steuer und die Finanzoasen, mit Initiativen im Parlament, mit Briefen an Fernsehjournalisten, die sich von Ministern einreden lassen, die Steuer sei unpraktikabel. «Die Hauptfunktion unserer politischen Aktionen, auch der Demonstrationen ist eigentlich pädagogisch: Wenn die Leute sich in solche Konflikte begeben, lernen sie sehr schnell.» Von der Polizei, von der Arroganz der Wirtschaftselite, von der Ignoranz der Amtsinhaber. Um den engen Kern herum – 600 Mitglieder, 60 aktive – hat Attac Quebec eine Koalition von sympathisierenden Gewerkschaften und NGOs gegründet, die eine Volkshochschule für Wirtschaft gründen wird. «Es gibt sogar schon Priester, die in ihren Predigten die Gläubigen auffordern, Attac beizutreten.»

Pierre Henrichon hat sein Präsidentenamt niedergelegt, aber immer noch arbeitet er «so vier Abende in der Woche» bei Attac. Mit einer Perspektive von Jahrhunderten? «Na ja», sagt er da, «was sonst? Die im Süden haben einen Mangel an Wasser und Nahrung. Uns hier fehlt der Sinn, und die Kultur geht vor die Hunde. Ich habe da keine große Philosophie, aber wenn man sich nur ein bisschen verantwortlich fühlt für diesen Planeten, kann man doch bei diesem ganzen Wahnsinn nicht mitmachen. Ich weigere mich einfach. Um mich herum arbeiten alle immer länger statt kürzer. Ich fühle mich wohler, seit ich aktiv bin, das ist vielleicht nur individuell, aber die drei Jahre haben mir auch gezeigt, dass ein paar Leute einiges in Gang setzen können. Und das mit der Tobin-Steuer kann schon in ein paar Jahren klappen. Aber wäre ja erst ein Anfang.»

Vier Zeitzeugen der neuen Bewegung

Welche Chancen hat die Bewegung der Globalisierungskritiker, welche ihrer Ziele sind realistisch, welche Risiken drohen, wohin steuert die neue Internationale? Die Autoren sprachen mit vier prominenten Zeitzeugen:

Der Banker – Thomas Fischer

Thomas Fischer, Jahrgang 1947, ist promovierter Ökonom und arbeitet seit 16 Jahren im Geldgewerbe. Nach seinem Start bei der Firma Varta machte er ab 1985 binnen zehn Jahren eine steile Karriere bei der Deutschen Bank, unter anderem als Chef des Handels mit Finanzderivaten (Optionen, Futures, Swaps etc.). Von dort wechselte er für knapp vier Jahre in den Vorstand der Landesgirokasse in Stuttgart und kehrte im Januar 1999 als Vorstandsmitglied zu Deutschlands größtem Bankhaus zurück. Dort zeichnet er als «Chief Operating Officer» bis Januar 2002 verantwortlich für das Controlling und die Risikokalkulation aller Handels- und Kreditaktivitäten des Konzerns.

Herr Fischer, in Genua demonstrierten vergangenes Jahr 200 000 Menschen aus ganz Europa gegen eine Globalisierung, die vornehmlich den Reichen und Privilegierten nutzt. Fühlten Sie sich angesprochen?

Thomas Fischer: Von den angesprochenen Themen her gewiss. Aber abgestoßen hat mich das Auftreten der Demonstranten. Die Genua-Proteste haben dem Thema vielleicht Aufmerksamkeit gebracht, aber keinen Fortschritt.

Woher soll der Fortschritt kommen, wenn nicht durch den Druck einer sozialen Bewegung, die auf die Straße geht? Unbestreitbar ist doch, dass in den vergangenen 20 Jahren mit der Beschleunigung der Globalisierung die Spaltung der Welt in Arm und Reich fortwährend vertieft wurde. Unbe-

streitbar ist auch, dass in der gleichen Zeit die wirtschaftlichen Fortschritte, was Wachstum und Einkommen angeht, weit geringer ausfielen als in den zwei Jahrzehnten zuvor.

Alles richtig. Es gibt diese Probleme mit der Globalisierung, aber nach Genua konnte mit dem Hinweis auf die Gewalt die Auseinandersetzung mit den Inhalten umgangen werden. Die 68er-Generation hat erfahren, dass man in eine Falle läuft, wenn man mit dem Etikett belegt werden kann, man wolle die Meinungsbildung mit undemokratischen Methoden betreiben. Wer Steine wirft und Straßenschlachten inszeniert, verhindert eine ehrliche Debatte über das Armutsgefälle.

Sie zählen sich zu den 68ern?

Ich war damals 21 Jahre alt, das Aufbegehren gegen das rückwärts gewandte Establishment habe ich geteilt. Gegen den Vietnamkrieg bin ich mitmarschiert.

Auch die 68er haben notwendige Reformforderungen über Demonstrationen in die Gesellschaft getragen.

Aber am Ende war die einzig erfolgreiche Strategie das Einlassen auf das System. Die militanten Formen haben nichts gebracht.

Die jahrelangen Diskussionen mit Politikern und Konzernmanagern über die zerstörerischen Folgen der falschen Globalisierung haben auch nichts gebracht.

Dann ist das eben nicht intensiv genug betrieben worden. Dass es lange dauert, ist keine Legitimation dafür, es undemokratisch zu versuchen. Die Gewalt diskreditiert eine sowohl moralisch berechtigte wie materiell dringend nötige Diskussion. In Genua und zuvor in Prag und Göteborg, das waren doch keine normalen Demonstrationen, die Vorbereitungen vieler Teilnehmer liefen von vornherein auf Gewalt hinaus. Auch wenn sich die Organisatoren davon distanzierten, sie werden damit identifiziert, und das arbeitet denen in die Hände, die keine inhaltliche Auseinandersetzung wollen. Das ist schade, denn eigentlich hält doch kaum noch jemand die Globalisierung per se für gut.

Ach ja? Was denn dann?

Wir müssen endlich darüber reden, was überhaupt globalisiert werden soll. Globalisierung muss viel mehr sein als die Gründung von Filialen internationaler Konzerne. Wenn die Marktwirtschaft das Modell für die Welt ist, dann müssen wir klarmachen, was konstitutionell dazu gehört. Für eine erfolgreiche, also von der großen Mehrheit akzeptierte Marktwirtschaft ist es unabdingbar, dass freies Unternehmertum mit einem verlässlichen Rechtsrahmen und einem demokratischen, republikanischen Gemeinwesen verknüpft ist. Alle drei Elemente müssen gleichberechtigt sein. Alle ernst zu nehmenden Befürworter des Kapitalismus haben das immer gefordert, allen voran Friedrich August von Hayek.

Aber es wird nicht umgesetzt, sondern einfach drauflos liberalisiert. Die Kritiker sehen die Hauptverantwortung dafür bei der Finanzindustrie, den Notenbanken und den Finanzministerien der reichen Länder, weil sie die Regeln bestimmen. Dass da dramatisch was schief läuft, belegt doch schon die extreme Häufung von Finanzkrisen. Allein die Asien-Krise hat zig Millionen Menschen in Arbeitslosigkeit und Armut getrieben.

Da sind Fehler gemacht worden, von der Anbindung kleiner Währungen an große Hartwährungen bis zur damit vermeintlich risikolosen Kreditvergabe durch Banken und Anleihezeichner im Ausland. Ein indirekter Beweis dafür, dass da Globalisierung falsch betrieben wurde, ist die Tatsache, dass China und Indien, die beiden Nationen, die sich aus diesem unbedachten Integrationsprozess der Kapitalmärkte herausgehalten haben, derzeit wirtschaftlich relativ erfolgreich sind.

China und Indien konnten das, aber die kleineren Nationen konnten sich dem Druck zur Öffnung ihrer Finanzmärkte ja gar nicht entziehen.

Sie stellen diese Länder als Opfer dar, aber ohne deren Mitwirkung wäre das ja wohl kaum geschehen.

Also die Koreaner haben es nicht freiwillig gemacht, sondern sich einem Ultimatum der US-Regierung bei den Aufnahmeverhandlungen zur OECD gebeugt.

Das klingt mir zu sehr nach Imperialismus. Die Koreaner hätten nein sagen können, es gab wohl doch zu große Verlockungen.

Ging es nicht vor allem darum, dass die Wall Street und die Finanzindustrie ihren Anteil an den hohen Wachstumsraten der Asiaten haben wollten?

Dass die Finanzwirtschaft Interesse an der Ausweitung ihrer Geschäfte hat, ist selbstverständlich. Ich habe diesen Prozess aber anders in Erinnerung, es war ein Geben und Nehmen. Wichtig sind doch die Lehren, nämlich wie wir den Globalisierungsprozess so managen, dass die Vorteile wirklich allen Nationen zugute kommen, mit Vorurteilen kommen wir da nicht weiter.

Es geht nicht um Vorurteile, sondern um Machtstrukturen. Als es zur Krise kam, haben die Amerikaner den IWF bewusst dafür eingesetzt, die Strukturen in den Krisenländern aufzubrechen, um transnationalen Konzernen freie Bahn zu schaffen, sich billig einzukaufen. Das hat der damalige Handelsbeauftragte der Clinton-Regierung ganz offen gesagt.

Ich kenne diese These, Helmut Schmidt hat das ähnlich formuliert. Die Behauptung, das Ganze ist amerikanischer Handelsimperialismus, ohne den die Globalisierung richtig laufen würde, stimmt aber nicht. Es sind doch vor allem auch die jeweiligen nationalen Eliten in den Schwellenländern, die das möglich gemacht haben. Das gilt für Korea genauso wie jetzt wieder für Argentinien. Die Erpressbarkeit von Regierungen auch in kleinen Staaten wäre ja gar nicht möglich; wenn diese Regierungen ganz klar auf demokratische Strukturen und Legitimation gestützt wären, dann käme es nicht zu solchen Vereinbarungen hinter dem Rücken der Wähler.

Das ist aber auch naiv. Diese Voraussetzung ist eben häufig nicht gegeben. Stattdessen verbünden sich die Regierungsvertreter der reichen Nationen im IWF mit den undemokratischen Eliten der Schwellenländer, um diese gemeinsam auszuplündern, denken Sie doch nur mal an die Orgie der Korruption bei der Privatisierungswelle in Russland, die mit Hilfe des IWF durchgezogen wurde.

Dass der IWF und sein Mandat einer sehr kritischen Prüfung unterzogen werden müssen, sehe ich auch. Das Schlimmste, wozu der IWF missbraucht wurde, war die Versicherung für Investoren, sie könnten ruhig in riskanten Ländern mit enormen Renditen investieren, und wenn es schief ging, kaufte der IWF sie raus, das Problem des so genannten «moral hazard» wurde so geschaffen.

Noch schlimmer als das «bail-out» für die Anleger sind die krisenverschärfenden Auflagen des IWF. Wenn die Wohlstandsländer in der Krise sind, senken sie die Zinsen, und die Staatsausgaben steigen. Den Schwellenländern verordnet der IWF in unserem Auftrag stets das Gegenteil.

Der IWF sollte eben dieses Mandat gar nicht erst haben. Die Verantwortung dafür, wie sie mit solchen Krisen umgehen, darf den Regenten dort niemand abnehmen. Wir müssen dafür sorgen, dass der IWF auf die Vergabe kurzfristiger Kredite beschränkt wird und dass die Investoren tatsächlich für das Risiko geradestehen, das sie eingehen.

Aber die internationale Vereinigung der Großbanken hat sich dem Vorhaben widersetzt, solche Klauseln bei internationalen Anleihen obligatorisch zu machen.

Ja, leider war das kurzfristig noch nicht durchsetzbar. Aber längerfristig wird das kommen. Und genauso die Beschränkung des IWF, keine Eingriffe mehr von außen in die innere Politik der Kreditnehmerstaaten vorzunehmen.

Wäre es dann nicht auch geboten, die Verteilung der Anteile des IWF und damit der Stimmen im Direktorium so zu ändern, dass die US-Regierung nicht mehr bestimmen kann, wo es langgeht?

Das müssen wir wirklich kritisch hinterfragen. Der IWF, das hat ja auch Helmut Schmidt so geschrieben, darf nicht Instrument einer einzelnen Regierung sein, sondern es müssen alle souveränen Staaten, die daran teilnehmen, auch richtig repräsentiert sein. Das gehört zur notwendigen IWF-Reform.

Eine weitere Reformforderung der Kritiker des Finanzsystems lautet, die Regierungen der großen Währungsblöcke Dollar, Euro und Yen sollten sich verpflichten, ihre Wechselkurse im Rahmen von Zielzonen zu stabilisieren, um Verwerfungen in der Weltwirtschaft infolge von Kursstürzen zu verhindern.

Wer die Geschichte kennt, weiß, dass so etwas nicht funktioniert, weil damit Anpassungen aufgeschoben werden, die ohnehin unvermeidlich sind, wenn sich Volkswirtschaften unterschiedlich entwickeln.

Das ist die Theorie, aber die Praxis ist eine andere. Jetzt ist es so, dass die US-Regierung – zumeist im Verein mit den Japanern und Europäern – immer wieder in die Kursentwicklung eingreift, wenn es politisch passt, zum Beispiel bei der 60-Prozent-Abwertung des Yen 1995/96, mit der die Asien-Krise begann.

Ob das Manipulation war oder ein Eingriff, der für Japan notwendig war, will ich nicht beurteilen. In jedem Fall muss das System es ermöglichen, die Kurse anzupassen, wenn sich Volkswirtschaften auseinander entwickeln.

Ja, aber so, dass es für alle berechenbar bleibt. Die gleiche Forderung erheben auch solch anerkannte Ökonomen wie der Nobelpreisträger Robert Mundell, der frühere US-Notenbank-Präsident Paul Volcker oder der Finanzguru George Soros. Denen können Sie kaum mangelnde Kenntnis bescheinigen.

Das wohl nicht, aber sie überzeugen mich nicht. Wenn Kurse von staatlichen Stellen außerhalb des Wirtschaftsgeschehens bestimmt werden, dann lädt das dazu ein, darauf zu spekulieren, wann die Politik die Anpassungen vornimmt.

Wenn die drei Notenbanken innerhalb eines berechenbaren, vertraglich vereinbarten Systems gemeinsam handeln, dann hat die Spekulation keine Chance. Gegen den erklärten Willen der Fed spekuliert ohnehin niemand.

Die Frage ist nur, ob die drei Großen sich dann wirklich immer an eine solche Vereinbarung halten, wenn es vielleicht den jeweiligen Einzelinteressen zuwiderläuft, in der Vergangenheit hat das jedenfalls nicht funktioniert.

Ist es nicht eher so, dass die Finanzindustrie kein Interesse an einer Stabilisierung hat, weil sie mit der Volatilität viel Geld verdient?

Wenn das stimmen würde, dann hätte die europäische Finanzindustrie nicht so vehement für den Euro eintreten dürfen, denn damit sind wesentliche Erträge verloren gegangen.

Das haben Sie unterstützt, weil es große Rationalisierungspotenziale eröffnete, an denen sich noch mehr verdienen lässt.

Nein, wir haben das unterstützt, weil wir ein Interesse an Märkten haben, die so groß sind, dass sie Anpassungen besser verdauen, weil sie in der großen Vielfalt dann viele eingebaute Stoßdämpfer haben anstelle von Verstärkern durch schwankende Wechselkurse.

Wenn Sie das für Europa gut finden, warum wollen Sie das dann dem Rest der Welt verweigern?

Wollen wir das denn?

Der streng marktwirtschaftlich orientierte US-Ökonom Jagdish Bhagwati wirft der Finanzindustrie vor, dass sie zusammen mit der US-Regierung, er spricht vom «Wall-Street-Treasury-Komplex», weltweit die Radikalliberalisierung des Kapitalverkehrs durchsetzt und so eine erfolgreiche Globalisierung verhindert.

Darüber lohnt es sich nachzudenken. Leider haben selbst Harvard-Ökonomen lange die Vorstellung verfolgt, Marktwirtschaft sei, wenn jeder machen kann, was er will. Das ist das verheerende Missverständnis. Erfolgreich kann die Globalisierung aber nur sein, wenn überall die Grundbedingungen hergestellt werden, die dazu notwendig sind: «Rule of Law», die Rechtssicherheit und eine demokratisch verfasste Volkswirtschaft. Die meisten Fehlentwicklungen gehen darauf zurück, dass dies nicht ernst genommen wird. Wir sollten Partnerländer, die dafür noch gar nicht reif sind, nicht einfach in unser System integrieren. Wir müssen die notwendigen Phasen der Entwicklung respektieren.

Ein entscheidendes Element der Ungerechtigkeit im Weltfinanzsystem sind auch die so genannten Offshore-Zentren, also die Steuerfluchtplätze für die Reichen. Was spricht dagegen, die Rotlichtzonen des Kapitals einfach abzuschaffen?

Nichts, sie sollten wirklich abgeschafft werden. Es ist allerhöchste Zeit, sie, ohne mit der Wimper zu zucken, zur Kooperation zu zwingen oder aus den Finanzmärkten auszuschließen.

Hat das die Finanzindustrie nicht selbst in der Hand? De facto sind die Offshore-Zentren doch nur exterritoriale Zonen auf den Festplattenspeichern der Banken.

Na ja, wenn wir es nicht machen, macht es die Konkurrenz. Die Kunden wollen das nutzen, solange es geht. Wir wären aber froh, wenn wir in abgestimmten internationalen Aktionen mit diesem Quatsch Schluss machen würden. Wir sehen ja in Verbindung mit dem internationalen Terror, wie gefährlich diese Lücken in der internationalen Rechtsordnung sind. Daran kann nach dem 11. September niemand mehr Interesse haben.

Daneben fordern die Globalisierungskritiker eine Umsatzsteuer auf internationale Finanztransaktionen. Unterstützen Sie das auch?

Nein. Das erhöht am Ende nur die Preise für die Verbraucher. Warum wollen Sie die noch einmal belasten?

Um mehr Steuergerechtigkeit zu schaffen. Für jedes Brötchen müssen wir Mehrwertsteuer zahlen, warum nicht auch für Devisengeschäfte? Den gewöhnlichen Verbraucher trifft das ja nur sehr selten.

Aber was soll das bringen?

Steueraufkommen für internationale Aufgaben und eine Stabilisierung der Kurse durch Dämpfung der Spekulation.

Ach, diese ganze Diskussion ist Unsinn, gerade so, als ob der Finanzaustausch zwischen den Nationen etwas Schädliches wäre.

Das nicht, aber das schnelle Rein und Raus der Händlerarmee erzeugt überschießende Kurse, die realwirtschaftlich schaden.

Ich glaube nicht, dass dadurch etwas anderes erreicht wird als eine weitere Bürokratisierung des Devisenhandels. Unter modernen Ökonomen ist die Tobin-Steuer tot, weil sie am falschen Punkt ansetzt. Wenn der rechtliche Rahmen und die Wirtschaftspolitik stimmen, dann bleiben auch die Kursschwankungen begrenzt.

Die wirtschaftliche Globalisierung ist im vergangenen Jahrhundert bereits zweimal gescheitert, 1914 und 1931, beide Male, weil die Politik national beschränkt blieb, während die Ökonomie sich internationalisierte. Können wir das dieses Mal vermeiden?

Dumm ist ja, wenn man die gleichen Fehler immer wieder macht. Wir haben heute, anders als damals, die Möglichkeit, den Globalisierungsprozess so zu steuern, dass er stabil bleibt. Wir dürfen aber eben nicht nur den Waren- und Kapitalverkehr globalisieren, sondern müssen auch den Rechtsstaat, die Demokratie, überprüfbare Institutionen verbreiten. Ohne das kann Marktwirtschaft nicht funktionieren.

Das sagen die Globalisierungskritiker auch, wann treten Sie Attac bei?

Ich genieße sehr das Privileg, mich individuell sehr persönlich artikulieren zu können. Das enthebt mich der Mühe, den Konformitätsdruck einer Gruppe akzeptieren zu müssen. Im Übrigen lege ich großen Wert darauf, deutliche Distanz zu allem zu wahren, was sich möglicherweise noch nicht hinreichend von militanten Methoden abhebt.

Die Ideengeberin – Susan George

Susan George wurde in den USA geboren und lebt seit mehr als dreißig Jahren in Paris. Sie ist stellvertretende Direktorin des Transnational Institute (TNI) in Amsterdam. Ihre Bücher – «Wie die anderen sterben» (1976), «Sie sterben an unserem Geld» (1988) und «Der Schuldenbumerang» (1993) – thematisieren den Zusammenhang von Weltmarkt, Hunger und Elend in der Dritten Welt und sind zu Klassikern der Entwicklungspolitik geworden. Susan George war Beraterin verschiedener UN-Kommissionen, war bis 1996 im Vorstand von Greenpeace International und ist jetzt die Vizepräsidentin von Attac Frankreich.

Frau George, Sie haben schon einige soziale Bewegungen miterlebt. Was ist das Besondere an Attac?

Susan George: Eigentlich geht es mit Attac – und das ist das Großartige – um den Versuch, eine internationale Öffentlichkeit herzustellen. Man muss die internationalen Institutionen demokratisieren, und deshalb muss die soziale Bewegung international sein. Das ist die leitende Idee.

Muss Attac nicht auf jeden Fall bei seinem Kerngeschäft bleiben, aufzuklären und die mächtigen Institutionen zu beeinflussen, vor allem die Parlamente?

Natürlich gibt es immer diese Tendenz, sich um zu viel zu kümmern und sich zu verzetteln. Wobei dann einige denken, wir kümmern uns um zu viele Probleme oder nicht um die richtigen: Ich denke z. B., dass wir viel mehr Aufmerksamkeit auf die ökologischen Probleme richten sollten. Für einige Attac-Gruppen, die in Tunesien und Marokko zum Beispiel, wäre es undenkbar, in ihren Programmen nichts über Palästina zu sagen. In Frankreich tun wir das nicht, weil wir uns in diesem, aber auch in anderen Konflikten den Gruppen anschließen können, die sich intensiver darum kümmern. Es ist nicht unsere «Berufung», auch hier die Führung zu übernehmen.

Welchen Stellenwert hat die Lobby-Arbeit in den Parlamenten?

Parlamente oder Abgeordnete sind nicht notwendigerweise das vordringliche Ziel, vor allem nicht in einem Land wie Frankreich, wo sie nicht viel Macht haben. Der Regierung wollen wir Angst machen, teuflische Angst. Vor allem diesen linken Regierungen. Es ist viel besser, gegen eine linke Regierung zu stehen. Die französische Regierung strampelt im Augenblick sehr, nicht wegen der Rechten, sondern weil sie das deutliche Gefühl hat, die Erwartungen der eigenen Wähler nicht erfüllt zu haben. Und zweitens können nur die Regierungen direkt in Brüssel Einfluss nehmen – dem zweiten Hauptziel unserer Interventionen. Auch die Weltbank, der IWF, die WTO usw. können nur von nationalen Regierungen beeinflusst werden. Es gibt keinen anderen Hebel – außer natürlich die Proteste auf den Straßen, und das lässt sich nicht immer machen, so wie jetzt in Doha, wo sie fast niemanden reingelassen haben.

Kann Attac diesen Einfluss auf die Regierungen auch nur mittelfristig ohne Allianzen mit Teilen der Sozialdemokratie und vor allem den Gewerkschaften gewinnen?

Bündnisse zumindest mit Teilen der Gewerkschaften sind möglich, einige gibt es ja schon. Andere würden uns nicht einmal mit der Feuerzange anfassen, etwa die CFDT in Frankreich, die mehr aufseiten der Unternehmer als der Arbeiter steht. Aber Gewerkschaften sind ein sehr wichtiger Teil der Zivilgesellschaft. Allianzen mit Parteien sind verzwickter. Ich wäre gegen jede formelle Zusammenarbeit mit Parteien, ob nun mit der Sozialdemokratie oder mit anderen. Sie können sich uns jederzeit gerne anschließen, aber wir müssen hier auf einer klaren Abgrenzung bestehen.

Bildung und Protest, gut, aber irgendwann kommt der Punkt, wo man den Kontakt mit der Macht aufnehmen muss …

Die Bildungsarbeit ist die wichtigste Verbindung zur Politik. Warum? Vor 20 Jahren war Politik viel einfacher. Man musste nur sagen: «USA raus aus Vietnam» oder «Stoppt die Apartheid jetzt», jeder verstand das, ob er dafür war oder dagegen. Heute ist Politik viel komplizierter. Die Entscheidungen, die unser aller Leben betreffen und vor allem das der Menschen im Süden, werden von sehr komplexen Organisationen getroffen, in nichttransparenten Prozeduren. Wenn man nicht weiß, wie diese Apparate funktionieren, hat man keine klare Idee vom Kampf, schlimmstenfalls schlägt man auf etwas, das nicht mal existiert.

Die Rhetorik von Attac ist nicht «links», sondern demokratisch.

Ich weiß, viele mögen das nicht. Sie wollen die großen Erzählungen der Vergangenheit wiederholen. Natürlich ist der Klassenkampf wohlauf und gesund, aber mehr und mehr sind auch die Mittelklassen gefährdet. Alle diese Menschen verstehen, dass ihre Jobs in Gefahr sind, ihr Lebensstandard, die Erziehung ihrer Kinder, ihre Renten. Und ich glaube, es ist nicht sehr hilfreich, wenn man die Klassenkampf-Rhetorik benutzt. Aber es ist noch mehr: Die Menschen fühlen, dass ihre Stimmen nichts mehr zählen. Denn hinter jeder Regierung, die sie wählen, steht eine Schattenregierung, der die Hauptsorge der Regierung gilt. Deshalb Demokratie! Uns alle die Rechte wiederholen, die wir schon gewonnen hatten und die jetzt nicht mehr gelten. Die andere Seite würde uns begeistert und ohne jeden Skrupel ins 18. Jahrhundert zurückbefördern, wenn sie es könnte.

Die linke Intelligenz ist relativ stumm geworden …

Ja. Nach dem Fall der Mauer gab es eine Chance, etwas Neues zu versuchen. Eine kurze Zeit, aber dann kamen der entfesselte Kapitalismus und die neoliberale Ideologie. Es ging sehr schnell, der Gegner ist besser organisiert und strategisch gewitzt. Und wir wachen gerade auf und organisieren uns. Und ich hoffe, es ist nicht zu spät.

Im «Lugano-Report»[1] *haben Sie einen Albtraum aufgeschrieben: dass der Kapitalismus siegt und sich der Überflüssigen entledigt.*

Das geschieht doch schon. Nur ein Beispiel: Als ich das Buch schrieb, wusste ich zwar schon von den Hunderttausenden Aids-Toten, aber ich habe mit Sicherheit nicht damit gerechnet, dass 39 Pharmafirmen so kleinlich sein würden, Südafrika wegen des Gebrauchs von Generika zu verklagen. Das ist doch obszön. Aber die Überflüssigen loszuwerden, das ist ja keine bewusste Aktion, wird auch nie eine sein. Das Obszöne geschieht ja nicht planmäßig, sondern einfach durch «business as usual». Das wollte ich zeigen: Es ist keine Gesellschaft mehr möglich, wenn 4/5 der Menschen überflüssig und unproduktiv sind, aber auch keine Ökonomie. Man muss diese Leute dann loswerden. Und dann muss man eben harte Entscheidungen treffen.

Weiterzumachen wie bisher wird globale Katastrophen produzieren. Deren Konsequenz wären nicht Revolutionen, sondern Terrorismus, Auflösung, Chaos …

Genau. Ich sehe nicht die Möglichkeiten irgendeiner «Großen Vision». Ich fürchte, die Verhältnisse werden entweder allmählich besser, oder sie werden allmählich schlimmer. Auf dem Weg nach unten können wir eine ganze Reihe dramatischer Wendepunkte erwarten, eine Kette von 11.-September-Ereignissen sozusagen. Andererseits führt es in der Regel nicht zur kollektiven Euphorie, wenn sich etwas plötzlich wider Erwarten entscheidend verbessert. Und wahrscheinlich verlieren deshalb so viele Menschen den Mut auf dem Weg. Mit ein paar hundert Terroristen kann man Verwüstungen anrichten und einen wirklichen «Kampf der Kulturen» auslösen. Aber mit zigtausend Attac-Mitgliedern kann man eben nicht von einem Tag auf den anderen eine größere Verbesserung bewirken.

Gleichwohl haben Sie nach dem 11. September einen «Planetarischen Pakt» vorgeschlagen, eine Art weltweiten Marshallplan oder globalen Keynesianismus, zur Finanzierung ökologischer Erneuerung, Armutsbeseitigung und Demokratisierung. Das Geld soll aus einer ganzen Reihe neuer globaler Steuern kommen, daneben sollen die Schulden des Südens gestrichen und die Finanzoasen geschlossen werden …

Diese Krisen waren ja schon vor dem abscheulichen 11. September vorhanden. Aber jetzt sind noch eine neue, radikale Unsicherheit und die Gefahr nichtstaatlicher Konflikte dazugekommen. Und damit ist eine Situation entstanden, die derjenigen ähnelt in den vierziger Jahren, als die Bretton-Woods-Institutionen und der Marshallplan konzipiert wurden – aber vielleicht zu weniger Hoffnungen berechtigt. Es ist unsere Verantwortung, der Verzweiflung, die Hass und Terror hervorruft, einen Pakt der Hoffnung und der Erneuerung entgegenzusetzen. Er ist notwendig, und er ist bezahlbar. Die reichen Länder sollten ihn den armen schon aus Eigeninteresse anbieten, denn es gibt keinen anderen Weg, dem «Kampf der Kulturen» zu begegnen, den die Terroristen sich wünschen. Wichtig dabei ist, dass Staaten bindende Verträge eingehen, in denen alle Beteiligten Rechte haben, aber auch Verantwortungen. Der Norden die Verpflichtung, das Prinzip globaler Besteuerung und Umverteilung zu akzeptieren. Die armen Länder die Verpflichtung zu einer wirklichen Demokratie, in der nicht die Eliten allen Nutzen von Handel oder Hilfszahlungen haben. Und wenn sie diese demokratischen Verantwortungen nicht übernehmen, dann können sie diesem Pakt eben nicht angehören.

Es sieht nicht so aus, als hätte dieser Vorschlag zurzeit große Chancen.

Ich frage mich, ob der 11. September ausgereicht hat, um ein Umdenken einzuleiten. Der Schock war ja fast so groß wie derjenige, der den Zweiten Weltkrieg auslöste, deshalb war es nicht ganz unrealistisch, anzunehmen, es könne ein Umdenken einsetzen, es würde über eine neue Weltarchitektur nachgedacht werden. Gar nicht aus Gerechtigkeitsstreben, nur aus Eigeninteresse. Aber im Augenblick ist für mich die Lehre des 11. September: Der Schock war nicht groß genug. Im Gegenteil: Ich fürchte eher, dass sie jetzt die Kritiker kriminalisieren werden. Sie tun es ja schon jetzt. Und die Maßnahmen der USA gegen die persönlichen Freiheiten erinnern mich sehr an die McCarthy-Zeit. Der Raum für Debatten, die gegen die dominierenden Glaubenssätze gehen, wird enger, sogar auf der Linken.

Kann man substanzielle Veränderungen ohne ernsthafte moralische Erdbeben innerhalb der liberalen Eliten erwarten? Was ist die Aufgabe von Attac in dieser Hinsicht?

Vor allem die ideologischen Muster bekämpfen und neue Paradigmen durchsetzen. Nach dem letzten Weltkrieg war es unmöglich geworden, neoliberale Positionen zu vertreten. Bis dann die Ideologen der Rechten mit ihrer Erklärung der Welt hausieren gingen. Übrigens wurden sie gut bezahlt dafür. Ich nenne diese Kerle die «Gramsci'sche Rechte». Sie haben verstanden, was kulturelle Hegemonie ist, und sie wissen sehr wohl, dass Ideen Konsequenzen haben. Die Linken haben in der Zeit vor allem «Projekte» finanziert. Und wir tragen nun die Konsequenzen.

Sie haben die neoliberale Ideologie eine Theologie genannt …

Ja, und ich meine das ganz wörtlich, es ist eine kohärente Ideologie. Wenn man in ihr wohnt, ist es warm und gemütlich, und es gibt keine unangenehmen Fragen mehr. Ich habe gerade mit Martin Wolfe von der *Financial Times* ein langes Gespräch geführt. Der glaubt daran, dass diese Art der Wirtschaft mit der Zeit allen Wohlstand geben wird: Mit der Zeit wird sich die Mittelklasse in China entwickeln, in Indien sieht man ja schon etwas davon, und dann wird der Wohlstand mit der Zeit alle einschließen und so weiter. Das ist natürlich Müll. Aber diese Leute glauben da wirklich dran, nur, wie alle Theologie dient auch ihre bestimmten Interessen.

Zurzeit ist die EU die einzige politische Kraft, die den Garanten der Weltwirtschaftsordnung, die USA, herausfordern könnte. Ist das nicht ein Grund, auch für Attac, die politische Einheit Europas auf die Tagesordnung zu nehmen?

Das sehe ich überhaupt nicht so. Beim WTO-Gipfel in Doha war zu sehen, dass die USA und die EU in allen Fragen vollkommen einer

Meinung sind. Die EU verfolgt die Strategie, so schnell, wie es die Umstände erlauben, auf dem Weg der Privatisierung der öffentlichen Dienste und der Liberalisierung des Handels weiterzugehen. Und deshalb sollte die EU ein vorrangiges Ziel unseres Kampfes sein.

Wenn man die Weltwirtschaftsordnung demokratisieren will, muss man WTO, Weltbank, IWF reformieren oder abschaffen?

Diese ganze Diskussion interessiert mich nicht so sehr. Ich glaube, es geht anders. Man macht zunächst kleine Schritte, um das Allerschlimmste abzuschaffen, und das setzt einen Prozess in Gang. Und dabei geht es darum, wer die Regeln macht und unter welchen Bedingungen sie gemacht werden. Der erste Schritt zur Veränderung wäre, dass sie erkennen: Unser System funktioniert nicht. Und damit haben sie gerade mal angefangen.

Soziale Bewegungen können viel bewirken, aber sie tendieren zur Instabilität. Wenn Attac in den nächsten fünf Jahren mit keiner seiner Kernforderungen durchkommt, ist es von Zerfall bedroht.

Stimmt, aber ich glaube, wir werden in den nächsten fünf Jahren etwas gewinnen. Die Regierungen des Nordens werden begreifen, dass es nicht in ihrem Interesse liegt, wenn die Instabilität wächst. Und nicht nur draußen, sondern auch der Druck von innen. Hier sammeln doch inzwischen nicht mehr ein paar kleine Gruppen Unterschriften für Hilfe für den Süden. Sondern hier vereinigen sich viele, sehr viele Menschen, um in einer Frage mit einer Stimme zu sprechen.

Und wenn diese globale soziale Bewegung nicht der Anfang einer neuen Epoche, sondern der lokal gelegentlich wirksame Widerstand gegen die Entwicklung zu einem globalen Kapitalismus wäre, die aber als Ganzes nicht zu bremsen ist?

Wenn das so wäre, müsste ich wohl als Versagerin aus der Welt gehen. Aber ich denke, es ist der Anfang von etwas. Denn es war vor zehn Jahren noch nicht da, selbst vor fünf Jahren nicht. Und außerdem: Ich weigere mich einfach, an den Menschen zu verzweifeln. An diesem Grundinstinkt, nicht zu töten, nicht mit der Macht gemeinsame Sache zu machen. Es geht mir nicht um Optimismus oder Pessimismus, sondern um Hoffnung. Davon lebe ich. Natürlich, es gibt keine Garantien. Aber ich glaube nicht, dass in dieser Angelegenheit schon das letzte Wort gesprochen ist.

Der Veteran – Daniel Cohn-Bendit

Daniel Cohn-Bendit, 1945 in Südfrankreich geboren, wurde bekannt als «Danny le Rouge» bei den Pariser Studentenunruhen im Mai 1968. Das Engagement in der Studentenbewegung setzte er in Frankfurt fort, wo seine enge politische Freundschaft mit Joschka Fischer begann. Ob als grüner Parteipolitiker, als Redakteur des *Pflasterstrand* oder als Dezernent für Multikulturelles in Frankfurt – Cohn-Bendit hatte stets frühe Witterung für gesellschaftliche Entwicklungen. Derzeit leitet er die grüne Fraktion im Europaparlament.

Herr Cohn-Bendit, warum sind Sie bei Attac eingetreten?

Daniel Cohn-Bendit: Weil ich die Forderung nach einer Regulierung des Weltmarktes für richtig halte. Und ich finde, diese Forderung kann man vertreten und trotzdem gleichzeitig klarmachen, dass man für den Markt ist und gegen die traditionelle sozialistische Ideologie einer wie auch immer gearteten Planwirtschaft.

Wie ist das zu erklären: Nach Jahren der Politikverdrossenheit und des intellektuellen Schweigens entsteht auf einmal eine Bewegung mit maximalistischen Forderungen?

Mit minimalistischen! Die zentrale Forderung ist doch immer noch die Tobin-Steuer. Und die ist harmlos, reformistisch, sie spielt sich ungefähr auf dem gleichen Level ab wie die Erhöhung der Erbschaftssteuer.

Aber «eine andere Globalisierung» – das umfasst doch viel mehr. Die Tobin-Steuer ist längst nicht mehr das einzige Anliegen von Attac.

Bei allem Übrigen wird noch ziemlich vage gesprochen. Was macht man denn zum Beispiel mit der viel kritisierten WTO? Ist Attac für eine Reform oder für die Abschaffung? Da halten sich, jedenfalls in

Frankreich, alle bedeckt. Das wäre aber eine Richtungsentscheidung. Ich zum Beispiel bin für die Reform. Die Welt braucht eine Regulierungsbehörde. Diese darf nur nicht den gleichen Anspruch erheben, wie es die WTO heute tut. Ich denke, dass alle bestehenden internationalen Konventionen, von der Umwelt bis zur Arbeit, zur Richtschnur von Handelsentscheidungen werden und die WTO binden müssen. Eine Klagemöglichkeit muss eingerichtet und alles unter die organisatorische Verantwortung der UNO gestellt werden. Für diese Forderungen braucht es Träger – und Attac äußert sich da nicht konkret.

Wie erklären Sie sich die französische Unentschiedenheit in Sachen WTO?

Attac Frankreich ist ideologisch geprägt von drei Richtungen her: Eine traditionelle radikale linke Position versucht, anhand der Globalisierung erneut zu beweisen, dass die Überwindung des Kapitalismus notwendig sei. Eine andere will mit der Globalisierungskritik im Grunde genommen die Europäische Union treffen und zurück zur nationalen souveränen Republik. Diese Leute sagen, wenn man sich mal positiv in sie hineinversetzen will: Demokratie, die Republik, der Schutz der Menschen entsprechend ihren Bedürfnissen könnten demokratisch nur im nationalen Maßstab organisiert werden, und jede supranationale Souveränität sei im Grunde undemokratisch. Die grüne Thematik ist das dritte ideologische Standbein: In Frankreich gibt es die totale Bové-Verehrung. Der Bauer José Bové steht für die alimentare Souveränität. Das ist in Frankreich sehr, sehr populär. Und das verbinden sie jetzt ja mit einer richtigen politischen Dimension für eine neue Landwirtschaft, auch auf Weltebene: Sie kämpfen für das Recht jeder Nation, souverän über die eigene Nahrung verfügen und sie auch produzieren zu können.

Wird damit die Ökologiebewegung nachgeholt, die in Frankreich ja nie so stark war wie in Deutschland?

Genau. Das Bedürfnis nach einer Ökologiebewegung drückt sich in beiden Ländern ganz verschieden aus; ich finde immer wieder interessant, wie sehr dabei nationale Traditionen tragen. Den Franzosen geht es zum Beispiel weniger um Angst vor ökologischer Zerstörung, sondern darum, dass Tomaten nicht schmecken. Also um Qualität. In

Deutschland kämpft man immer noch eher gegen die Zerstörung von Blumen als gegen die Zerstörung von Menschen.

Zurück zum «Minimalismus»-Vorwurf: Sie haben andererseits beim Berliner Attac-Kongress gesagt, wenn die Bewegung nicht bei ihrer Kernforderung bleibe, sprich der Tobin-Steuer, dann lande sie schnell im Abseits.

Das habe ich nicht gesagt, sondern dass es dann schwieriger wird für sie – weil dann die inneren Widersprüche sichtbar werden. Die einen identifizieren mit der Globalisierungskritik einen neuen Zugang zum Sozialismus, die anderen wollen davon nichts hören. Sobald man konkret wird und beispielsweise diskutiert, wer oder welche Struktur eine Reform der WTO vorantreiben könnte, bricht das auseinander. Bernard Cassen würde mit einer Veränderung der nationalstaatlichen Politik antworten, andere, so wie ich, mit einer Reform der politischen Inhalte auf europäischer Ebene.

Nur ein Europa, das mit einer Stimme spricht, hat die Macht, an den globalen Strukturen etwas zu verändern.

Das ist genau der Punkt. Ich fand interessant, dass die Demonstranten beim Treffen des EU-Ministerrats in Laaken von dieser Erkenntnis nicht weit weg waren. Deren Aggressivität war doch nicht zu vergleichen mit jener der Demonstranten beim G8-Gipfel. Auch wenn sie es vielleicht nicht zugeben: Die Europäische Union hat für sie eine andere Legitimität.

Die Durchsetzung der Tobin-Steuer wäre die praktische Fallstudie, ob in einer globalen Frage über die Parlamente europäische Einheit erzielt werden kann.

Das Europaparlament hat ja bis jetzt nur beratende Funktion. Es gibt immerhin einen Bericht des französischen sozialistischen Abgeordneten Harlem Désir, der im Hinblick auf die Regulierung sehr weit geht. Aber in den entscheidenden Aussagen zur Tobin-Steuer haben wir mit 10, 20 Stimmen verloren.

Also beginnt man mit den nationalen Parlamenten und erhöht den Druck auf Europa.

Aber das muss man auch erst mal hinkriegen. Die Franzosen haben zwar eine Tobin-Steuer von 0,01 Prozent erst mal im nationalen Alleingang beschlossen. Aber im Bundestag müsste man bei der SPD und einem Teil der Grünen ganz schön daran arbeiten, in Holland kriegst du die Mehrheit nicht hin, in Italien auch nicht, in Spanien auch nicht. Und Attac hat bisher nicht viel dafür getan, parlamentarische Mehrheiten zu schaffen.

Trotzdem: Würde die Tobin-Steuer auch im europäischen Alleingang Sinn machen – gegen den vorhersehbaren amerikanischen Widerstand?

Das macht mehr ideologisch Sinn als praktisch, aber deswegen wäre es nicht falsch. Denn das wäre eine Kampfansage. Die ganze Frage, wie die Globalisierung strukturiert wird, wird nur auf den Tisch kommen, wenn Europa wirklich eine Macht wird. Mit allem, was das bedeutet. Wenn sich Europa als Projekt versteht, als sozial-ökologisches Projekt, das dem amerikanischen neoliberalen Projekt etwas entgegensetzt.

Ein «Kampf der Kulturen»?

Das ist ein Kampf der Kulturen, den wir führen müssen. Davon bin ich überzeugt. Und das sehen die Grünen, auch der Joschka, im Moment, nett gesagt, zu wenig; weniger nett gesagt, sehen sie es überhaupt nicht.

Tobin-Steuer oder WTO-Reform allein wären bei diesem «Kampf der Kulturen» allerdings politisch nicht sehr charismatisch.

Deswegen plädiere ich für eine Diskussion über die Frage: Was wäre denn eine autonome, eine demokratische Gesellschaft, die die Alternative zwischen Kapitalismus und Sozialismus überwinden könnte? Wir sollten über individuelle und kollektive Autonomie reden. Und ich finde, wir sollten die Debatte über kollektive Produktionsweisen wieder aufgreifen, und zwar über kollektive Produktionsweisen im Markt.

Wird Attac in Deutschland genauso stark werden wie in Frankreich?

Diese Bewegung deutet in Deutschland jedenfalls im Moment mehr Anspruch an, als sie real einlösen kann. Ich muss ja sagen, bei dem Kongress in Berlin war ich entsetzt! Wenn lauter altsozialistische Grüne wie Elmar Altvater zum Sprachrohr von Attac werden, Leute wie Jean Ziegler oder Horst Eberhard Richter, dann wird die Sache nicht groß über das Bestehende hinausgehen. Es ist nicht gut, wenn in allen Bewegungen immer wieder die gleichen Leute den gleichen Diskurs auflegen. Dann ist die Sackgasse vorprogrammiert.

Jüngere Köpfe müssen sich erst profilieren.

Dieses Problem gibt es, seit es außerparlamentarische Bewegungen gibt. Die 68er waren die einzige Bewegung, die eigene Köpfe produziert hat. Die hatten zwar auch ihren Marcuse, aber es hat sich parallel dazu etwas entwickelt. Im Unterschied zu allen späteren Bewegungen – und das ist ein Riesenproblem.

Können die Grünen denn das Vertrauen zurückgewinnen, oder fliegen ihre Wähler weiter Attac zu?

Am deutlichsten drückte beim Attac-Kongress eine junge Frau die verbreitete Stimmung aus, als sie sagte: Ich habe jetzt die Nase voll von diesen Kämpfen gegen die Grünen, ich will konkrete Themen diskutieren, und dann sieht man, wer mitmacht und wer nicht. Ich würde jetzt um Gottes willen keine Diskussion bei den Grünen anregen, wie sie sich verändern müssen, damit sie kompatibel werden mit dieser Bewegung. Denn dann sind sie für andere Wähler politisch nicht mehr kompatibel. Mein argumentativer Kampf mit dieser Bewegung geht jetzt dahin: Tut doch nicht so, als ob ganz Deutschland das Gleiche wollte wie ihr! Oder ganz Frankreich. Ihr artikuliert die Ungeduld einer Minderheit, und ihr zwingt die Mehrheitsgesellschaft, über bestimmte Dinge nachzudenken. Das verändert die Bedingungen von Politik, und das ist eure Funktion.

Die meisten sind doch gar nicht so naiv oder ideologisch enttäuscht von den Grünen, wie Sie das andeuten, sondern sie kritisieren ganz konkretes Versagen. Zum Beispiel, dass die Grünen die Globalisierungsthematik eben nicht auf die politische Agenda gesetzt haben.

Richtig, das würde ich ja nicht leugnen, um Gottes willen. Diese Kritik teile ich. Die Beschlüsse der Europa-Grünen gehen da, angestoßen von den Franzosen und Belgiern, viel weiter als jene der deutschen Grünen. Weil sie an der Regierung sind, sind die deutschen Grünen aber auch ganz anders gezwungen, sich bestimmten Inhalten zu stellen. Der Rentenreform zum Beispiel – damit haben sie in den Augen der französischen Grünen einen neoliberalen Schwenk gemacht. Ich würde das nicht so formulieren, ich finde, dass die traditionellen Positionen der französischen Grünen in der Rentenfrage auch Kappes sind. Aber eine neoliberale Dimension gibt es natürlich schon in diesem Schwenk. Die Grünen haben die marktwirtschaftliche Dimension so überzeichnet, dass sie gar nicht mehr gesehen haben, welche Konsequenzen diese Marktwirtschaft in der Welt hat. Oder sagen wir so: Abstrakt sehen sie diese Probleme, aber sie haben das nicht zum Inhalt ihrer Politik gemacht. Und das ist von Attac zu Recht kritisiert worden.

Die Grünen müssen sich also doch ändern.

Aber nicht in dem Sinne, dass sie aufgehen müssen in dieser Bewegung. Es muss einen Spannungsbogen geben zwischen Bewegung und parlamentarischer Regierungspartei.

Das klingt so defensiv. In der SPD beispielsweise sitzen Parlamentarier und sagen: Ein Glück, dass es Attac gibt, durch diesen äußeren Druck werden die globalisierungskritischen Positionen in der Partei gestärkt.

Die Sozialdemokraten sagen immer gern: «Ein Glück, dass es die Bewegung gibt», aber wenn es dann an die Entscheidungen geht, dann werden sie doch immer andersherum getroffen. Das ist Ersatzbefriedigung. Ich bin nicht defensiv, ich sage: Es muss eine Spannung geben, die muss zum öffentlichen Diskurs gehören, und die müssen die Grünen aushalten. Dabei hat die Bewegung im Übrigen die Legitimität, alles zu fordern. Eine Bewegung kann sagen: Wir wollen alles. Wie die jungen Leute in Genua: Wir halten die Armut nicht mehr aus, die soll jetzt sofort abgeschafft werden. Die Forderung ist legitim. Ob es ihnen aber gelingen würde, die Armut sofort abzuschaffen, wenn sie an der Regierung wären, das bezweifle ich. Aber das ist eben nicht der Punkt. Der Punkt ist: Sind wir auf diese Armut sensibel genug? Nein, sind wir nicht. Politik muss mit Mehrheiten handeln können, Bewegungen haben Köpfe zu erobern.

Die Stimme des Südens – Walden Bello

Walden Bello ist Direktor der Organisation Focus on the Global South und gehört zu den Koordinatoren des Weltsozialgipfels in Porto Alegre. Der Soziologe studierte in Princeton, lehrte an der University of California und leitete bis 1994 das Institute for Food and Development Policy (Food First). Heute ist er Professor an Universitäten in Manila und Bangkok.

Herr Bello, welche Folgen hatte der 11. September für die globalisierungskritische Bewegung?

Walden Bello: Einerseits haben die unverzeihlichen Attentate und ihre Folgen die globalisierungskritische Bewegung weltweit gestärkt, denn jetzt geht sie auch mit der Friedensbewegung zusammen. Andererseits war der 11. September für Amerika in gewisser Weise auch ein Geschenk.

Ein Geschenk – wie meinen Sie das denn?

Es ist auch schwerer geworden, die USA zu kritisieren. Spätestens seit 1997 war das neoliberale Wirtschaftssystem, das die USA über den Globus verbreitet haben, in eine dramatische Legitimationskrise geraten; eine Krise nicht nur der ökonomischen Macht, sondern vor allem der Demokratie. Das ist völlig in den Hintergrund getreten. Stattdessen scheinen die Attentate den USA jetzt die Legitimation für ihre neue kolonialistische Doktrin zu geben, die lautet: Wir greifen ein, wann immer wir es für richtig halten; wir kommen, wohin wir wollen. Das war die Botschaft der Bomben auf Afghanistan wie zuvor schon in Kuwait und im Kosovo. Wir bombardieren ein Land, inklusive seiner Zivilbevölkerung, weil wir meinen, dass dort Terroristen leben. Wir definieren Gesellschaften als gescheitert und übernehmen die Treuhandschaft. Als nächste Kandidaten nach Afghanistan stehen Jemen, Sudan, Irak, Somalia auf der Liste. Und dann vielleicht Kolumbien? Die Kriterien würden auch dort zutreffen. Diese Haltung der Amerikaner ruft bei uns im Süden ein gefährliches Gefühl der Machtlosigkeit hervor.

Aber Amerika hat doch beinahe die gesamte Staatengemeinschaft in die Terrorbekämpfung einbezogen. Auch in Asien haben sich praktisch alle Regierungen eingereiht.

Aus Opportunismus. Natürlich wollen die Eliten der Dritten Welt weiterhin von IMF und Weltbank Kredite haben. Aber selbst bis tief in die Mittelschichten hinein beobachte ich auf den Philippinen und in Thailand, wo ich lebe, Ambivalenz: Die Menschen sind entsetzt über die Attentate und haben große Sympathie mit den Opfern. Aber sie sagen zugleich: Die Amerikaner haben es heraufbeschworen. Und auch wenn die Regierung George W. Bushs bei jeder Gelegenheit betont, dass sie keinen Krieg gegen den Islam führe: Da schwingt doch ein Subtext kultureller Überlegenheit mit. Der Fundamentalismus unter Moslems wird populärer. Langfristig erreichen die Amerikaner nur, dass die Ressentiments zunehmen.

Sie verwenden Amerika und Globalisierung beinahe als Synonym.

Gewiss, auch europäische Konzerne verdienen daran. Aber die meiste PR-Arbeit für das Welthandels- und -finanzsystem haben die Amerikaner gemacht.

Sind die neoliberalen Globalisierer nicht seit Seattle, Genua, der Asienkrise längst auf dem Rückzug und bereit, mit ihren Kritikern zu reden?

Tatsächlich ist die Zuversicht der Ökonomen ernsthaft angeschlagen. Dafür steht nicht zuletzt der Nobelpreis für den früheren Weltbank-Manager Joseph Stiglitz. Aber man muss unterscheiden zwischen den akademischen Ideologen und jenen, die mit neoliberaler Rhetorik nur amerikanische Interessenpolitik verschleiern. Letztere propagieren Freihandel oder Schutzzölle, unilaterale oder multilaterale Abkommen je nachdem, was ihnen gerade am meisten nützt. Beispielsweise drücken die Amerikaner weltweit den Abbau von Subventionen durch – aber ihr eigenes Landwirtschaftssystem kann man nur planwirtschaftlich nennen, 60 Prozent seines Einkommens bezieht der Farmer dort vom Staat. Nach meinem Eindruck ist die amerikanische Führung in der Praxis pragmatisch, aber ideologisch neoliberal. Das ist eine sehr zerstörerische Kombination.

Spielt die EU eine Vermittlerrolle zwischen Nord und Süd?

In ihrer Rhetorik sind die Europäer vielleicht weniger neoliberal, aber ihre Taten spiegeln das nicht. Wo war die EU während der asiatischen Finanzkrise, als der IMF den betroffenen Ländern radikale Deregulierung und ein «Stabilitätsprogramm» verpasste, das vielleicht auf die amerikanische Ökonomie zugeschnitten ist, das aber in Südostasien alles verschlimmerte? Als ziemlich starke Macht im IMF hätten die Europäer moderierend wirken können. Aber auch bei den asiatisch-europäischen Gipfeltreffen (ASEM) setzte die EU der Finanzpolitik im amerikanischen Stil nichts entgegen. Zuletzt wäre europäische Unterstützung für die Dritte Welt in Doha extrem wichtig gewesen. Aber die EU übte gemeinsam mit den Amerikanern Druck aus, um eine neue Handelsrunde und ein Investitionsabkommen der WTO zu erzwingen.

Sind Sie ein «Antiglobalisierer»?

Globalisierung kann sehr positiv sein, und ich bin selbstverständlich für eine vernünftige Zusammenarbeit der Volkswirtschaften. Aber fatal für die Staaten der Dritten Welt ist eine durch nichts abgefederte, möglichst schnelle Integration in den Weltmarkt, wie sie im Moment unter dem Namen Globalisierung verbucht wird. Solange das die Definition ist, mag ich schon das Wort nicht mehr.

Eine Studie der Weltbank befand aber jüngst, gerade jenen Dritte-Welt-Staaten gehe es besser, die ihre Märkte geöffnet haben.

Das Gegenteil stimmt: Freihandel ohne politischen Rahmen, wie ihn die WTO und die Strukturanpassungspolitik der Weltbank fordern, hat in der Dritten Welt Ungleichheit und Armut verschlimmert. Nach einer Studie des Center for International Economic Policy Research in 77 Staaten stieg das Durchschnittseinkommen in den achtziger und neunziger Jahren nur um sechs Prozent – verglichen mit 75 Prozent in den sechziger und siebziger Jahren des Protektionismus. Oder: Die United Nations Conference on Trade and Development kam zu dem Ergebnis, dass der Einkommensanteil für die oberen 20 Prozent der Bevölkerung vor rund 40 Jahren 64 Prozent betrug – 1991 waren es 80 Prozent. Das heißt: Das Wachstum ist praktisch stehen geblieben, die Ungleichheit nahm zu. Die meisten braven Schuldnerländer Afrikas und Lateinamerikas haben diesen Prozess durchgemacht. Desgleichen die Philippinen und die asiatischen Tigerstaaten nach dem Finanzcrash, als der IWF ihnen seine neoliberale Strukturanpassung aufzwang.

Diese «Tiger» – Korea, Malaysia, Thailand, Taiwan – sind im Vergleich wirtschaftlich noch immer vorn.

Aber nur weil sie ihre heimischen Märkte zunächst geschützt und ihre Exportwaren subventioniert haben. Anfangs betrieben sie eben keine Freihandelspolitik, sondern Merkantilismus. Das war das Geheimnis ihres Wirtschaftswunders.

Wollen Sie denn zurück zum Protektionismus?

Vor allem die Staaten der Dritten Welt müssen ihre Handelspolitik auch in Zukunft der nationalen Entwicklungspolitik unterordnen können. Sie sollten Zölle erheben und ihre Wirtschaft vor den Schwankungen der Weltwirtschaft puffern dürfen; sie sollten sich von sprunghaften Kapitaltransfers abschotten können und die Freiheit haben, ihre Kräfte auf den Binnenmarkt statt auf den Export zu konzentrieren. Das alles ist praktisch nicht mehr möglich nach den Regeln dieser Globalisierung. Sie stülpt jedem Staat der Welt das gleiche Regelsystem für Politik und Wirtschaft über. Aber die gleiche Kleidergröße passt nicht jedem. Die armen Länder müssen ihre eigenen Vorstellungen durchsetzen können, wie viel Staat und wie viel Markt sie haben wollen und welchen Stellenwert sie Prinzipien beimessen, die nicht der Marktlogik folgen. Zum Beispiel Solidarität.

Die Welthandelsorganisation wollen Sie am liebsten abschaffen. Ist das nicht ziemlich unrealistisch?

Aber die WTO hat zu viel Macht, und sie wird ebenso wie IWF und Weltbank von den Interessen der Konzerne und der reichen Länder beherrscht. Realistisch ist auf jeden Fall das Ziel, zu verhindern, dass die WTO noch mächtiger wird, wie sie es sich bei der letzten Welthandelskonferenz in Doha vorgenommen hat. Sie darf nicht auch noch für Investitionsbedingungen, weltweite Sozial-, Arbeits- und Umweltstandards zuständig werden.

Umwelt- und Sozialstandards in der WTO fordern aber doch gerade die NGOs?

Einige Gewerkschaften tun das, auch einige Menschenrechtsorganisationen. Aber nicht die wirklichen NGOs in der Dritten Welt. Denn so schön das alles klingt: Solche Standards können auch zu protektionistischen Zwecken missbraucht werden. Unter Berufung darauf können die Länder des Nordens ihre Märkte gegen Produkte aus den armen Ländern abschotten.

In vielen Staaten der Dritten Welt wird den Bürgern nicht einmal das Recht zugestanden, Gewerkschaften zu gründen.

Das muss durchgesetzt werden, gewiss – aber warum ausgerechnet über die WTO? Den Arbeitern im Süden ist am besten geholfen, wenn der Norden seine Märkte für Produkte aus Entwicklungsländern öffnet.

Bei den Umwelt- und Sozialstandards vertreten Ökologen und Gewerkschaften aus den Industrieländern Interessen, die zu jenen des Südens klar im Gegensatz stehen. Solche internen Widersprüche hat die globalisierungskritische Bewegung bisher verdrängt.

Weil die Gemeinsamkeiten breiter und wichtiger sind. Diese Bewegung ist weniger ideologisch als frühere, sie ist viel pragmatischer. Natürlich gibt es Widersprüche, die auch nicht so leicht zu bereinigen sind. Aber im Augenblick konzentrieren wir uns auf das, was uns eint.

Welche Diskussion muss die globalisierungskritische Bewegung jetzt führen?

Wir müssen nach vorne schauen: Wie sieht eine nachhaltige ökonomische Entwicklung aus? Und wir sollten über neue Institutionen für Global Governance reden.

Wie können die aussehen?

Der IMF muss durch eine neue Weltfinanz-Institution ersetzt werden. Sie sollte dezentral aufgebaut sein. Und ins UN-System integriert.

Dessen Effizienz wird leider vielfach bemängelt.

Deswegen plädiere ich für eine deutliche Aufwertung der bestehenden UN-Organisationen. In der UNO gilt das Prinzip «Ein Land, eine Stimme» – während die Macht bei IMF und Weltbank proportional zu den Kapitalbeiträgen verteilt ist. UNCTAD, UNDP, ILO und UNEP sind schon lange zuständig für die Politikbereiche Handel, Entwicklung, Arbeit und Umwelt – die jetzt die WTO ohne demokratische Grundlage auch noch beansprucht. Es ist wichtig für die Demokratie in der Welt, ein breites Spektrum von Institutionen zu haben, die sich gegenseitig kontrollieren. Nicht nur eine zentrale Instanz. Je mehr wir alles uniformieren, desto anfälliger sind die Systeme. Desto weiter reichen die negativen Folgen. Desto eher wird es gefährlich für alle.

Anmerkungen

Etwas bewegt sich

1 Der Spiegel, 30/2001
2 Dito
3 Dito
4 Thomas Schmid, Trübe Romantik, FAZ, 21. 7. 01
5 Multilateral Agreement on Investments
6 Maria Mies, Globalisierung von unten – Der Kampf gegen die Herrschaft der Konzerne, Rotbuch, Hamburg 2001
7 Zitiert nach: Hans-Peter Martin/Harald Schumann, Die Globalisierungsfalle, Reinbek 1996

Die Globalisierung folgt dem falschen Programm

1 Gespräch am 10. 12. 2001
2 Zitiert nach: Romeo Rey, Zusammenbruch in Zeitlupe, Frankfurter Rundschau, 15. 12. 2001
3 Zitiert nach: Georg Blume, Polo für die Massen, Die Zeit, 13. 12. 2001
4 Stephen Roach, Back to Borders, Financial Times, 28. 9. 2001
5 Süddeutsche Zeitung, 1. 9. 2001
6 UNCTAD 2001, World Investment Report 2000, Genf
7 Mark Weißbrot et al., The Emperor has no Growth, Center for Economic and Policy Research, Washington 2001
8 Zitiert nach: Marcello de Ceco, Origins of the post-war payments system, Cambridge Journal of Economics, 3/1979, S. 49 ff.
9 Bank für Internationalen Zahlungsausgleich, Jahresberichte 2000 und 2001, Basel
10 McKinsey & Co., Der entfesselte Markt, Frankfurt 1997
11 Zitiert nach: Steven Solomon, The Confidence Game, S. 294, New York 1996
12 Mexiko 1995, Thailand, Indonesien, Südkorea, Philippinen, Malaysia 1997, Brasilien, Russland 1998, Ecuador 1999, Argentinien 2001
13 Zitiert nach Solomon, S. 193

14 Ebd., S. 216
15 Ebd., S. 244
16 Carolin Emcke, Wir sind bloß Sklaven, in: Der Spiegel, 16/2001
17 Labour and social issues relating to export processing zones. *ILO*, Genf 1998
18 International Confederation of Free Trade Unions
19 Zitiert nach: Vincent Lloyd, Against the Workers, in: Multinational Monitor, September 2001, Washington
20 Michel Camdessus, Russia and the IMF, Rede vor dem US-Russia Business Council, 1. 4. 1998
21 Zitiert nach: Klaus C. Engelen, Goldman Sachs macht das ganz große Geld, Handelsblatt, 20. 7. 1998
22 Boris Karaglitzky, Zeugenaussage vor dem Committee on Banking and Financial Services, House of Representatives, 10. 9. 1998
23 Jürgen Schrempp, Gerhard Schröder, Siegmar Mosdorf, Memorandum zum Asien-Europa-Gipfel in Bangkok, dokumentiert in: die tageszeitung, 28. 2. 1996
24 Entsprechend einer Studie der Banque Parisbas, veröffentlicht in der FAZ, 26. 11. 1997; die dort angegebenen Werte wurden zwar vonseiten der Dresdner Bank und der Westdeutschen Landesbank dementiert, beide legten jedoch keine eigenen konkreten Daten vor.
25 Zitiert nach: Stephen Grenville, Bank of Australia, Rede am 21. 5. 1998 bei der Monash Law School Foundation
26 Handelsblatt, 10. 9. 1998
27 Vgl. Heribert Dieter, Die Asienkrise und der IWF, Institut für Entwicklung und Frieden der Gerhard-Mercator-Universität Duisburg, INEF-Report, 29/1998
28 IWF Annual Report, Washington 1997, S. 66
29 Der Spiegel, 4/1998
30 International Herald Tribune, 4. 2. 1998
31 Handelsblatt, 22. 8. 1997
32 Reuters, 24. 8. 1997
33 Wall Street Journal Europe, 25. 9. 1998
34 New York Times, 14. 1. 1998, International Herald Tribune, 15. 1. 1998
35 Business Week, 1. 6. 1998
36 Zitiert nach: Fund Managers in a Surrey State, The Times, 5. 12. 1997, London
37 Nichola Bullard, Walden Bello, Kamal Malhotra, Taming the Tigers, Studie des Instituts Focus on the Global South, Bangkok, März 1998
38 Auf diesen Auftrag wies IWF-Vizechef Stanley Fisher in einer Rede zur Asien-Krise sogar ausdrücklich hin: «The Asian Crisis – A View from the

IMF», Address at the Midwinter Conference of the Bankers Association for Foreign Trade, Washington, 22. 1. 1998
39 Wall Street Journal, 3. 3. 1998
40 Financial Times, 15. 1. 1998
41 In einem Interview mit dem Fernsehsender CNBC, 8. 1. 1998
42 Martin Feldstein, Refocussing the IMF, in: Foreign Affairs, März/April 1998
43 Financial Times, 15. 1. 1998
44 Euromoney, März 1998
45 Gespräch in Seoul, 6. 6. 1998
46 Gespräch in Seoul, 7. 6. 1998
47 Financial Times, 26. 3. 1998
48 Katrin Terpitz, Deutsche Firmen kaufen sich in Korea ein, in: Handelsblatt, 18. 3. 1999
49 Handelsblatt 19. 5. 1998
50 The Asian Debt and Development Crisis 1997–9?: Causes and Consequences, in: World Development, August 1998
51 So mitgeteilt von Weltbank-Präsident Wolfensohn in Washington am 1. 10. 1998, Tagesspiegel, 2. 10. 1998
52 Zitiert nach Economist, 3. 10. 1998
53 International Herald Tribune, 5. 2. 1999
54 Zitiert nach: Harald Schumann, Revolution des Kapitals, in: Der Spiegel, 25/1999
55 Paul Krugman, Crying with Argentina, New York Times, 1. 1. 2002
56 Entsprechende Konzepte liegen schon lange vor: vgl. z. B. Jörg Huffschmid, Demokratisierung, Stabilisierung und Entwicklung. Ein Reformszenario für IWF und Weltbank, in: Blätter für deutsche und internationale Politik, 11/2000
57 Zitiert nach: Rolf Obertreis, Klare Worte und deutliche Visionen an der Spitze des IWF, Tagesspiegel, 26. 9. 2000
58 Joseph Stiglitz, The Insider, in: The New Republic, 17. 4. 2000
59 Siehe Interview Seite 187
60 So der Wortlaut ihrer Erklärungen zum Regierungsseminar «Modernes Regieren im 21. Jahrhundert» im Juni 2000 in Berlin
61 Gespräch am 29. 5. 1998
62 Zitiert nach: Peter Harcher, Andrew Cornell, Mr. Yen regrets, Australian Financial Review, 25. 6. 1999
63 Frankfurter Allgemeine Zeitung, 28. 9. 2000
64 Dean Baker and Karl Walentin, Money for nothing, The increasing cost of foreign reserve holdings to developing nations, Center for Economic and Policy Research, Washington 2001

65 Zitiert nach: Heribert Dieter, Stiftung Wissenschaft und Politik, Ordnungspolitische Maßnahmen zur Regulierung der internationalen Finanzmärkte, Text für die Heinrich Böll Stiftung, Berlin 2000
66 Handelsblatt, 28. 6. 2000
67 Julian Warmsley, The New Financial Instruments: An Investors Guide, New York 1988
68 Treasury = Schatzamt, Bezeichnung für das US-Finanzministerium, zitiert nach: Jagdish Bhagwati, The Capital Myth, Foreign Affairs, May/June 1998
69 James Tobin, A proposal for international Monetary Reform, in: The Eastern Economic Journal 3–4, July/October 1978
70 Financial Times Deutschland, 14. 12. 2001
71 Die Kalkulation berücksichtigt zudem, dass 20 Prozent der Transaktionen sich der Besteuerung entziehen und weitere 20 Prozent für Regierungen, Notenbanken und internationale Organisationen steuerfrei bleiben. Oxfam Great Britain, Time for a Tobin Tax?, May 1999, London
72 Siehe dazu auch: Peter Waldow, Peter Wahl, Devisenumsatzsteuer – ein Konzept mit Zukunft, WEED-Arbeitspapier, Februar 2001, Bonn
73 Barry Eichengreen/James Tobin/ Charles Wyplosz, Two Cases for sand in the wheels of international finance, in: The Economic Journal 105, 1995
74 Frankfurter Allgemeine Zeitung, 17. 3. 1995
75 Harvey L. Pitt, Aussage vor dem Committee on Financial Services, US House of Representatives, 26. 9. 2001
76 Don Radlauer, Black Tuesday, The World's Largest Insider Trading Scam?, Institute for Counterterrorism, 19. 9. 2001, Tel Aviv
77 Offshore Financial Centers, IMF Background Paper, 23. 6. 2000, Washington
78 UN Office for Drug Control and Crime Prevention, Financial Havens, Banking Secrecy and Money-Laundering, New York 1998
79 Joseph Stiglitz, Sicherheit vor Terroranschlägen beginnt im eigenen Land, in: Handelsblatt, 10. 10. 2001
80 Süddeutsche Zeitung, 12. 2. 2001
81 International Herald Tribune, 12. 5. 2001
82 Financial Times, 29. 11. 2001. Ohnehin haben die USA auch zuvor schon die Schäden für ihre eigenen Steuereinnahmen stark begrenzt. Vergleichbare Abkommen haben sie bereits der Schweiz und Luxemburg sowie einem weiteren Dutzend von Ländern abgerungen. Für US-Bürger sind die nutzbaren Offshore-Plätze sehr begrenzt. Vgl. Neue Zürcher Zeitung, 26. 5. 2001
83 Welt am Sonntag, 18. 11. 2001, Der Spiegel, 41/2001
84 Robert Wade, Global Inequality, Economist, 28. 4. 2001
85 David Dollar, Aart Kraay, Spreading the Wealth, in: Foreign Affairs, January/February 2002

86 International Herald Tribune, 11. 7. 2000

87 Dabei handelte es sich um die Verpflichtung, 75 Prozent der Zulieferungen im Inland zu kaufen sowie die Im- und Exporte ausgeglichen zu gestalten. Siehe: India loses auto dispute with U.S., EU at WTO, The Hindu, 19. 10. 2001

88 Das waren die Ergebnisse einer Studie der UNDP und der Interamerikanischen Entwicklungsbank, zitiert in: Wall Street Journal, 8. 3. 1999

89 Oxfam International, Eight broken Promises, Why the WTO isn't working for the world's poor, London 2001

90 UNCTAD, Trade and Development Report 1999

91 Fritz Vorholz, Nichts mehr auf dem Tisch, in: Die Zeit, 31. 10. 2001

92 Das war das «Intellectual Property Committee», Mitglieder waren vor allem Chemie- und Pharmakonzerne wie DuPont, Monsanto und Bristol Myers.

93 Reuters, 31. 10. 2001

94 Cornelia Bolesch, Die WTO muss ans Licht, Süddeutsche Zeitung, 7. 11. 2001

95 Sand im Getriebe, Rundbrief der attac-Bewegung, Schwerpunktausgabe WTO, 19. 11. 2001

96 J. R. Vastine, Statement before the Interagency Trade Policy Staff Committee, 19. 5. 1999

97 Daten nach US-Zensus, zu finden bei: Economic Policy Institute, www.epinet.org

98 Nach einer Erhebung von Business Week, zitiert bei www.aflcio.org/paywatch

99 Kommission für Zukunftsfragen der Freistaaten Bayern und Sachsen, Erwerbstätigkeit und Arbeitslosigkeit in Deutschland, Teil I, Bonn 1996

100 Nach Angaben des Statistischen Bundesamtes und Berechnungen des DGB: Zur Einkommensentwicklung in Deutschland, 18. 9. 2001, Düsseldorf

101 Daten aus: Claus Schäfer, Ungleichheiten politisch folgenlos?, WSI-Mitteilungen 11/2001

102 Bundesministerium für Arbeit und Soziales: Armuts- und Reichtumsbericht der Bundesregierung 2001, Berlin

103 Helmut Kramer, Economic Aspects of Tax-Coordination in the EU, Österreichisches Institut für Wirtschaftsforschung (WIFO), Wien 1998

104 Deutscher Bundestag, Zwischenbericht der Enquete-Kommission Globalisierung der Weltwirtschaft, 13. 9. 2001, Berlin

105 Handelsblatt, 18. 3. 1999

106 Deutsche Bundesbank, Ertragslage und Finanzierungsverhältnisse westdeutscher Unternehmen im Jahr 1997, in: Monatsbericht Oktober 1998, Frankfurt

107 Handelsblatt, 2. 3. 1999

108 Allianz droht mit Abwanderung, Handelsblatt 25. 2. 1999

109 Marc Brost u. a., Turbo fürs Portfolio, Die Zeit, 13. 1. 2000

110 Siehe auch: Martin Höppner, Unternehmensverflechtung im Zwielicht, Hans Eichels Plan zur Auflösung der Deutschland AG, Max-Planck-Institut für Gesellschaftsforschung, Köln 2001

111 Bayer steht vor umfassendem Konzernumbau, Süddeutsche Zeitung, 7. 12. 2001

112 Milliarden vom Finanzamt, Stern, 4/2002

113 Paradies für Konzerne, Der Spiegel, 5/2002

114 Ulrich Schäfer, Galoppierende Schwindsucht, in: Der Spiegel, 27. 8. 2001

115 Handelsblatt, 1. 3. 1999

116 Tatsächlich war die erste Globalisierungsphase nach der Gründerzeit extrem erfolgreich. Gemessen als Anteil an der weltweiten Wirtschaftsleistung, erreichte das Volumen des Welthandels erst 50 Jahre nach Ende des Ersten Weltkrieges wieder das damalige Niveau.

Attac – wie alles anfing

1 Le Monde Diplomatique erscheint mittlerweile in italienischer, spanischer, englischer, portugiesischer, russischer und deutscher, griechischer, japanischer und türkischer Übersetzung.

2 Die Debatte über die Tobin-Steuer begann 1994. Im Umkreis der UNDP wurde über eine unabhängige Finanzierung der UNO nachgedacht. 1995 forderten 620 NGOs aus aller Welt die Steuer im Vorfeld des UNO-Sozialgipfels; François Mitterrand machte sich die Forderung auf dem Gipfel zu Eigen.

3 European Parliament resolution on openness and democracy in international trade (2001/2093[INI]) vom 25. Oktober 2001

4 Vgl. Taxer les transactions financières: la taxe Tobin en Europa – Le Débat. Actes des premières rencontres interparlamentaires sur la Taxe Tobin, Juni 2000, Parlement Européen.

5 Zitat Schrempp in: Der Spiegel 26/96, Zitat Tietmeyer in: Jean Ziegler, Wächter in der Nacht, in: Hickel/Strickstrock: Brauchen wir eine andere Wirtschaft?, rororo aktuell, Reinbek 2001

6 Etwa Michel Barillon, attac-Encore un effort pour réguler la mondialisation!?, Castelnau-le-Lez (Climats), 2001

Attac Deutschland – Bildungswerk und «Kampfgruppe der NGOs»

1 Aus Dieter Rucht, Herausforderungen für die globalisierungskritischen Bewegungen, Berlin 2001
2 Zwischen Netzwerk, NGO und Bewegung, attac-Website: www.attac-netzwerk.de
3 Elias Canetti, Masse und Macht, 1982 (Orig. 1960), Frankfurt
4 Süddeutsche Zeitung, 20. 11. 2001
5 Frankfurter Rundschau, 24. 10. 2001
6 Joschka Fischer, Für einen neuen Gesellschaftsvertrag – eine politische Antwort auf die globale Revolution, Köln 1998
7 tageszeitung, 17./18. 11. 2001

Demokraten aller Länder ...

1 Monde Diplomatique, Januar 2000, S. 17
2 Zuletzt: Der Lugano Report – oder: Ist der Kapitalismus noch zu retten?, Reinbek (Rowohlt) 2001. Die zahllosen Reden, Aufsätze, Interventionen von Susan George finden sich unter: www.tni.org/george.
3 Stephan Kaufmann, Schlechte Zeiten für Kritik, Berliner Zeitung, 8. 1. 2002
4 Cf. dazu Toni Negris und Michael Hardts Buch Empire, Cambridge und London 2000 (Harvard University Press), eine philosophische Theorie des Widerstands im 21. Jahrhundert
5 Cf. Hermann Scheer, Solare Weltwirtschaft – Strategien für die ökologische Moderne, München (Kunstmann) 1999
6 Zum ersten Mal findet das Forum nicht in Davos, sondern im Waldorf Astoria in New York statt – aus Sicherheitsgründen (die Schweizer wollten die Kosten für die Polizei nicht mehr tragen) und aus Solidarität mit New York City.
7 Clusters of Crisis and a Planetary Contract, www.tni.org/george/talks/clusters.htm
8 www.forumsocialmundial.org.br/eng/tconferencias_soberania.asp
9 Samir Amin, Globalism or Apartheid on a Global Scale, World Conference Against Racism, Durban/South Africa. Alle wichtigen Texte des Weltsozialforums unter: www.portoalegre2002.org
10 Susan George, Das Imperium schlägt zurück, Monde Diplomatique, August 2001, S. 1
11 Naomi Klein, Zeichen und Wunden, Frankfurter Allgemeine Sonntagszeitung, 14. 10. 2001, S. 25

12 attac, International Newsletter 111, S. 8
13 Naomi Klein, a.a.O.
14 Die Idee ist von Benny Härlin, und wir geben sie an dieser Stelle gerne weiter.
15 Attac heißt dort RAID, Rassemblement pour une Alternative Internationale de Développement.

Vier Zeitzeugen der neuen Bewegung

1 Susan George, Der Lugano-Report. Oder: Ist der Kapitalismus noch zu retten? Reinbek (Rowohlt) 2001

Kontakt zu Attac Deutschland:
Bundesbüro, Artilleriestr. 6, 27283 Verden/Aller
Tel. 042 31-95 75 91, Fax. 042 31-95 75 94
E-Mail: info@attac-netzwerk.de
Internet: www.attac-netzwerk.de